新时代管理科学发展与实践

董英豪　著

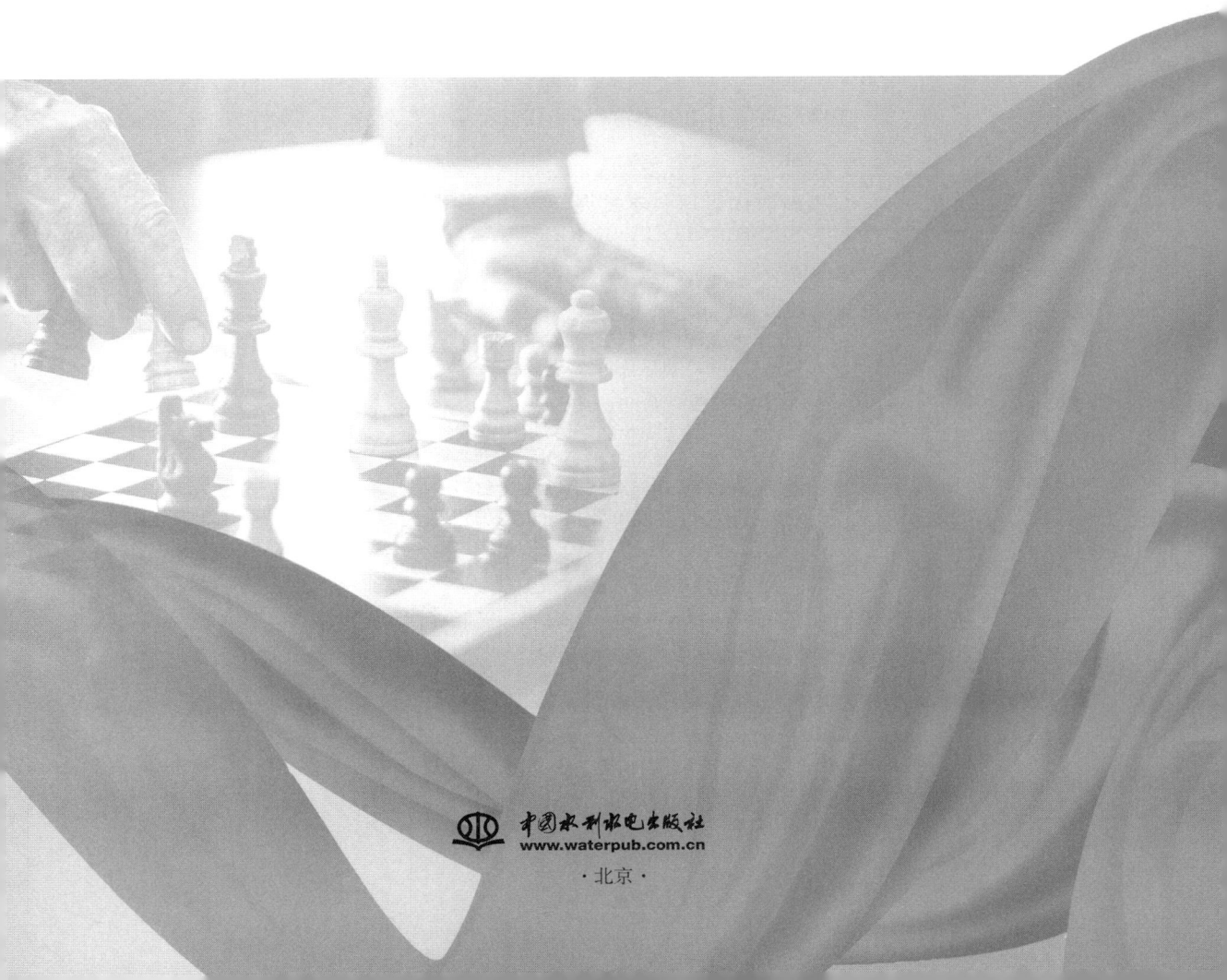

中国水利水电出版社
www.waterpub.com.cn
·北京·

内 容 提 要

本书包括 11 章，介绍了管理科学理论的形成和发展、西方管理科学的发展、管理科学演变历史回顾、管理科学在 20 世纪 60 年代后的发展与实践、管理科学在改革开放以后的创新发展、中国特色管理科学体系的建立和发展、治国理政离不开管理科学的发展与实践、新时代中国特色管理科学思想体系的形成、推动新时代管理科学理论高质量发展。

本书适合从事管理科学研究的专家学者、从事经营管理工作的国家工作人员和企事业单位人员以及各级党校、行政学院、管理科学院及高校师生阅读使用。

图书在版编目（ＣＩＰ）数据

新时代管理科学发展与实践 / 董英豪著. -- 北京：
中国水利水电出版社，2022.9
ISBN 978-7-5226-1025-2

Ⅰ．①新… Ⅱ．①董… Ⅲ．①管理学—研究—中国
Ⅳ．①C93

中国版本图书馆CIP数据核字(2022)第183253号

书　　　名	**新时代管理科学发展与实践** XINSHIDAI GUANLI KEXUE FAZHAN YU SHIJIAN
作　　　者	董英豪　著
出 版 发 行	中国水利水电出版社 （北京市海淀区玉渊潭南路 1 号 D 座　100038） 网址：www. waterpub. com. cn E - mail：sales@mwr. gov. cn 电话：（010）68545888（营销中心）
经　　　售	北京科水图书销售有限公司 电话：（010）68545874、63202643 全国各地新华书店和相关出版物销售网点
排　　　版	中国水利水电出版社微机排版中心
印　　　刷	北京印匠彩色印刷有限公司
规　　　格	184mm×260mm　16 开本　14.25 印张　256 千字
版　　　次	2022 年 9 月第 1 版　2022 年 9 月第 1 次印刷
印　　　数	0001—5000 册
定　　　价	**199.00 元**

序 一
XUYI

百年变局中的管理科学：新挑战，新学问

习近平总书记在 2013 年以"创新正当其时，圆梦适得其势"为题发表了重要讲话[1]。差不多十年过去了，这个"时"与"势"已经以几近天翻地覆的景象摆在了中国人民面前。

毛主席常常用"树欲静而风不止"这句古语比喻和阐释国内国际政治形势的变迁。如今，摆在中国人民面前的"时"就是习近平总书记在庆祝中国共产党成立 100 周年大会上又一次强调的"世界百年未有之大变局"[2]；这个"势"就是"美国带头吆喝组建起 21 世纪的'八国联军'对付中国"[3]。

美国人把中国人视为敌人既非心血来潮，又非近年的仓促之举，而是反反复复思考与左左右右权衡了半个世纪之久的最终结果。

1976 年 1 月 19 日，在周恩来同志逝世不久，美国《时代周刊》把邓小平作为封面人物刊登出来，在他的相片的左下角有一行小号字："周恩来的继承者是邓小平。"在照片的右上角用中号黑体字提了一个问题："中国：是朋友，还是敌人？"（China：Friend or Foe?）这表明当时的美国，对中美关系将如何演变充满了不确定性的盘算和忧虑。近半个世纪过去了，许多美国政客似乎从未放弃这个问题："中国：是朋友，还是敌人？"

毋庸讳言，这就是"大变局"的核心，是美国人思考权衡了半个世纪，终于在近年美国民主党与共和党两党明白无误地把中国共产党和中国确定为"敌人"。用我们习惯的说法，美国已经公开声称把中国当作了当今世界"头号敌人"[4]！

简而言之，这个"大变局"之所以被称为"百年未有"，是美国妄图重新纠集"西方列强"组成"新八国联军"，以遏制、打垮、肢解中国共产党及其领导的中华人民共和国。只不过带头的英国换成了今天的美国；当年的八国

联军换成了今天的"七国集团＋欧盟";当年的大炮和军舰换成了今天的导弹、核武器、星链、网络、经济制裁和科技制裁;当年的"门户开放、利益均沾"换成了今天的"脱钩"中国。

百年大变局来了,也预示世界格局或多或少、或大或小必将发生深刻的变化。当代著名网络作家李光满指出:"当前的国际局势正在进入一个大动乱、大变革、大重组时期,局部冲突不断,大国冲突激化,以美国为首的西方国家的全球影响力下降,以中国为首的新兴国家崛起,开始形成一种新势力。"[5] 与此同时,中国也已经并还将继续经历着中国历史上,甚至是改革开放 40 多年来,最为广泛而深刻的社会变革。

郭沫若有词云:"沧海横流,方显出,英雄本色"[6]。管理学家德鲁克也说过,领导人的责任就是要将紊乱转化为机遇"[7]。习近平总书记 2020 年 4 月在浙江省考察时强调指出,在国家治理中,"危和机总是同生并存的,克服了危即是机。"[8] 故"善于化危为机"者,就是国家治理高手。

管理科学作为当代社会科学的重要分支领域,本质上是研究社会历史现象的学问。当代社会历史发展出现了"百年未有之大变局",我们当代每个人作为见证者确乎非常幸运,但对管理科学本身而言,则已经、正在和还将继续遭遇前所未有的挑战,也即历史赋予当代管理科学的"重要创新突破口"[9],当然也是当代管理科学家们大显身手的伟大时代。

毛泽东指出:"我们只有使自己操练得高人一等,才有战略胜利的可能"[10]。

董英豪博士在本书前言中提出了中国管理科学要"以国家治理体系和治理能力现代化为使命"的命题,[11] 非常深刻,也非常适时。为了迎接百年变局中的管理科学的新挑战,为了取得新世纪未来百年的"战略胜利",管理科学应在如何才能实现"使自己操练得高人一等"方面努力,也即在管理科学创新上发力,在管理战略学上发力,真发力,发真力,不发虚力。

为了迎接百年变局中的管理科学的新挑战,在管理科学创新上发力,必须以习近平新时代中国特色社会主义思想为指导。这是因为"习近平新时代中国特色社会主义思想是 21 世纪马克思主义,这是中国共产党对习近平新时代中国特色社会主义思想历史地位的一个科学界定,也是我们党第一次以'世纪'为尺度命名马克思主义中国化最新成果。"[12] 2022 年"五四"前夕,习近平总书记视察中国人民大学时指出:"哲学社会科学工作者要做到方向明、主义真、学问高、德行正,自觉以回答中国之问、世界之问、人民之问、时代之问为学术己任,以彰显中国之路、中国之治、中国之理为思想追求,在研究解决事关党和国家全局性、根本性、关键性的重大问题上拿出真本事、取得好成果。"[13] 这为我国管理科学工作者构建具有中国特色管理科学体系，担当时代使命，提供了根本遵循。

为了迎接百年变局中的管理科学的新挑战，就不能只醉心于跟在别人后面依样画葫芦，简单以国外书本和理论作为标准和模式，而是要扎根中国大地，走出一条探索和创新具有中国特色管理科学体系的新路。当今，值此百年未有之大变局，包括管理科学在内的"思想文化既交流互鉴又激荡碰撞。特别是西方长期掌握着文化霸权、左右着世界舆论格局，屏蔽真相、颠倒是非的情况时有发生"[14]。

为了迎接百年变局中的管理科学的新挑战，就必须在管理科学创新和创新管理科学上着力，这是创建中国特色管理科学体系题中应有且首要之根本要义。从特朗普 2018 年 4 月打压中兴开始，到拜登 2022 年 8 月签署《2022 芯片与科学法案》，2018 年时任《科技日报》总编辑刘亚东列陈了我国被美国和欧洲"卡脖子"的技术有数十项，警示国人，美国之所以敢于如此肆无忌惮地打压中国，只缘"中美科技实力的巨大差距"[15]！

管理战略学告诉我们，在未来百年奋斗征途上，我国还有诸多短板需要加长和维护，但最要紧也是最难的短板，第一是科技，第二是科技，第三还是科技。1927 年毛泽东同志在八七会议上提出了"政权是由枪杆子中取得的"这一著名论断。美国的霸权是靠军力保证的，军力是靠科技的领先。[16]。特朗普 2018 年打压中兴，接着打压华为、大疆等中国科技公司，网上有人列出了或长或短的数十项乃至上百项"卡脖子"清单，本质即是看准了我国科技的"短板"。从 20 世纪 50 年代的"科技革命"到当今的"科技创新"，从新中国成立之初的普及教育到 2019 年"临门一脚"实现高教普及化，新中国成立 70 余年来，我国对科教不可谓不重视，但是科技创新能力还需要加强。这就是为什么习近平总书记在 2021 年两院院士大会上谆谆嘱咐院士们要"加强原创性、引领性科技攻关，坚决打赢关键核心技术攻坚战"[17]！

管理战略学还告诉我们，为落实习近平总书记关于"科技创新成为国际战略博弈的主要战场"的指示，我们还应该以史为镜，以找到找准适合国情的科技创新之路。比如，大家都知道自哥白尼、伽利略开启了近代科学时代以来，世界各国间有一种史称"汤浅现象"的说法，即"世界科学中心转移现象"。也就是说，"世界科学中心"从意大利开始，经英国、法国、德国，在 20 世纪之交进入美国。研究表明，一个国家保持处在世界科学中心位置的平均周期为 80 年[18]，这数百年来几乎成了一个历史定律。可是如今的美国却已经保持了 120 年的世界科学中心地位。有专家称，迄今还未见美国科学衰落的迹象！何也？这是非常值得我们重视和深入研究的。或曰，研究表明，不是美国人改造了大学，而是改造了科学。更明确一点说，可能是因为美国人成功地从制度上改造了科学，而不是满足于铺天盖地、东西南北地建科技学院、科技研究所、科技中心、高科技开发区！此其一。

其二，20世纪七八十年代的日本因科技产业化的成功而如日中天，气势如虹，直欲比肩美国。但是日本的科技产业均非原创，只是以小型化、集成化、多功能化、精细化见长而誉满全球。结果美国人用90年的时间以其互联网的原创把日本那些非原创的"高科技产业"打得落花流水。如今美国可能正在用对付日本的那套手段故伎重演，以应对我国的崛起。有报道称，"中美科技竞争，拜登欲换赛道"[19]，还说，美国科技"换道"的风险正在浮现。比如，它研发投入增加同时，逐步降低了对中国的"赶超焦虑"，不再寻求在5G、人工智能初级应用等领域与中国展开正面竞争。有人说"对着目标走直线，并非总是上策"。美国正在将更多资源和精力放在了在下一轮科技革命中重新确立主导权上。

2022 年 8 月 13 日

（蒋国华是中国管理科学研究院院长、管理科学研究专家。）

参考文献

［1］ 习近平. 习近平谈治国理政：第一卷［M］. 北京：外文出版社，2018.

［2］ 习近平. 在庆祝中国共产党成立100周年大会上的讲话［N］. 新京报，2021-07-02.

［3］ 美带头吆喝，组建"八国联军"对付中国？王毅发雷霆警告［EB/OL］. 今日头条，2022-08-08.

［4］ 布林肯定性中国是美国"最大敌人"，拜登极端反华，终会害了自己［EB/OL］. 网易，2022-07-28.

［5］ 李光满. 面对当前的严峻局面，中国该怎么办？［EB/OL］. 新浪微博，2022-08-10.

［6］ 郭沫若. 满江红·一九六三年元旦书怀［N］. 光明日报，1963-01-01.

［7］ 彼得·德鲁克. 大变革时代的管理［M］. 上海：上海译文出版社，1999.

［8］ 曹美丽，张国亮，潘毅. 习近平总书记在浙江考察时的重要讲话引发热烈反响［EB/OL］. 央广网，2020-04-03.

［9］　高奇琦．哲学社会科学应主动对技术创新和社会变迁作出回应 建设时代所需的文科［N］．人民日报，2018－10－08．

［10］　毛泽东．中国革命战争的战略问题．毛泽东选集：第一卷［M］．2版．北京：人民出版社，1991．

［11］　董英豪．新时代管理科学发展与实践［M］．北京：中国水利水电出版社，2022．

［12］　何毅亭．习近平新时代中国特色社会主义思想是 21 世纪马克思主义［N］．学习时报，2020－06－15．

［13］　习近平在中国人民大学考察时强调：坚持党的领导传承红色基因扎根中国大地走出一条建设中国特色世界一流大学新路［EB/OL］．光明网，2022－04－26．

［14］　宋月红．为社会主义文化强国夯实基础、提供助力［N］．光明日报，2021－05－13．

［15］　刘亚东．是什么卡住了我们核心技术的脖子？［EB/OL］．中国经济网，2018－06－24．

［16］　吕廷杰．美国的霸权、美元的霸权是靠军力保证的，军力是靠科技的领先［EB/OL］．网易，2020－01－07．

［17］　习近平在两院院士大会、中国科协第十次全国代表大会上的讲话［EB/OL］．央广网，2021－05－28．

［18］　赵红州．科学能力学引论［M］．北京：科学出版社，1984：268．

［19］　李峥．中美科技竞争，拜登欲换赛道［N］．环球时报，2021－07－30．

新时代呼唤管理科学大发展

　　新的时代，呼唤管理科学大发展；新的征程，需要实现国家治理体系现代化。

　　《新时代管理科学发展与实践》是一部从中国管理研究的概念界定和内涵出发，基于新时代背景的要求和挑战，探索中国管理科学研究的价值、路径与方法，传播中国特色管理科学理论与实践，回答新时代管理科学在我国改革开放、百年变局与世纪疫情背景系列重大现实问题的著作。作者董英豪勤于调查研究，笔耕不辍，学习领会习近平新时代中国特色社会主义思想，悉心研读《习近平谈治国理政》，解读新时代管理科学的基础、创新与发展，是一本具有运用和探索价值的学术著作。本书运用统筹学的学术架构和比较学的系统方法，从科学角度解析东西方管理科学的发展过程，分阶段阐述管理科学的发展。一是从第二次世界大战到20世纪50年代中期以美国为代表的西方管理科学的发展。二是从20世纪60年代至今以日本、中国为代表的东方管理科学的发展。分别介绍了20世纪60年代初到1978年，以日本为代表的管理科学发展和中国自改革开放以来管理科学的发展。脉络清晰，环环相扣；提纲挈领，提要钩玄，揭示了管理科学与经济社会协同发展的关系。

　　党的十八大以来，以习近平同志为核心的党中央高度重视社会治理体系和治理能力现代化建设，持续推进管理科学在中国的实践创新，全面引领经济社会进步，使各类组织管理水平、管理科学科研水平在整体上取得了重大的发展和进步。习近平总书记紧紧围绕坚持和发展中国特色社会主义的重大时代主题，发表了一系列治国理政重要讲话，深刻回答了新形势下国家事业发展的一系列治国方略重大理论和实践问题，提出了许多新思想、新理论，推出了卓有成效的新举措、新实践，谱写了中国特色社会治理体系和治理能力现代化的时代篇章。新时代中国特色社会主义的发展离不开党的治国理论总纲，离不开习近平治国理政思想的理论基础。

面对新时代错综复杂的国际发展环境和国内经济社会发展面临的各种问题和挑战，作者立足中华民族伟大复兴战略全局和百年未有之大变局，从推动国家治理体系和治理能力现代化创意出发，紧紧围绕党中央、国务院的决策部署，在深入调研、反复论证的基础上形成系统性、科学性、创新性的学术成果，具有鲜明的时代特征和实践基础。

其创作思想具有下面几个特点。

第一，突出创新性，把贯彻习近平治国理政思想融入发展管理科学体系建设中。

管理科学作为独立的学科，在我国发展迅速。本书以习近平新时代中国特色社会主义思想为指导，提炼和总结新时代管理科学思维，以此为主线，提升到领导科学和领导艺术层面，并将其融入治国理政理念当中。

习近平治国理政的思想是站在时代和全局的高度，在坚定"四个自信"、发展中国道路、优化中国模式、总结中国经验、带领人民推动改革开放和社会主义现代化建设的进程中提出来的。习近平法治思想、经济思想与管理科学思想一脉相承，既是我们党把马克思主义基本原理同中国实际和时代特征相结合的重大理论创新成果，又是实践创新的巨大飞跃。

不断开拓治国理政的新境界，既是时代发展的要求，又是我们党领导水平和执政能力提升的标志。当今世界经济格局发生了很大的变化，中国经济格局也发生了很大的变化，迫切需要新的管理理论来指导中国经济的发展。新型冠状病毒肺炎疫情加剧了百年未有之大变局，全球处于更加动荡和充满不确定性的环境中，国际格局的改变带来的战略竞争呈现上升趋势，需要解决的问题越来越多、越来越复杂。面对动荡多变的外部环境和艰巨的任务，中国需要保持长期战略定力，更快突围，需要不断开拓我们党治国理政的新境界。

作者结合中国管理思想史，从百余年前管理科学的实验研究谈起，回顾管理科学的发展简史，把写作的重点放在新时代，进一步深入观察并积极研究中国管理科学的发展与实践，不断深化对人的需要的再认识，反思不同的组织形态的演进与变化，不断追求卓越，努力讲好中国故事，完善中国管理科学理论。

第二，坚持实践性，把运用管理科学的理论的重点放在解决改革开放实际问题中。

要发展离不开管理科学的发展与实践，治国理政离不开管理科学的发展与实践。习近平治国理政的思想是对中国管理科学研究的重大贡献，具有非常重要的理论指导意义和实际操作价值。

党的十八大以来，以习近平同志为核心的党中央直面当代中国和当今世界的重大课题，运用历史唯物主义和辩证唯物主义的科学世界观、方法论，深刻把握治国理政的若干重大关系，科学统筹治党治国治军、内政外交国防、改革发展稳定，科学统筹国内国际两个大局，思考谋划治国理政一盘棋，先后提出全面建成小康社会、全面深化改革、全面推进依法治国、全面从严治党的重大任务和战略部署。"四个全面"廓清了治国理政的全貌，抓住了治国理政的关键，拎起了治国理政的总纲，集中体现了中国共产党治国理政的新思路、新方略。

2018年9月20日，习近平总书记在主持召开中央全面深化改革委员会第四次会议上强调，加强领导，科学统筹，狠抓落实，把改革重点放到解决实际问题上来。本书从中国管理研究的概念界定和内涵出发，基于新时代背景的要求和挑战，期望通过探讨中国管理科学研究的价值诉求、对象、内容维度和研究路径方法等，积极构建具有一般规律、能够向全国乃至全球传播和推广的有意义的学术新知，推动管理科学体系建设，用以指导中国管理实践。

第三，把握统一性，把发展管理治理的科学体系落实到推进国家治理与地方治理现代化进程中。

激发社会活力，改进管理效率，提高治理能力。协同治理强调社会多元主体的共同管理。在这种模式下，尽管政府依然是社会公共管理功能和主体责任者，但是政府、社会组织、个人等不同行为主体间形成有机合作关系，从而让更多的主体以管理者的身份出现，关心公共利益，承担公共责任。系统性、整体性、协同性是继续推进新时代现代化建设背景下改革创新的必然要求。推进实施国家治理体系和治理能力现代化是一项系统工程，靠零敲碎打不行，靠碎片化修补也不行，应使各个领域、各个方面的改革形成联动，因而必须更加注重改革的系统性、整体性、协同性。在推进国家治理体系和治理能力现代化过程中，要把长远制度建设同解决突出问题结合起来，把整体推进同重点突破结合起来，把试点探路同推动面上改革结合起来，把改革创新同法律法规立、改、废、释结合起来，把破除体制机制顽疾同解决新出现的矛盾问题结合起来，从而形成总体效应，取得总体成效。

第四，强化导向性，坚持新时代管理科学服务中国特色社会主义制度建设的伟大实践。

当今我国经济社会发展进入了新时代，面临百年不遇之变局和后疫情时代的综合挑战，随时准备应对风云变幻的各种矛盾，就必须始终坚持中国共产党的领导和中国特色社会主义制度，发挥中国特色社会主义政治优势，发挥市场在资源配置中的决定性作用，有效遏制腐败，维护社会主义市场经济优势，强化党对经济社会的全面领导是我国经济社会发展进步的基本经验和宝贵财富。进入新时代，我国经济发展的领域不断拓宽，分工更加复杂，形态更加高级，国际和国内联动也更加紧密，这些对于加强党对经济社会全面进步提出了新的要求。

党的十九届四中全会《决定》、六中全会《决议》明确，要紧紧围绕坚持完善中国特色社会主义制度这个主要目标，紧紧把握推进国家治理体系和治理能力现代化这个主轴，把准方向，牢牢盯住制度和治理能力这个靶心，全面深化改革，促进体制机制建设，推动各方面制度更加成熟、更加定型，推进国家治理体系现代化。其实践路径：一是必须坚持以党的科学理论为指导，不断深化对共产党的执政规律、社会建设规律、人类社会发展规律的认识，不断推进国家治理现代化迈上新台阶。二是必须坚持党的领导，人民当家作主，依法治国的有机统一，将三者的统一作为指导方针，贯彻国家制度和国家治理体系建设全过程。三是必须坚持解放思想，把实事求是这一思想武器贯彻到国家制度和国家治理体系的各个领域。四是把坚持改革创新作为党和国家事业发展的动力源泉，推动国家治理制度更加完善，促进国家治理体系和治理能力现代化水平。

作者长期从事经济学、管理学科的研究，双博士学位，负责统筹国家与地方治理课题研究，善于研判，文思如涌泉。本书引经据典，不仅通过文献梳理界定管理研究的内涵与运用方向，还善于以问题为导向，理论与实践相结合，先后统筹开展国家治理与协同发展研究、国家治理与地方政府公信力研究、国家治理与安全研究、国家治理与人才发展战略研究、国家治理与国家安全研究、国家治理与人口和老龄化战略等课题研究，围绕中心，服务大局，对国家管理科学和社会治理社会保障体系现代化建设提供重要借鉴。

2021年是全面建设社会主义现代化国家新征程的开启之年，是实施"十四五"发展规划的开局之年，开局决定全局，起步决定后势。"上下同欲者强"，为支撑国家治理体系和治理能力现代化，通过中国管理科学的理论武装，动员更多的社会力量参与，努力打造一支具有理论功底和勇于实践创新的管理人才队伍，力争使各级公务人员成为管理系统工程理论方法的实现者，构建普适性的中国管理科学体系、管理体系、运用体系，共同形成建设中国特色社会主义，实现富强、民主、文明、和谐现代化国家的磅礴力量，实现中华民族伟大复兴的"中国梦"。

董万章

2022 年 7 月 11 日于北京

[董万章，中组部干部培训局原副局长，中国浦东井冈山延安干部学院理事会原副秘书长、中国人口与老龄化战略研究智库专家，《中国人口老龄化时代的战略抉择》课题组负责人（作者）、中民养老规划院研究员，中国管理科学院学术委员会首席顾问、副主任委员。]

前 言
QIANYAN

党的十八大以来，习近平总书记紧紧围绕坚持和发展中国特色社会主义这个重大时代主题，发表一系列治国理政重要讲话，深刻回答了新形势下党和国家事业发展的一系列重大理论和实践问题，提出了许多富有创见的新思想、新理论，推出了许多卓有成效的新举措、新实践。习近平关于新时代管理科学的重要论述对于指导管理科学的发展与实践具有非常重要的历史意义和现实意义。

新的时代，呼唤管理科学的发展。新的征程，呼唤管理科学的实践。

管理科学是一门理论与实践联系极为紧密的学科。新中国成立70多年来，特别是改革开放以来，在中国经济快速发展的同时，中国企业的发展也取得了巨大的成就。不仅整体实力大幅提升，还涌现出一批具有全球竞争力的世界一流企业。中国经济迅猛地提升与发展。社会存在决定社会意识。与之相适应的中国管理科学应运而生并在中国快速发展。

管理科学学派是在第二次世界大战以后逐渐形成和发展起来的。管理科学是研究人类社会发展中不同层次组织的管理和经济活动的客观规律的科学，是一门跨自然科学、工程科学和社会科学的综合性交叉学科。

中国管理科学的兴起和发展与中国改革开放40多年的社会实践发展紧密相关。当前中国管理科学的发展，亟须优化现存的学科结构并厘清与其他一级学科之间的关系，要更加强调学科基础地位，补齐社会实践发展催生的管理新学科方向，重视全球化对中国管理科学的影响，凸显中国特色、比较视角与全球视野，进而推动管理科学结构的完善，使之符合当前国家治理体系与治理能力现代化的实践需求。

中国管理科学具有家国情怀与公共责任，以国家治理体系与治理能力现代化为使命，推动学科建设发展。管理科学的发展已经呈现代代传承的态势，中国管理科学界不仅有前行者、中间者，还有后来者，前赴后继，共同打造管理科学共同体，合力推动新时代管理科学的发展与实践。

管理科学的特点：一是实践性。管理科学所提供的理论与方法都是实践经验的总结与提炼，同时管理的理论与方法又必须为实践服务，这样才能显示出管理理论与方法的强大生命力。二是社会性。构成管理过程主要因素的管理主体与管理客体，都是社会最有生命力的人，这就决定了管理的社会性；同时管理在很大程度上带有生产关系的特征，因此没有超阶级的管理科学，这也体现了管理的社会性。

坚持理论建构的"中国化"、顺应研究取向的"实证化"和注意大数据治理的"适度化"，这是中国管理科学发展的主要趋势。

坚持走交叉、开放、包容的学科发展之路，在新的历史起点上，构建具有中国特色、中国风格、中国气派的管理科学。

中国企业整体发展进步的背后，是中国企业管理科学的创新与发展。特别是在中国经济发展进入新时代的大背景下，越来越多的管理科学者和企业管理者认识到，中国企业管理不能照抄照搬西方管理理论，而应该紧密结合中国企业管理实践，探索发展中国特色企业管理科学。这是构建中国特色管理科学的紧迫任务，也是我国培育更多优秀企业和企业家的迫切需要。

以习近平新时代中国特色社会主义思想为指导，坚持马克思主义基本原理和贯穿其中的立场、观点、方法，按照体现继承性、民族性、原创性、时代性、系统性、专业性的要求，创新发展能够有效指导中国企业管理实践的中国特色企业管理科学，是中国管理科学者的光荣使命。

基于新时代背景的要求和挑战，期望通过探讨中国管理科学研究的价值诉求、对象、内容维度和研究路径方法等，积极构建具有一般规律、能够向全国推广的学术新知，用以指导管理实践。

习近平站在时代和全局的高度，在坚定"四个自信"、发展中国道路、优化中国模式、总结中国经验、带领人民推动改革开放和社会主义现代化建设的进程中形成了自己独特的治国理政思想。这既是我们党把马克思主义基本原理同中国实际和时代特征相结合的重大理论创新成果，又是实践创新的巨大飞跃。

不断开拓治国理政的新境界，既是时代发展的要求，又是我们党领导水平和执政能力提升的标志。党的十八大以来，以习近平同志为核心的党中央直面当代中国和当今世界的重大课题，运用历史唯物主义和辩证唯物主义的科学世界观、方法论，深刻把握治国理政的若干重大关系，科学统筹治党治国治军、内政外交国防、改革发展稳定，科学统筹国内、国际两个大局，思考谋划治国理政一盘棋，先后提出全面建成小康社会、全面深化改革、全面推进依法治国、全面从严治党的重大任务和战略部署。"四个全面"廓清了治国理政的全貌，抓住了治国理政的关键，拎起了治国理政的总纲，集中体现了中国共产党治国理政的新思路、新方略。

当今世界经济格局发生了很大的变化，中国经济格局也发生了很大的变化，迫切需要新的管理理论指导中国经济的发展。新型冠状病毒肺炎疫情加剧了百年未有之大变局，全球处于更加动荡和充满不确定性的环境中，中美战略竞争角力呈现上升趋势，需要解决的问题越来越多、越来越复杂。面对动荡多变的外部环境和艰巨的任务，中国需要保持长期战略定力，不断开拓我们党治国理政的新境界。

笔者结合中国管理思想史，从百余年前管理科学的实验研究谈起，回顾管理科学的发展简史，把写作的重点放在新时代，进一步深入观察并积极研究中国管理科学的发展与实践，不断深化对人的需要的再认识，反思不同的组织形态的演进与变化，不断追求卓越，努力讲好中国故事、完善中国管理科学理论。

董英豪

2022 年 6 月 25 日

目 录
MULU

第一章 管理科学理论的形成

管理科学是研究人类社会发展中不同层次组织的管理和经济活动的客观规律的科学，是一门跨自然科学、工程科学和社会科学的综合性交叉学科。

管理科学研究主要从科学属性的角度，探索管理活动的普适性客观规律。管理科学基础研究解决的是从人类管理实践活动中存在的问题中抽象出来的科学问题，对这类问题提出解决方法和模式并加以检验，从而构成管理科学的理论。

目前我国管理科学主要分为管理科学与工程、工商管理和宏观管理与政策、经济科学四个子学科。管理科学与工程主要开展管理科学的基础理论、方法、工具与技术的研究；工商管理主要以工商企业及非营利组织为研究对象，开展微观管理理论、技术与方法的研究；宏观管理与政策是研究政府及相关公共部门为实现政治、文化和社会经济发展目标，制定宏观政策和实施综合管理行为的学科群的总和；经济科学学科主要研究人类社会在各个发展阶段的各种经济活动和各种相应的经济关系及其运行、发展的客观规律。

管理科学兼有自然科学和社会科学的双重属性，是自然科学和社会科学共同作用产生的综合性交叉科学。管理科学与数学、信息科学、心理学等学科紧密联系，内容包括运筹学、统计学、经济学、信息科学、系统科学、控制论、行为科学等。

从20世纪50年代开始，西方主要发达国家在高度工业化的同时实现了管理现代化，管理现代化所包含的内容极其广泛，主要有管理思想的现代化、管理组织的现代化、管理方法和手段的现代化等几个方面。管理现代化是一个国家现代化程度的重要标志。工业、农业、科学技术、国际的现代化，乃至整个国民经济的现代化都离不开现代化管理，现代化管理能够有效地组织生产力要素，充分合理地利用各种资源，提高各种经济和社会活动的效率，从而成为推进现代化事业的强大动力。

管理有自然属性和社会属性。管理的自然属性反映了社会劳动过程本身的要求，在分工协作条件下的社会劳动，需要通过一系列管理活动把人力、资金、物资等各种要素按照一定的方式有效地组织起来，才能顺利进行。管理的社会属性则体现了统治阶级的利益和要求，在一定的生产方式下，需要通过管理活动来维护一定的生产关系，实现一定的经济和社会目标。

在经济管理中，管理的自然属性表现为科学合理地组织生产力要素，处理和解决经济活动中物与物、人与物之间的技术联系，如生产中的配料问题、生产力布局、规划以及机器设备的技术性能对操作者的技术水平和熟练程度的要求等，都体现自然规律和技术规律的要求，不受社会的经济基础和上层建筑的影响，而经济管理的社会属性则表现为调和完善生产关系，处理调整人与人之间的经济利益关系，如分配体制、管理体制等，都由社会、经济规律支配。在现代经济的发展中，管理科学起着越来越重要的作用，管理科学直接带来了经济效益，在物质资源有限的情况下，管理资源的作用显得尤其重要。

管理科学是相对于经验管理而言的，经验管理是指管理者凭借自己的直觉和个人经验进行管理。这种管理方法是放任自流的，企业生产经营活动的各个环节没有一定的计划和程序，工人的操作没有一定的规范，均凭借自己的经验采取自己认为合适的方法和工具进行。管理科学则相反，它不是凭个人经验进行主观臆断，而是按照客观规律和通过对事实的调查和实验得出的科学结论行事，不容许放任自流，要求必须遵循基于客观规律判定的原则、程序和方法，从而把管理引入科学的轨道。

第一节　管理科学理论的概念、特点和内涵

管理和经济是人类社会组织中的重要活动。管理科学主要从科学属性的角度，应用符合科学规范的方法，在特定的情境假设下，将管理和经济活动中的实践问题抽象为可求解的数学问题，进而探索这类活动的普适性客观规律。

一、管理科学的概念

管理科学是研究人类社会发展中不同层次组织的管理和经济活动的客观规律的科学。

二、管理科学的特点

管理科学具有如下特点：①管理科学从科学规律的角度对人类的管理活动进行研究；②管理科学是一门交叉学科；③管理科学研究由实践驱动；

④管理科学的研究依赖于特定场景；⑤管理科学的成果具有多样性。

管理科学各子学科的特点：①在管理科学与工程学科的各个分支领域，既有横向的跨学科和综合性，又有纵向的独立性，强调管理中的基础理论研究与方法论，研究的问题具有超前性，与具体实践应用有一定距离；②工商管理是依据管理学、经济学的基本理论，运用现代管理的方法与手段进行有效的企业管理和经营决策的一门学科，兼具自然属性和人文属性。工商管理研究不仅具有科学研究的一般特征，还具有相对有限的普适性、实践导向及学科交叉的自身特点；③宏观管理与政策研究范式突破传统学科界限，构建了更广泛和综合的知识框架，将政治学、管理学、现代经济学、政策分析、系统工程等学科的知识与方法融合到研究中；④经济科学研究的是社会经济现象的规律，在很多情况下，经济科学研究的问题可以简化为求解数学问题，但其与纯数学又有区别。对经济科学问题的回答需要用所观察到的现象或常识来解释，这为经济科学问题增加了更多约束，如人的行为是为了使自身利益最优化，而纯数学问题可以没有这些边界。经济科学问题是从实践中来的，而纯数学问题则是更抽象的。

三、管理科学的内涵

管理是指组织为了达到个人无法实现的目标，通过各项职能活动，合理分配、协调相关资源的过程。

管理活动往往既有在给定假设条件下具备一定普适性客观规律的特点（即管理的科学属性），又存在依赖参与者个人经验和主观价值判断的不可重现特征（即管理的人文属性）。管理科学则主要从科学属性的角度，应用符合科学规范的方法，探索管理活动的普适性客观规律，具有基础研究的特征。国家自然科学基金委员会将管理科学定义为研究人类社会组织管理活动客观规律及其应用的学问，是一门跨自然科学、工程科学和社会科学的综合性交叉学科。

管理科学的研究同样追求"发现现象、解释现象"的目标，探讨大量存在于人类生产和服务活动中的特性、关系、规律及其影响因素，并通过对这些方面的掌握来寻求最优的管理决策，使之有助于指导人类的管理活动实践。

管理科学的研究对象是有人参与的社会经济活动，包含了人的主动影响。在管理活动中，人的行为受到个体和群体的社会认知、社会态度、价值取向的影响，还受到经济、技术、制度、文化因素及具体情境汇总大量不确定因素的制约，体现出"有限理性"的基本属性，导致人们在行为上并不总是追求"效用最大",而是会根据对环境的认知和自己有限的思维,做出"让自己满意的选择"。另外人与人的行为互动,也使管理活动具有更大的复杂性和不确定性。因此,在研究管理活动的规律时,应当将行为作为研究的基础假设之一。

管理科学的研究结论具有有限的"普适性",依赖于众多因素复合而成的复杂前提假设(或者称为"情景")。管理科学理论在形成过程中会存在不同的假设和应用条件,在条件满足的情形下,能够作为方法层面的理论直接应用去解决问题;在实践中,在应用条件不具备的情况下,虽然不一定能直接地应用去解决实践中的问题,但却往往可以启迪人类提高管理活动效率的管理思想和理念。

管理科学常用的方法如下:①运筹学,包括线性规划、非线性规划、整数规划、动态规划、目标规划、大型规划、排队论、库存论、网络分析等;②生产计划和管理;③质量管理;④决策分析;⑤计算机仿真;⑥经济控制论;⑦行为科学;⑧管理信息系统;等等。

管理科学的优点是:第一,使复杂的、大型的问题有可能分解为较小的部分,更便于诊断、处理。第二,制作与分析模式必须重视细节并遵循逻辑程序,这样就把决策置于系统研究的基础上,增进决策的科学性。第三,有助于管理人员评估不同的可能选择,如果明确各种方案包含的风险与机会,便更有可能作出正确的选择。

管理科学方法的应用也有局限性:首先,管理科学的适用范围有限。并不是所有管理问题都是能够定量的,这就影响了它的使用范围。例如,有些管理问题往往涉及许多复杂的社会因素,这些因素大都比较微妙,难以定量,当然就难以采用管理科学的方法去解决。其次,实际解决问题时存在许多困难。管理人员与管理科学专家之间容易产生隔阂。实际的管理人员可能对复杂、精密的数学方法很少理解,无法作出正确评价。而另一方面,管理科学专家一般又不了解企业经营的实际工作情况,因而提供的方案不能切中要害,解决问题。这样,双方就难以进行合作。此外,采用此种方法大都需要相当数量的费用和时间。由于人们考虑费用问题,也使它往往只是用于那些大规模的复杂项目。这一点也使它的应用范围受到限制。管理科学不是万能的。我们要充分认识到它是一种重要的管理技术和方法,而起决定作用的还是人。因此,要求管理人员要尽快地掌握管理科学,使之与各种管理技术、管理方法相符合,以便发挥更大的作用。

第二节　早期的管理科学理论

管理科学发展的第一阶段开始于 20 世纪初，是科学管理阶段，也称为古典管理阶段。这个阶段的显著特征是企业的管理工作从经验逐渐上升为一门科学，有了基本的概念、定义、原则和实施方法。管理科学的发展有一个从实践到理论再到实践的回归反复过程。人类的管理活动可以追溯到很远，但是管理科学理论的确立却只是近百年的事。管理科学形成之前的早期管理思想和实践为管理科学理论的形成提供了丰富的营养和基础。

一、早期管理思想和实践

（一）古代管理思想

管理思想的历史渊源可以追溯到远古时代。埃及的金字塔和中国的万里长城都是在几千年前由负责计划、组织、领导和控制活动的专门人员管理与指挥，由成千上万名劳动者共同协作建造的。古代管理思想主要源于文明古国。随着人类蒙昧时代的到来，管理实践和管理思想也不断发展。

1. 古代中国人的管理思想

中国古代管理思想源远流长、博大精深、独具魅力，极具代表性的有儒家、道家、兵家、法家的管理思想，其中有不少精辟的见解依然适用于现在的管理活动。儒家提倡贵和中庸的管理方法。在儒家文化中，"和"既是管理的目的，也是管理的方法。孔子主张在无关原则的小事上讲协调、重和睦；事关原则性的大问题则要坚持原则，不应苟同。孔子提倡中庸，反对在处理问题时走极端，防止片面性。道家有着无为而治的管理智慧，强调顺应自然、以柔克刚。老子提出一整套道家管理战略，认为按照"无为"的原则办事和管理，天下就没有不能办好的事，管理就一定能取得预期的成效。兵家的管理思想以"谋略"和"运筹"为中心，强调"人谋"，要求"谋定而动"。孙子认为计划、决策只有从"道、天、地、将、法"五方面入手，才能保证战争的胜利。法家的核心思想是"法治"，强调法律的作用，反对礼制。法家提出了"法""术""势"的治国方略，法家思想集大成者韩非子提倡将"法""术""势"紧密结合。"法"是指健全法制；"术"是指驾驭群臣、掌握政权、推行法令的策略和手段；"势"是指君主权势，要独掌军政大权。

2. 古埃及人的管理思想

古埃及人动用 10 万人，花了 20 多年建造了 70 多座金字塔。金字塔的建造体现出古埃及人高超的组织能力和管理能力。石块的采掘、搬运和凿刻以及大量人员的管理都需要周密的计划、组织和控制工作。古埃及人兴修了大规模的水利工程，需要国家建立专门的机构和任命专职人员进行管理。在工程管理中，每个监工大约管理 10 名奴仆，反映出他们已知道每个管理者能监督人数的管理跨度是"以十为限"。总之，古埃及人运用相当复杂、精巧的管理方法，通过预测、规划给不同的人和部门分配工作，确定一位全职管理者协调和管理国家与公共事务。这些管理思想至今仍有价值。

3. 古巴比伦人的管理思想

古巴比伦王国第一王朝处于两河流域奴隶制社会兴盛时期。汉谟拉比是有名的政治家和军事家，颁布了《汉谟拉比法典》。法典共包括 282 条，涉及个人财产、商业活动、租赁、借贷、生产控制、劳动刺激、工资报酬等多个方面，体现出经济管理思想的萌芽。法典规定了最低工资标准，提出可以将工资分为计时工资和计件工资，可见当时对人员管理已经比较规范。

4. 希伯来人的管理思想

摩西率领希伯来人逃出埃及。他在逃出埃及的准备、组织和实施中显示出优秀的管理才能。摩西在政府、立法、人际关系、人员选择和训练等方面都能力出众。摩西的岳父建议他采用授权原则和例外原则，挑选一些能干的人在各地进行管理。其建议有三条：制定法令，昭告民众；从百姓中挑选能干的人分别担任十夫长、五十夫长、百夫长和千夫长，建立社会等级，委任管理；实行分级管理，一般事务由下属处理，只有最重要的政务才呈报给摩西。这些体现了管理宽度、组织层次与管理例外原则等思想。

5. 古希腊人的管理思想

古希腊人崇尚民主管理，构建了一种复杂的民主政府，形成了科学的方法。古希腊人发展出一种新型的城市政府——城邦，城邦提供了自由讨论的实践经验，证明了协商式管理的价值。古希腊一些改革家和思想家受到先进文化和先进生产力的影响，其思想中也孕育着管理萌芽，主要代表人物有苏格拉底、柏拉图、色诺芬和亚里士多德。

苏格拉底很早就认识到管理的普遍性。他认为公共事业的管理技术和私人事业的管理技术是可以互相通用的；如果一个人不能管理他的私人事务，他肯定也不能管理公共事务。他还认为成功的管理者是那些了解这些原则并在各个领域中予以恰当应用的人，而失败的管理者是那些不了解这些原则应用的普遍性的人——这条原则不论在哪个事业领域中都适用。

柏拉图在《理想国》一书中首先提出了经济科学中的专业化或劳动分工

原理。他认为一个人不应该同时在木料和铁两个方面都进行工作，因为那会使其不能获得优异成绩。他把人分为三等：第一等是治国贤哲，即管理国家的哲学家，其职能是以其智慧来管理国家；第二等是卫国的武士，其职能是以其勇敢来帮助统治者实施暴力和防御；第三等是民间艺工，由手工业者、农民、商人等组成，其职能是通过其劳动供给国家物质财富并接受上面两个等级的统治。

色诺芬的《家庭管理》（又称《经济论》）是古希腊流传下来的专门论述经济问题的第一部著作。这部著作对管理思想的发展具有重要贡献：第一，首先提出了经济管理的研究对象。色诺芬认为"家庭管理"研究的是优秀的主人如何管理好自己的财产。第二，首先提出了管理水平优劣的判别标准。色诺芬认为检验管理水平高低的标准是财富是否得到增加。第三，首先认识到了管理的中心任务是加强对人的管理。色诺芬的主张无疑从客观上否定了奴隶制的基础，也为随后的管理思想的发展奠定了思想基础。第四，色诺芬分析了分工的重要性。他认为分工可以提高产品的质量，因为一个人不可能精通一切技艺，所以劳动分工是必要的。

亚里士多德在《政治学》中提出了有关管理和组织的许多见解：第一，讨论了劳动的专业化。他认为如果劳动者的注意力专注于工作，那么各种工作便可做得更好。第二，讨论了部门分工，即每一个部门都应当具有特定职能。第三，讨论了集权、分权及代表制。第四，讨论了协作，即整体高于部分。第五，讨论了领导。认为未曾学会服从者，不可能成为好的指挥官。

6. 古罗马人的管理思想

古罗马帝国之所以兴盛，在很大程度上应归功于古罗马人卓越的组织管理才能。他们采取较为分权的组织管理形式，从一个城市直至发展成为一个世界级的帝国。古罗马对人类文明的贡献主要表现在法律和治国施政方面。古罗马的农庄管理也提供了许多管理方面的经验。

（二）中世纪管理思想

中世纪指的是从罗马帝国衰亡到文艺复兴前这段时期。中世纪在经济管理领域的研究没有重要成果，但是在社会管理领域，中世纪后期产生了不少影响深远、值得研究的管理思想成果，代表者有托马斯·阿奎那、尼可罗·马基雅维利和托马斯·莫尔。

托马斯·阿奎那从自然法的观点出发，对如何协调人们的相互关系进行探讨，具有重要的历史意义。他认为，当每个人有自己的业务需要照料时，人世间的事务就会处理得更有条理，如果每个人都对自己的处境感到满意的话，可以使人类处于一种比较和平的境地；相反，在共同占有某种东西的人们中间往往最容易发生纠纷。阿奎那的这种宗教伦理思想在某种程度上与后来关于人性假设的伦理学基础的探讨有明显的关联。

尼可罗·马基雅维利是意大利文艺复兴初期著名的政治思想家和历史学家，被称为"政治学之父"。他的《君主论》《战争的艺术》《罗马史论》《佛罗伦萨史》等著作中渗透的管理思想主要有：他认为必须使用强制手段对人进行管理和控制才能达到目标、完成任务；他提出物质利益决定论，认为人们冲突的根本原因是物质利益；他拥有共和制优于君主制的政体观。在国家生活中明确强调人民的作用，这对管理思想的影响是巨大的；强调领导者的素质问题，对领导者的素质提出的名言是："要比狮子还勇敢，比狐狸还狡猾。"这样才能使"狼"感到恐惧，才能使自己不落入陷阱。马基雅维利的这些思想对研究现代领导科学具有一定的借鉴意义。

托马斯·莫尔因《乌托邦》而名垂史册。《乌托邦》首次系统地阐述了空想社会主义的基本思想，也阐述了许多同管理有关的思想：批判私有制，主张公有制；统一调配人力和组织生产；民主管理国家事务。

（三）英国工业革命时期管理思想

人类社会进入18世纪60年代以后，以英国为代表的西方国家开始了第一次工业革命，生产力得到了很大发展。工商企业本身的管理已经成为专门研究的主题，人们开始把科学思想运用到管理过程中，出现了一批卓有贡献的思想家、经济学家和管理学家，开始了传统管理阶段或经验管理阶段。在传统管理阶段，管理基本处于积累经验阶段，为后来泰勒等人创立科学管理体系打下了基础，开始了从经验管理向科学管理的过渡。代表人物有詹姆斯·斯图亚特、亚当·斯密、让·巴蒂斯特·萨伊、大卫·李嘉图、查尔斯·巴贝奇和罗伯特·欧文等。

詹姆斯·斯图亚特是探讨资产阶级政治经济学整个体系的第一位英国学者。他的《政治经济学原理研究》出版于1767年，比亚当·斯密的《国富论》早9年。斯图亚特发现了货币流通的一般规律，反对经济自由主义，主张国家全面干预经济生活，先于斯密提出了劳动分工的概念，讲述了工人由于重复操作而使作业动作更加灵巧。他比泰勒早100多年提出了工作方法研究和刺激工资制的实质。他还提出了管理人员和工人之间的分工问题。他还指出，机器代替工人的劳动不会使工人失业，反而会有更多的就业机会。

亚当·斯密于 1776 年出版了《国民财富的性质和原因的研究》（也称《国富论》）。其经济思想的中心内容是经济自由，反对重商主义，要求自由地发展资本主义经济。他的著作涉及许多现代管理的核心问题。他论述了劳动分工及其经济效果，认为分工在管理上对提高劳动生产率有三个好处：分工可以使劳动者技术熟练程度很快提高；分工可以使某个人专门从事某种作业，缩短从一个工种转换到另一个工种所耗费的时间；分工可以使专门从事某项作业的劳动者经常改革劳动工具和发明机器。斯密还论述了管理中的控制职能，认为如果要真正地控制一个人，就必须使他为自己的工作成绩对某个人负责，而他对这个人无法施加任何重大的影响。他的经济人的观点对早期古典管理理论的发展具有重要意义。

让·巴蒂斯特·萨伊在《政治经济学概论》中讨论了企业家的问题，认为一些"冒险家"拥有企业，但是他们经常只拥有其中的一部分，他们向别人借钱或同别人合伙经营企业，这些"冒险家"成为管理他人的管理人员，而在把土地、劳动力和资本这三个要素结合在一起时，他们又承担了另一种风险，因而除了获得本人投资的利润外，他们还得到另一笔管理的报酬。萨伊第一个明确承认生产力继土地、资本、劳动力之外还存在第四种要素——管理。

大卫·李嘉图的代表作是《政治经济学及赋税原理》。李嘉图在经济理论上的最大贡献是坚持和发展了劳动价值论，由此分析了资本主义社会中阶级对立关系在分配领域的经济表现。他在管理思想方面对于资本和管理技术的关系提出了所谓的"工资铁律"；还提出了关于经济人方面的群氓假设，强调用绝对的、集中的权力来统治和管理群氓。这些思想对后世经济学和管理学的发展有相当大的影响。

查尔斯·巴贝奇是英国数学家、发明家和科学管理的先驱。他于 1822 年制造了世界上第一部实用机械计算机。他在管理学上的贡献是多方面的，于 1832 年出版了《论机器与制造业经济学》。他提出在科学分析的基础上有可能制定出企业管理的一般原则；分析了分工能提高效率的原因；强调工人要认识到工厂制度对他们有利的地方，提出了一种固定工资和利润分享的制度；在对制造业的研究中采取了科学分析的方法，认识到争取工人的合作必须提供新的刺激，努力寻求在管理人员和工人之间建立新的和谐关系。

罗伯特·欧文被誉为"现代人事管理之父"。欧文曾在工厂内推行了一种新的管理制度，其核心是废除惩罚，强调人性化管理。他根据工人在工厂的表现，将工人的品行分为恶劣、怠惰、良好和优质四个等级，用黑、蓝、黄、白四种颜色分别涂在木块。每个工人的前面都有一块带颜色的木块表示他们的考核结果。部门主管考核员工，经理考核部门主管。无论谁认为考核结果不公平，都可以越级直接向欧文申诉，开创了层级管理的先河，有利于劳资双方的平等沟通和矛盾化解。开始时工人很抵触，但是逐渐地表现恶劣的人越来越少，表现良好的人越来越多。

（四）美国早期科学管理思想

到 18 世纪末期，英国工业革命逐步影响到美国等西方国家的管理思想革命。美国的铁路公司在短短几十年里迅速扩张，在率先建立起包括各种规模和性质的组织结构的同时，还培养了一批最早的职业管理者。代表人物有丹尼尔·麦卡勒姆、亨利·普尔、亨利·汤和亨利·梅特卡夫。

丹尼尔·麦卡勒姆的管理经验主要体现在：制定了严格的管理制度，主要包括适当地划分职责和极其快捷的报告制度、每日检查及其报告制度等；制定了十分严密的组织细则来贯彻这些原则。他制定的规章制度和组织措施体现了授权原则、责任制、报告控制系统等，对后来管理思想的影响巨大。

亨利·普尔长期担任过《美国铁路杂志》主编，主张建立一种管理体系来管理企业。这种体系不能依靠企业的创办人和资助者来管理，而是通过培养专业管理人员来管理。他发现了建立健全管理体系的三个原则，即组织原则、沟通交往原则和信息原则。普尔还注意到企业中人的因素，提出改变僵化的领导作风。

亨利·汤在管理思想上的主要贡献有：率先强调管理的重要性，认为管理是一门独立的学科；支持并推广科学管理运动；在《利益分享》这篇论文中提出了一种激励员工的收益分享制度。

亨利·梅特卡夫是美国另一位科学管理的先驱者。他接管了法兰克福兵工厂，发现传统的组织和管理方法不仅造成很大的浪费，还效率低下。他于 1881 年建立了一套新的控制制度——车间上报卡片制度，是管理技术的一项显著进展。卡片分为工时卡和材料卡，卡片中有各种详细的说明。工人完成工作后将卡片交给工长，工长对此作出评价，将卡片作为资料保存下来。卡片将劳动控制、成本控制和工厂管理紧密地结合起来。

二、管理科学的初创阶段

1911 年弗雷德里克·泰勒出版了《科学管理原理》，奠定了管理学理论的基石，也开始了管理科学新的篇章。100 多年的管理思想可以粗略地划分为古典管理理论、行为科学理论、现代管理理论和当代管理理论四个阶段。

　　管理科学的第一个里程碑是泰勒的科学管理理论，第二个里程碑是行为科学理论。泰勒的科学管理理论属于古典管理理论，下面一章我们将从古典管理理论讲起。

第二章　管理科学理论的发展

　　管理科学研究人类社会发展中不同层次组织的管理和经济活动的客观规律。管理活动源远流长，人类进行有效的管理活动已经有数千年的历史，但是从管理实践到形成一套比较完整的理论，则是经过了漫长的历史发展过程。

　　管理科学理论的发展分为三个阶段：古典管理理论阶段（从 20 世纪 20 年代到 20 世纪 30 年代行为科学学派出现前）、现代管理理论阶段（从 20 世纪 30 年代到 20 世纪 70 年代）和当代管理理论阶段（20 世纪 80 年代至今）。

第一节　古典管理理论阶段

　　古典管理理论是人类管理思想史上奠基性的管理理论，它基于"经济人"假设，试图从个人、组织和社会三个不同的角度来解决整个资本主义社会宏观与微观的管理问题，为破解资本主义劳资关系、生产效率、社会组织等方面的难题提供管理思想指导和科学理论方法。弗雷德里克·泰勒的科学管理理论、马克斯·韦伯的古典组织理论、亨利·法约尔的一般管理理论共同构筑了古典管理理论大厦。

一、科学管理理论

　　美国工程师弗雷德里克·泰勒创造出"标准劳动方法"和劳动定额，1911 年出版了《科学管理原理》，奠定了管理学理论的基石，管理学终于成为一门正式的学科。管理由漫长的经验管理阶段进入科学管理阶段。泰勒被誉为"科学管理之父"。

　　泰勒出生于美国一个富裕的律师家庭，良好的家庭教育使他从小培养了追求真理、观察核对事实的强烈欲望和根除浪费与懒惰弊病的热忱，对处理任何事情都想探究一种最好的方法。18 岁时，泰勒以优异的成绩考入哈佛大学，第二年因视力与健康原因而中止学业，到一家小机械厂当徒工。22 岁时泰勒进入费城米德维尔钢铁公司当技工，后来迅速被提升为工长、总技师。

28岁时泰勒担任了钢铁公司总工程师。他对工人处境、劳动状况有着丰富的实践体验，由此引发了他对通过提高工人的劳动效率来改变企业工作状况的思考。理解这种思考，就有必要了解他在米德韦尔和伯利恒钢铁公司亲眼目睹的现象——仍处于较原始状态的企业管理水平，泰勒改进工厂中工作方式的决心正是由这种亲身感受所唤起的。泰勒的一系列实验就是从此开始的。1901年以后，他用大部分时间从事写作、讲演，宣传他的这套管理理论。泰勒的科学管理思想包括以下内容。

（一）谋求最高的工作效率

泰勒认为科学管理的根本目的是谋求最高的工作效率，而最高的效率是雇主和雇员达到共同富裕的基础。要达成最高的工作效率，最重要的手段是用科学化、标准化的管理模式代替传统的经验管理模式。

他认为企业提高劳动生产率的潜力非常大。在当时的条件下，每个工人的能力在工作中只发挥了1/3。泰勒在一项工人搬运生铁的实验中，使工人每天搬运铁的数量普遍从12.5吨提高到47.5吨，增加了3.8倍，工人工资由每天1.15美元增加到1.85美元。当时无论是雇主，还是工人，对于一个工人一天到底能干多少工作、该干多少工作都心中没数。

（二）必须为工作挑选第一流的工人

泰勒认为第一流的工人包括两个方面：一是该工人的能力最适合他所从事的工作，二是该工人从内心愿意从事这项工作。因为每个人的天赋与才能不同，他们所适宜做的工作也各不相同。身强力壮的人干体力活可能是第一流的，心灵手巧的人干精细活可能是第一流的。要根据人的不同能力和天赋把他们分配到相适应的工作岗位，使之成为第一流的工人。对那些不适合从事该项工作的工人，应加以培训，使之适合工作需要，或把他们重新安排到其他适宜的工作岗位。培训工人成为第一流的工人是领导的职责。

（三）必须研究工时与标准化

泰勒在让施密特成为"高价工人"的同时，通过改变不同的工作因素来观察哪些与施密特日工作量变化有关。例如，施密特搬运生铁时有时屈膝，有时不屈膝，而是弯腰。泰勒测试了休息时间、行走速度、搬运位置及其他各种变量。在长时期对各种过程、技术、工具等的组合进行科学测试之后，泰勒成功地达到他预期的水平。通过挑选合适的工人，使用正确的工具设备，通过使工人确切地按规定方法劳动，通过采用高工资激励工人，泰勒就能达到48吨日工作量的目标。

工时研究作为泰勒制的基础，并非简单地对一个工人完成一件规定任务作出时间上的统计，而是把一件工作分解为各种基础的组成部分，进行测试，然后根据其合理性重新进行安排，以确定最佳的工作方法。所以工时研究是用资料研究未来，而非研究过去，是用来分析问题，而非单纯地描述问题。此外，除了操作方法标准化，还应对工具、机械、原料和作业环境等进行改进，使与任务有关的所有要素都最终实现标准化。工时研究与标准化为了解如何更为合理地完成一件工作找到了一条较为科学的途径。

（四）在制定标准定额的基础上实行差别计件工资制

制定标准定额是整个泰勒工资制的基础。通过大量的工时与动作研究，他把每一项工作都分成尽可能多的简单基本动作，把其中的无效动作去掉，通过对熟练工人操作过程观察记录，寻找出每一个基本动作最好、最快的操作方法，这构成了他确定日工作定额的基础。泰勒也考虑了工作过程中不可避免的时间浪费等。在标准定额的基础上，泰勒建议实行新的工资制度，即差别计件工资制。他认为过去实行的计时工资制和利润分享制都不能从根本上解决问题。差别计件工资制，是在"工资支付对象是工人而不是职位"的思想指导下，按照工人是否完成其定额而采取高低不同的工资率。完成定额的可按工资标准的 125％计算工资，而完不成定额的只按 80％计算工资，以鼓励工人千方百计地完成工作定额。

（五）设置计划层，实行职能工长制

泰勒认为一位"全面"的工长应具备以下几种品质：智能、教育、专门的或技术的知识、手脚灵活有力气、机智老练、有干劲、刚毅不屈、忠诚老实、有判断力和一般常识、身体健康。泰勒认为要找到一个具备上述三种品质的人并不太困难，找到一个具备上述五种或六种品质的人就比较困难，而要找到一个能具备七八种上述品质的人，那几乎是不可能的。为了解决这种矛盾，泰勒提出了分阶段的职能工长的主张，因为把工长的工作专业化后，对任职者的体力和脑力的要求也就相应降低了。

泰勒把责任分为两大类：执行职责和计划职责。泰勒将执行部门分解为：①工作分派负责人；②速度管理员；③检查员；④维修保养员。将计划部门分解为：①工作流程管理员；②指示卡片管理员；③工时成本管理员；④车间纪律管理员。这样，原旧式组织中一个工长的工作由八位职能工长分管，解决了当时缺少综合管理人才的矛盾。泰勒认为，每一个工人在其工作中的任何一个具体方面只由一个职能工长领导，因此不会因为多头领导而使工人无所适从。由于每个职能工长只需要学会履行有限的职责，所以培训职能工长的工作将较为容易。

（六）对组织机构的管理控制实行例外原则

所谓例外原则，就是企业的高级管理人员把一般的日常事务授权给下级去处理，自己只保留例外事项（即重要事项）的决策与监督权。泰勒提出的这种以例外原则为依据的管控方式，后来发展演变为授权原则、分权化原则等管理原则和事业部制等管理体制。

根据这项原则，企业的高级管理人员收到的应是简洁明了、具有对比性的报告，其内容应包括在过去正常情况下未出现过的或非标准的各种例外情况，既有特别好的例外情况，也有特别坏的。这样只要几分钟就可使经理全面了解事态的发展过程与进退，使他能有时间去考虑更广泛的政策方针和研究他领导下的重要人员的特性和工作胜任问题。

（七）为实现科学管理应开展一场"精神革命"

泰勒认为，通过开展一场"精神革命"变劳资对立为互相协作，共同为提高劳动生产率而努力，这才是科学管理理论的真谛。他强调，必须使工人认识到科学管理对他们有好处，只有在改善操作方法的条件下，才能不增加体力消耗而实现提高劳动生产率，从而使工资得以提高；也只有实现科学管理，才能降低成本，满足雇主的利润要求。

泰勒的管理理论倡导在管理中运用科学的方法和科学的实践精神，从而用调查研究和科学知识代替管理者个人的主观判断与经验。正是泰勒理论的出现，才使西方的管理由经验走向科学。在泰勒的管理理论基础上，创造和发展出了一系列有助于提高劳动生产率的技术和方法，而这些技术和方法又反过来成为近代以来西方管理系统合理组织生产的基础。当然，泰勒的科学管理理论也存在着许多不足之处，除了受其所代表的资产阶级的阶级局限性影响之外，还表现在以下几方面：一是对工人的看法是错误的。他认为工人的主要动机是经济利润，工人最关心的是增加自己的金钱收入。他认为工人是笨拙的，对作业的科学化完全是无知的。二是仅重视技术因素，忽视社会、群体因素对管理的影响。三是注重基层管理或车间管理，忽视企业作为一个整体如何经营与管理的问题。

二、韦伯的古典组织理论

韦伯的研究主要集中在古典组织理论方面，首次系统提出并阐述官僚组织理论，被誉为"组织理论之父"。他被公认为现代社会学和公共行政学最重要的创始人之一。1904—1905 年他的名著《新教伦理和资本主义精神》，1921 年他一生中最重要的著作《经济与社会》出版。

韦伯对于组织管理的贡献在于明确系统地提出理想的组织应以合理合法权利为基础，这样才能有效地维系组织的连续和目标的达成。为此，韦伯首推官僚组织，认为规章制度是组织得以良性运转的基础和保障。

韦伯关于官僚制的原意是指通过职务或者职位，而不是通过个人或者世袭地位来管理。以理性-法律权利作为基础的官僚制具有以下基本特点。

（1）确定的目标。组织应有确定的目标，人员的一切活动都必须遵守一定的程序，都是为了实现组织的目标。

（2）分工明确。建立明确的职能分工，每个职位都有明确的职权区域。对组织的全部活动进行专业化的职能分工，依据职能分工确定管理职位，详细确定各个职位的权利和责任范围。这些规定适用于所有处于管理职位的人。

（3）明确的等级制度。按照等级序列原则来组织，共同服务于一个指挥决策中心，形成一个自上而下、等级森严的指挥体系。每个成员受上级的控制和监督。

（4）非人格化的人员关系。组织成员之间是一种指挥和服从的关系，这种关系是由职位的高低决定的，是组织通过正式规定来明确的。个人之间的关系不能影响工作关系。

（5）规范的选拔与录用。承担每个职位的人都是经过挑选的，必须经过考试和培训，接受一定的教育，获得一定的资格，根据职位对人的要求来确定需要什么样的人，人员必须是称职的，不能随意免职。

（6）实行委任制。所有管理人员都是任命的，而不是选举的。

（7）管理职业化。管理人员有固定的薪金，有明文规定的升迁制度，有严格的考核制度。

（8）公私有别。管理人员在组织中的职务活动应当与私人事务区别开来，公私事务之间应有明确的界限。

（9）遵守纪律。管理人员必须严格遵守组织中的法规和纪律，不受个人感情的影响，适用于一切情况。

韦伯认为这种理想的行政组织符合理性原则，效率更高，在精确性、稳定性、纪律性和可靠性等方面也都优于其他组织形式。韦伯的管理理论为企业管理奠定了理论基础，也可视为企业文化理论的萌芽。

三、法约尔的一般管理理论

（一）强调管理的普遍性

法国的亨利·法约尔以整个企业经营为对象，研究管理的一般原则和方法。她是概括和阐述一般管理理论的先驱，被誉为"一般管理理论之父"和"管理过程之父"。法约尔于 1916 年出版了他的划时代名著《工业管理与一般管理》，标志着一般管理理论的形成。

法约尔从经营活动中提炼出管理活动，强调管理的普遍性。他认为"经营"和"管理"是两个不同的概念，管理包含在经营之中，人为企业的全部活动分为以下六种：①技术活动，指生产、制造、加工等；②商业活动，指购买、销售、交换等；③财务活动，指资金的筹措及有效利用；④安全活动，指财产和人员的保护；⑤会计活动，指财产清点、资产负债表、成本核算、统计等；⑥管理活动，指组织内行政人员所从事的计划、组织、指挥、协调和控制活动。

法约尔认为，所有的组织成员都应具备上述六种活动能力，但是对不同层次和不同组织的人员来说，这些能力的相对重要性不同。这首先表现在，居于不同层次的人员，各种能力有不同重要性。愈往高层，管理能力的重要性增加，技术能力的重要性、准确性减弱；愈往低层，管理能力的重要性减弱，技术能力的重要性增强。其次表现在，不同规模组织的领导人员，各种能力的相对重要性不同。组织的规模越大，领导人员的管理能力的重要性增加，技术能力的重要性减弱，组织规模越小，领导人员的技术能力的重要性增加，管理能力的重要性减弱。

（二）管理的五项职能

法约尔认为，管理活动具有计划、组织、指挥、协调和控制五项职能。这五项职能紧密练习，形成一个完整的管理过程，为管理理论的研究提供了一个框架。法约尔提出的管理五项职能影响了整个 20 世纪的管理学，许多学者在此基础上继续研究，逐渐形成了管理过程学派或管理职能学派。

（1）计划。一个好的计划应该具备统一性、连续性、灵活性、准确性四个特点。要制定具有这些特点的计划，需要对每天、每月、每年、五年甚至十年的情况进行预测，还要随着时间的推移或情况的变化不停地调整或修改计划。

（2）组织。法约尔提出社会有机体的概念，认为社会有机体是同物的组织有区别的人的组织。社会有机体中的每个成员可以看作一个个细胞。通过多数成员的组合，社会有机体才能变化和发展，从而形成器官（管理机构）。没有有机体，管理活动就不能存在；没有管理活动，社会有机体也就不能有效地形成和维持。

（3）指挥。组织建立以后，要让组织发挥作用，就是指挥的任务。指挥是一种以了解人的品质和管理一般原则为基础的艺术。担任指挥工作的领导者必须深入了解自己的员工，淘汰没有工作能力的人，做出榜样，对社会组织进行定期检查，不在工作细节耗费精力等。

（4）协调。每个部门的工作都要与其他部门步调一致，各部门内部的各个分部及所属单位，对各自在完成共同任务方面必须承担的工作和相互之间应提供的协助都要有精确的了解，各部门及所属分部的计划安排经常随情况的变动而调整。

（5）控制。控制就是要确认企业的各项工作是否和计划相符合，目的在于找出工作中的缺点和错误，以便纠正并避免重犯。

（三）管理的14项原则

法约尔根据自己长期的经验提出了一般管理的14项原则。

（1）劳动分工。劳动分工不只局限于技术性工作，还适用于所有涉及或多或少的一批人或要求几种类型的能力的工作，其结果是职能的专业化和技术的分散。

（2）权力与责任。权力和责任之间存在因果关系，凡是在权利行使的地方，就必然存在责任。法约尔把由于担任的职务地位而拥有的正式权力与由于其智慧、经验、品质、能力、过去的功绩而产生的个人权力区别开来。行使权力就要承担责任，委以责任就要授予相应的权力。

（3）纪律。纪律建立在尊重而不是畏惧的基础上，纪律好坏关系企业的成败。无论是高层领导，还是普通员工，都必须受纪律的约束。任何一个企业，没有纪律的约束都不可能兴旺繁荣。

（4）统一指挥。统一指挥是指一个下属只应接受一个领导者的命令。如果这个原则不成立的话，纪律就会受到危害，秩序将被破坏，稳定将受到威胁。

（5）统一领导。为了力求达到同一目的的全部活动，只能有一个领导和一组计划。只有在一个领导和一组计划的情况下，才能做到责任明确、计划明确，进而保证组织目标的顺利实现。通过统一领导来完善组织，通过统一指挥来发挥人员的作用。

（6）个体利益服从整体利益。利益原则是人类社会首要的也是基本的原则。在一个企业里，一个人或一些人的利益不能置于企业利益之上，个人利益必须服从整体利益。

（7）人员的报酬。人员的报酬是其服务的价格，必须公平合理，尽量使企业同其所属人员都满意。

（8）集中。根据企业的规模、特点和领导者的能力等具体条件，规定集权和分权的程度，把集权和分权做到恰到好处。

（9）等级制度。等级制度就是从最高权力机构直至底层管理人员的领导序列。这个序列对于保证传达的需要和指挥的统一是必要的。为了减少信息迂回传递所导致的效率低下及损失，法约尔提出了允许横跨权力线进行横向交往的联系板，被称为"法约尔跳板"。

（10）秩序。组织的秩序意味着在组织中的每一个人和每一种东西都有一个位置，而且有一个恰当的位置，包括物的秩序和人的秩序。

（11）公平。着重指对下属要公平。法约尔认为，下属员工总是希望公平，希望被平等对待。而公平是由善意与公道产生的，因此，领导者要保持善意，主持公道，努力使公平感深入各级员工的内心。

（12）人员的稳定。人员的稳定尤其重要。要保持企业领导和人员的稳定，因为适应一个岗位并做好工作需要时间，频繁调人会带来很多后患。繁荣的企业，其领导人员是稳定的；而那些运气不佳的企业，其领导人员是经常变动的。这种不稳定同时是企业不景气的原因与结果。

（13）首创精神。首创精神是指人们在工作中的主动性和创造性，是组织充满生机和活力的保证。

（14）团结精神。全体人员团结是企业巨大的力量，为了实现团结，管理人员应避免使用可能导致分裂的方法。

法约尔的14项管理原则具有独创性的见解，对于管理理论研究和实际工作都具有很大的启发性。只有把这14项原则联系起来，才能保证社会组织合理地建立和顺利地运行。这些原则也不是固定不变的，在管理中要灵活运用。

管理科学的第二个里程碑是"行为科学理论"。人际关系研究先驱、巾帼管理学大师玛丽·帕克·福莱特架起了古典管理理论和行为科学之间的思想桥梁。她被称为"管理理论之母"。

福莱特认为只有在群体中才能发现真正的人，个人的潜能只有在群体中才能被发现，从而获得真正的自由。福莱特提倡通过利益整合解决冲突，提出通过控制和协作来达到目标。

科学管理思想有众多拥护者、追随者和实践者，其中比较著名的有巴思、甘特、吉尔布雷思夫妇、埃默森、库克和福特。福特首创大规模汽车装配流水线，推行标准化和简单化生产，实施冷酷无情的"铁血政策"，提倡最大限度的"无头衔管理"，成为科学管理的典型实践者。

古典管理理论由于受当时生产力发展水平、时代背景、社会条件及研究者自身局限性等方面的影响，不可避免地存在缺陷。例如，只注重生产过程、组织控制等方面的研究，对人的因素注意较少；其研究局限于组织内部的管理，而忽视了组织发展的外部环境等。尽管存在种种缺陷，古典管理理论在管理思想史上仍具有不可替代的重要地位，对当今的组织管理实践和研究仍然起着非常重要的指导作用。

第二节　现代管理理论阶段

现代管理阶段是指 20 世纪 30 年代至 70 年代末这段时期。现代管理理论是继科学管理理论、行为科学管理理论之后，西方管理理论和思想发展的第三个阶段，特指第二次世界大战以后出现的一系列学派。与前两个阶段相比，这个阶段学派林立，新的管理理论、思想方法不断涌现，这种现象被称为"管理理论丛林"。

一、行为科学理论

行为科学理论发展分为两个阶段：前期的研究称为人际关系学说，从霍桑实验开始；后期是 1949 年首次提出并于 1953 年被正式命名的行为科学。今天的行为科学成为根深叶茂的学科，在很大程度上得益于梅奥及霍桑实验对人性的探索。梅奥提出了人际关系的重要性，这是一个经理人员是否成熟的标志，也是一个组织是否有效的重要标志。许多学者在梅奥等人奠定的基础上做了更细致深入的研究，内容更广泛，侧重点各有不同，形成了不同的流派。归纳起来组织行为学的研究内容主要包括四个层面：有关人性的研究、有关员工个体行为的研究、有关员工群体行为以及组织行为的研究和有关领导行为的研究。四个层面互相联系，不可分割。行为科学的主要成果有梅奥的人际关系理论、马斯洛的需求层次理论、赫茨伯格的双因素理论、麦格雷戈的"X 理论- Y 理论"等。

二、现代管理理论丛林

第二次世界大战后 20 世纪 40 年代到 80 年代，除了行为科学学派得到长足发展以外，许多管理学者都从各自不同的角度发表自己对管理学的见解。这其中主要的代表学派有：管理过程学派、管理科学学派、社会系统学派、决策理论学派、系统理论学派、经验主义学派、经理角色学派和权变理论学派等。这些管理学派研究方法众多，管理理论不统一，各个学派都有自己的代表人物，有自己的用词意义，有自己主张的理论、概念和方法，孔茨称其为"管理理论丛林"。

管理过程学派又称管理职能学派，是美国加利福尼亚大学的教授哈罗德·孔茨和西里尔·奥唐奈里奇提出的。管理过程学派认为，无论组织的性质和组织所处的环境有多么不同，管理人员所从事的管理职能却都是相同的。孔茨和奥唐奈里奇将管理职能分为计划、组织、人事、领导和控制五项，把协调作为管理的本质。孔茨利用这些管理职能对管理理论进行分析、研究和阐述，最终得以建立起管理过程学派。孔茨继承了法约尔的理论，把法约尔的理论更加系统化、条理化，使管理过程学派成为管理各学派中最具有影响力的学派。

社会系统学派是从社会学的角度来分析各种组织。它的特点是将组织看作一种社会系统，是一种人的相互关系的协作体系，它是社会大系统中的一部分，受到社会环境各方面因素的影响。美国的切斯特·巴纳德是这一学派的创始人，他的著作《经理的职能》对该学派有很大的影响。

决策理论学派是在第二次世界大战后吸收了行为科学、系统理论、运筹学和计算机程序等学科的内容发展起来的，代表人物是西蒙。西蒙是美国管理学家、计算机学家和心理学家。决策理论学派认为管理过程就是决策的过程，管理的核心是决策。西蒙强调决策职能在管理中的重要地位，以有限理性的人代替有绝对理性的人，用"满意原则"代替"最优原则"。

系统理论学派是指将企业作为一个有机整体，把各项管理业务看成相互联系的网络的一种管理学派。该学派重视对组织结构和模式的分析，应用一般系统理论的范畴、原理全面分析和研究企业和其他组织的管理活动和管理过程，建立起系统模型以便于分析。系统理论学派的重要代表人物是弗里蒙特·卡斯特。弗里蒙特·卡斯特是美国系统管理理论的重要代表人物、著名的管理学家。主要著作有《系统理论与管理》（与约翰逊和詹姆斯·E.罗森茨韦克合著）、《组织与管理：系统与权变方法》（与詹姆斯·E.罗森茨韦克合著）等。

经验主义学派又称为经理主义学派，以向大企业的经理提供管理当代企业的经验和科学方法为目标。它重点分析成功管理者实际管理的经验，概括、总结他们的成功经验中具有共性的东西，使之系统化、合理化，据此向管理人员提供实际建议。代表人物有彼得·德鲁克、欧内斯特·戴尔等。

经理角色学派是以对经理所担任角色的分析为中心来考虑经理的职务和工作，该学派认为针对经理工作的特点及其所担任的角色等问题，如果能有意识地采取各种措施，将有助于提高经理的工作成效。经理角色学派的代表人物是亨利·明茨伯格。

权变理论学派认为，企业管理要根据企业所处的内、外部条件随机应变，没有什么一成不变、普遍适用的"最好的"管理理论和方法。企业管理要根据企业所处的内部条件和外部环境来决定其管理手段和管理方法，即要按照不同的情景、不同的企业类型、不同的目标和价值采取不同的管理手段和管理方法。其代表人卢桑斯在 1976 年出版的《管理导论：一种权变学》是系统论述权变管理的代表著作。

管理科学学派的代表人是美国的伯法·布莱克特、贝尔曼，苏联的康托洛维奇等人，其主要观点是利用数学、自然科学和社会科学知识，把管理问题列成数学模型，求出它的解而进行系统研究。早期代表作品是布莱克特著的《运筹学方法论上的某些方面》、康托洛维奇著的《生产组织与计划中的数学方法》等。第二次世界大战结束后，这种方法广泛应用于民用企业，大学、高级技术学校也开设了这方面的课程。1950 年在英国伦敦首先出版了这个领域的刊物《运筹学季刊》；1953 年美国成立了管理科学学会，会刊是《管理科学》；法国巴黎从 1956 年起也出版了这方面的刊物。1957 年在美国管理科学学会、联合王国运筹学学会等的赞助下，在英国牛津召开了有关的国际性会议，21 个国家派代表参加，以后每隔三年召开一次。从 1950 年至 1970 年，管理科学被引入欧洲及日本。

第三节　当代管理理论阶段

当代管理理论阶段是指从 20 世纪 80 年代至今的这段时期。随着知识经济时代的到来，竞争环境的日益动态化、竞争的国际化、技术创新的加剧和消费者需求的多样化，管理科学理论和方法都在不断地与环境一起发展、匹配和适应，新一轮的管理科学思想变革开始出现，各类组织，特别是企业必须积极变革，实施再造，对管理的范围进行拓展，对管理的内容、方法和手段进行创新。

20 世纪 80 年代管理思想的主要特点是组织文化大行其道，管理思想风靡世界。20 世纪 90 年代以来管理思想的主要特点是管理理论集成创新，管理思想多元发展。

一、知识经济时代

1980 年阿尔温·托夫勒在《第三次浪潮》中曾预言，人类社会已经和将要经历三个文明浪潮。第一个浪潮是发生在 8000 年前的农业浪潮，第二个浪潮是 300 年前以瓦特发明蒸汽机为开端的工业浪潮，第三次浪潮是信息革命。

我们正进入知识社会。知识社会是一个以知识为核心的社会，"智力资本"已成为企业最重要的资源，受教育的人成为社会的主流。知识经济是建立在知识和信息的生产、分配和使用基础上的经济。知识经济的目标是研究、开发和应用新技术。现在的经济中心已经从工业经济时代的经验、传统，向获得新技术知识、创造和适用新技术发展的灵活性转移。

无论是发达国家，还是发展中国家的企业都被新的产业价值链统一到世界经济一体化进程中，企业的管理活动都在全球一体化的进程中发生着重大变化。依托强大的信息网络，商品、服务、资金、技术、劳动力、原材料、设备等所有生产要素都可以在全球范围内以前所未有的速度进行自由的流动和转让。经济活动成为全球性活动，企业组织演变为一个与全球相连的国际生产中心、营销中心，它的投资、贸易、研发、人力资源、生产布局以及资本流动都以全球为背景，出现了各种新的形态。电子商务改变了原有的经营方式和商务活动方式，加速了企业经营活动的全球化。

管理科学随着知识经济的发展也在不断发展变化，一些新的管理理论不断涌现。彼得·德鲁克提出，新阶段——后资本主义社会阶级的生产力，只有通过运用知识与劳动才能增长。从第二次世界大战结束至今是德鲁克认定的管理革命阶段。在这个阶段，知识已成为唯一意义深远的资源。经理是对知识的应用和知识的绩效负责的人。彼得·德鲁克认为，"提供知识去有效地发现现有的知识怎样能最好地应用于产生效果，这就是我们所指的管理。""我们现在把知识看作一个基本的资源。土地、劳动和资本作为限制因素是重要的。没有它们，甚至不可能产生知识；没有它们，甚至也不能实行管理。而只要存在有效的管理，即将知识应用于实践，我们总是能得到其他资源。"

德鲁克反复强调，利润不是企业的目标，而是企业"正确行事的结果"。企业的目标在于"创造顾客"或者"满足和创造顾客需求"。企业需要的管理原则是，既能让个人充分发挥特长，又能凝聚共同的愿景，建立团队合作，达到个人目标与组织目标的共赢。目标管理的关键是群体组织目标与个人目标的结合点，而一旦找到这种结合点，员工就可以实现自我激励与自我管理。

查尔斯·萨维奇在 1990 年出版了《第五代管理》。他提出的第五代管理是一个领导方式问题。领导的注意力不应集中在个人的力量，而应集中在如何锻炼、鼓励和培养其他人方面。在一种集成的环境中，所有人和公司最优秀的才能同他人最优秀的才能相结合。

二、组织变革的管理

组织是社会大系统中的一个开放的子系统，在急剧变化中承受着极大的压力，这些压力推动组织变革。技术、政府、全球化是推动组织变革的三种推动力。

哈佛大学教授约翰·科特对组织变革的阻力问题进行了研究，得出四个原因：①从狭隘的私利出发，不顾组织的整体利益；②不明了变革的意义，对发动者缺乏信心；③对变革的后果与变革者的估计不同；④顾虑自己的技能和知识过时。组织变革是打破组织原有的均衡状态，促使推动改革的力量增加，阻碍变革的力量减少的动态过程。

标杆瞄准被西方国家认为是改进企业经营绩效、提高全球竞争力最有用的一个管理工具。企业可以通过开展标杆瞄准活动来寻找合适的切入点，启动组织变革。标杆瞄准又称标杆学习或标杆管理，实施步骤是：①确认标杆管理的目标；②确定比较目标；③收集与分析数据，确定标杆；④系统学习和改进；⑤评价与提高。

约翰·科特归纳出创造重大改革的八个阶段：①增强紧迫感；②建立指挥团队；③确立变革愿景；④有效沟通愿景；⑤授权行动；⑥创造短期成效；⑦不要放松；⑧巩固变革成果。企业需要通过正确的价值观，在成员中建立信任，以产生惊人的爆炸力，从而使企业在变革中重新茁壮成长。

组织变革的总方向是减少管理层级，具体表现在扁平化、柔性化、虚拟化和网络化四个子方向上。如果层级多，那么就会导致整个组织对外部环境变化的反应迟钝，在激烈的市场竞争中处于不利地位。

柔性是指一个组织对意外的变化作出反应，以及根据可预期变化的意外结果迅速调整的能力。柔性化分为员工柔性化和结构柔性化。员工柔性化是指员工有很强的学习能力和适应能力；组织结构柔性化则意味着组织集权与分权的适度把握，组织稳定性和变革性的统一协调。柔性化的典型组织形式是临时团队的建立与组织的重新设计等。

虚拟组织具有较大的适应性，在内部组织结构、规章制度等方面具有灵敏性，共享各成员的核心能力，虚拟组织中的成员必须以相互信任的方式行动。虚拟组织成员彼此不存在产权上的关系，不同于一般的跨国公司，相互之间的关系是动态的，完全突破了以内部组织制度为基础的传统的管理方法。

在网络型组织中，基本构成要素是众多的节点和节点之间的相互关系，每个节点之间都是以平等身份保持互动联系。密集的多边联系和充分合作是主要特征，也是与传统组织的最大区别。由垂直控制转为横向协调，从命令和控制为主的管理理念转变为领导、协调、激励、支持和信任为主的管理理念和管理方式。

三、学习型组织

1990 年彼得·圣吉的《第五项修炼》问世，开创性地倡导学习型组织管理思想。学习型组织通过不断地扩张它的能力来创造它的未来。彼得·圣吉认为，"唯一持久的竞争优势，或许是具备比你的竞争对手学习得更快的能力"。学习型组织是指通过培养弥散于整个组织的学习气氛，充分发挥员工的创造性思维能力而建立起来的一种有机的、高度柔性的、扁平的、符合人性的、能持续发展的组织。这种组织具有持续学习的能力，具有高于个人绩效总和的综合绩效。

形成一个真正的学习型组织需要五个技术组成部分或个人发展技能：自我超越、改善心智模式、建立共同愿景、团队学习和系统思考。圣吉把这五项技能称为五项修炼。

四、组织再造

第一次产业革命出现了工厂制度，第二次产业革命出现了生产流水线和大规模经济及与之相适应的管理体制，第三次产业革命导致了柔性生产线的出现，第四次技术革命通过社会信息化，为人类导入了一个全新的世界，它必将导致企业的生产方式、组织形式、管理体制彻底性变革。信息化时代的到来为工业化时代的企业流程再造提供了契机。

企业业务流程的实施是以相应的组织机构、人力资源配置方式、业务规范、沟通渠道、企业文化作为保障的。只有以流程改进为核心，形成系统的企业再造方案，才能达到预期的目的。实施企业再造方案必然会触及原有的利益格局，必须精心组织，谨慎推进。

五、国际化企业的经营管理

企业国际化经营管理有四种模式：多国模式、全球模式、国际模式和跨国模式。在跨国企业中，知识转移越来越复杂，生产制造和研发被安排在最具有成本效益的地方，对当地培训进行大量的投资，以开发新兴市场。在跨国模式中，子公司已经成为母公司的战略合作伙伴，子公司的知识和能力对母公司维持长期全球竞争优势至关重要。

进行国际竞争能够让企业追求全球效率、促进全球一体化，保持公司的竞争力；能帮助企业适应地区差异性，提高对全国市场需求的反应能力；帮助企业具备在全球范围内开发和运用知识的能力，能在国际范围内进行创新并将其扩散。

管理理论具有理论性和实践性双重特征。管理科学要在实践过程中不断创新，不断发展和应用，为生产力发展和人类文明程度的提高作出更大贡献。

第三章　西方管理科学的发展

管理科学研究人类社会发展中不同层次组织的管理和经济活动的客观规律。管理活动源远流长，人类进行有效的管理活动，已经有数千年的历史，但是从管理实践到形成一套比较完整的理论，则是经过了漫长的历史发展过程。

第一节　20 世纪 30—40 年代管理思想和实践

20 世纪 30—40 年代人类历史上爆发了全球性经济危机和世界大战，工人的生活水平急剧下降，工人组织起来反抗资本家的斗争日趋增多，科学管理所倡导的经济刺激和物质激励效用递减，单纯用古典管理理论和方法已经不能有效激励和控制工人以达到增长利润的目的。研究者们不断探索，在管理学不同分支领域提出许多新的见解。管理科学迈进了新阶段。人际关系学派和社会协作系统学派在大萧条中诞生。

一、人际关系学派的诞生

梅奥与霍桑实验

人际关系学派是早期的行为科学。今天的行为科学成为根深叶茂的学科，在很大程度上得益于梅奥及霍桑实验对人性的探索。美国行为学家乔治·梅奥是人际关系学派的创始人。在人际关系学派出现前，各种管理理论主要强调管理的科学性和严密性，轻视人的作用，把工人看作机器的附属品。梅奥则注重人的因素，研究人的个体行为和群体行为，强调满足员工的社会需求。这些结论的重要依据是著名的霍桑实验。

从 1924 年 11 月开始，直至 1932 年 5 月，梅奥和罗特利斯伯格在美国西屋电器公司的霍桑工厂主持了一系列实验，被称为霍桑实验。实验分为四个阶段：第一阶段主要进行照明实验以及针对其他影响生产率的因素进行实验；第二阶段主要进行福利实验，目的是找到能够更加有效地控制和影响员工积极性的因素；第三阶段主要进行访谈实验，目的是了解和研究员工对公司的领导、保险计划、晋升、工资报酬等的意见和建议；第四阶段主要进行群体实验，目的是证实在工人中存在一种非正式的组织。

1933年梅奥创作的《工业文明中的人类问题》出版，标志人际关系学派的建立。梅奥将人际关系学派的核心思想归纳为三个基本观点。

1. 人是"社会人"，而不是"经济人"

梅奥提出人除了基本的物质经济需要外，还有社会方面、心理方面的需求，即追求人与人之间的友情、安全感、归属感和受人尊敬等，而后者更为重要。应该把员工当作不同的个体，当作社会人来对待，而不应将其视为无差别的机器或机器的一部分。因此，不能单纯地从技术和物质条件着眼，必须首先从社会心理方面考虑合理的组织与管理。

2. 正式组织中存在非正式组织

梅奥认为，在任何一个机构里，在正式的法定关系掩盖下都存在由大量非正式群体构成的更为复杂的社会关系体系。在正式组织中，以效率逻辑为其行为规范；而在非正式组织中，则以感情逻辑为其行为规范。如果管理人员只是根据效率逻辑来管理，而忽略工人的感情逻辑，必然会引起冲突，进而影响企业生产效率的提高和目标的实现。

3. 新的领导能力在于提高工人的满意度

梅奥提出了与泰勒科学管理思想不同的一些新观点。他认为在决定劳动生产率的诸因素中，置于首位的是工人的满意度，而生产条件、工资报酬则排在第二位。如果员工的满意度越高，那么员工的士气就越高，从而生产效率就越高。企业管理人员要同时具有技术-经济技能和人际关系技能，使效率逻辑和感情逻辑得以平衡，这是取得高效率的关键，也是所谓的新的领导能力。

梅奥主持的霍桑实验开辟了一个"社会人时代"。梅奥为管理行为确立的准则是一种新的"管理哲学"，被称为"梅奥主义哲学"，但是他们过于注重非正式组织而忽略了正式组织，过于强调人的感情和心理因素而忽视了理性、经济和制度因素。

二、社会协作系统学派

1938年管理学历史上的经典之作《经理人员的职能》出版，作者切斯特·巴纳德对组织和管理理论的一系列基本问题提出了与以往的组织和管理理论完全不同的观点。由于他把各类组织都作为协作的社会系统来研究，所以后人把由他开创的管理理论体系称作社会协作系统学派。

（一）主要观点

巴纳德之前的组织理论受古典经济学的影响，偏重于专业的结构效率，对组织中的人员没有足够的重视，到巴纳德这里有了根本性的改观。

1. 组织协作系统论

巴纳德独创性地界定了组织的概念，将组织分为正式组织和非正式组织，提出正式组织是指两个或两个以上的人有意识地协调活动或效力的协作系统。他认为协作是整个社会得以正常运转的基本而重要的前提条件。社会的各类组织都是一个协作系统。协作是一个动态的过程，它的运营环境以及组成要素都在不断变化，因此协作系统也处于不断的发展变化中。个人想和他人建立协作关系，就必须处理好五个方面的社会因素，包括协作体系中个人之间的相互作用、个人和集体之间的相互作用、协作体系对个人的影响、社会目的和协作的有效性、个人动机和协作的效能等，它们是协作系统得以建立的最基本条件。协作系统的稳定性和持续性取决于协作系统的效率和效能：当一个组织系统协作得很成功，能够实现组织目标时，这个组织就是有效率的，效率是系统存在的必要条件；而系统的效能是指系统成员个人目标的满足程度，协作效能是个人效能综合作用的结果。通过这两个概念把正式组织的要求同个人的要求结合起来，这在管理思想史上是一个重大突破。

巴纳德提出，作为正式组织的协作系统，不论其规模大小或级别高低，都包含三个基本要素：协作的意愿、共同的目标和信息的沟通。

2. 权威接受论

巴纳德深入研究了组织的权威问题，认为经理人员作为企业组织的领导核心，必须具有权威。权威是存在于组织内部的一种"秩序"，是一种信息交流的对话系统，是个人服从与协作体系要求的意愿和能力。巴纳德认为权威由作为下级的人来决定，这给予了权威一种自下而上的解释。巴纳德还发展出一个"无差异区间"的概念，在这个"无差异区间"，每个人都必须接受命令，不允许质疑权威。

3. 组织决策论

巴纳德指出，组织决策论的重点不是组织作业的科学化与合理化，而是组织的决策活动。组织的存在和持续发展在很大程度上取决于管理者的决策水平。他对决策主体、决策起因和决策要素等都提出了许多独到的见解。

4. 组织平衡论

巴纳德指出，管理的艺术在于维持组织的平衡，维持诱因与贡献的平衡，从而维持组织成员之间的连续协作。组织是一个开放的系统，组织中的所有成员都寻求系统的平衡，调整各种内外部力量维持组织的动态平衡。组织平衡包括组织的内部平衡和外部平衡。

5. 领导的性质

巴纳德在《组织与管理》中突出强调了经理人员在企业组织与管理中的重要领导作用，从五个方面精辟论述了"领导的性质"这一关系到企业生存和发展的根本性问题。

（1）领导者的主要工作。领导者的主要工作包含四大要素：一是确定目标；二是运用手段；三是控制组织；四是进行协调。

（2）领导者所处的环境。领导者所处的环境可以分为稳定的情况和极端不稳定的情况。在稳定的情况下，领导者的行为可能是冷静的、深思熟虑的、未雨绸缪的，而且需要自我控制以及娴熟的人际交往能力等；在极端不稳定的情况下，领导者要在精神和身体上鼓足勇气，当机立断，积极主动，富于创意，甚至是大胆鲁莽的。

（3）领导者的个人素质。领导者的个人素质应包含：活力和忍耐力、决断力、说服力、责任感以及智力水平。巴纳德强调了非治理水平的重要性。

（4）领导者的培训。组织需要通过培训增强领导者一般性知识和专业性知识，使领导者在工作实践中锻炼平衡感和洞察力，积累经验。

（5）领导者的选拔。领导者的选拔取决于两种授权机制——代表上级的官方授权（任命或免职），代表下级的非官方授权（接受或拒绝），后者是被领导者的拥护程度，是领导者能否取得成功的关键。领导者选拔中重要的条件是其过去的工作表现。

（二）现代管理理论形成

巴纳德对管理学的主要贡献是：从社会系统的角度来研究组织问题，把组织看作人与人之间协作的系统。他是第一位将理性制定决策提升为管理的核心职能的管理学家，直接影响了在组织管理方面的开创性研究，提出了许多与传统组织理论不同的观点，奠定了现代组织理论的基础。西方管理学界称他是现代管理理论的奠基人，尊称巴纳德为"现代管理理论之父"。

三、其他管理思想及发展

（一）古典管理理论系统化

古典管理理论能得到很好的传承与发展，在很大程度上得益于英国著名管理史学家、教育家林德尔·厄威克和美国管理学家卢瑟·古利克及时地对古典管理理论进行了较为全面的总结并加以系统化。他们也加进了自己的管理思想，对发展管理过程理论、古典组织理论作出了开拓性的贡献。

1. 厄威克的组织理论

林德尔·厄威克在1938年出版了《组织的科学原则》，在书中对泰勒、法约尔等著名管理学家的原则进行分析，找出其共同点，从总体上把管理知识相互联系起来，提出了适用于一切组织的八项原则：

（1）目标原则。所有的组织都应当表现出一个目标。

（2）相符原则。权力与责任相符的原则。

（3）职责原则。上级对所属下级的职责是绝对的。

（4）组织阶层原则。在组织中，要按照权力关系形成一个不中断的等级链。

（5）控制幅度原则。每一个上级领导所管辖的相互之间有工作联系的下级不应超过 5 人或 6 人。

（6）专业化原则。每个人的工作应限制为一种单一的职能。

（7）协调原则。

（8）明确性原则。对于每个职务都要有明确的规定。

厄威克在之后的著作中，把自己的思想同法约尔、穆尼、赖利、泰勒、福莱特、格雷库那斯等人的观点结合起来，提出了 29 条主要管理原则和一些次要管理原则。

2. 古利克的组织理论

卢瑟·古利克把亨利·法约尔关于管理者在管理过程中所履行的职能进行扩展，提出了有名的 POSDCORB 的管理七职能论。这七种管理职能是：

（1）计划（Planning）。是为了实现企业所设定的目标，制定出所要做的事情的纲要以及如何做的方法。

（2）组织（Organizing）。是为了实现企业所设定的目标，建立权力的正式机构，以便对各个工作部门加以安排、规定和协调。

（3）人事（Staffing）。是有关人员的引入和训练，以及有利的工作条件的维护等整个人事方面的职能。

（4）指挥（Directing）。包括以下各项的一种连续工作。作出决策并以各种特殊的和一般的命令和指示使之具体化，作为企业的领导者就是这样发挥作用。

（5）协调（Co－ordination）。是使工作的各个部分相互联系起来的极为重要的职能。

（6）报告（Reporting）。是使那些经理人员应对之负责的人得到有关正在进行的情况的报告，使自己及下属通过记录、调查和检查得到有关情报。

（7）预算（Budgeting）。包括所有以财务计划、会计和控制形式出现的预算。

（二）管理过程学派发展

1. 詹姆斯·穆尼

詹姆斯·穆尼原是美国通用汽车出口公司的总经理，他和历史学家出身的另一位企业经理赖莱在1931年出版了《工业、前进！》。在这本书中，他们提出了一些能达到"通过服务获得利润"这个工业目标的组织效率的原则。这些原则如下。

（1）协调原则。这个原则是指"有秩序地安排团体力量，以便在对一个共同目标的追求中能有统一的行动"。贯彻协调原则要以权威为基础，同时要求组织成员对组织所要达到的目标要有明确的理解。

（2）阶层原则。这个原则是指在每个组织中都应有一个权力和相应的职责的等级系列。通过这个等级系列，上级领导把权力授予下级，同时确定和安排等级系列中的每一个下级的工作任务，明确他们的职责。

（3）职能原则。这个原则指的是"各种不同职务之间的区分"。这个原则的意思是指在组织中要通过对各种职务的区分，使人们在组织中担任各种不同的职务，从而履行各种不同的职能。这些职能在组织中既相互分工，又相互制约，形成一个整体，为组织目标的实现发挥作用。

詹姆斯·穆尼指出：每一个有组织的企业，通常有三种职能：第一种是确定其目标的职能；第二种是完成这个目标的职能；第三种是按照既定的程序规则作出解释性决策。这些职能可以叫作确定性职能、应用性职能和解决性职能，其关系正如原则、程序和效果。在政府中就体现为立法职能、行政职能和司法职能。

2. 拉尔夫·戴维斯

拉尔夫·戴维斯是美国的管理学家，1928年出版了《工厂组织和管理原则》，认为工厂管理的基本职能和原理是普遍适用的；1935年出版了《企业组织和作业的原理》，提出了管理的有机职能，即计划、组织和控制；1940年出版《工业组织和管理的原理》，进一步发展了管理过程的概念；1950年出版《高层管理的基本原理》，从企业高层管理的角度探讨行政管理问题。

戴维斯和法约尔的相同之处是两人都强调管理的普遍性，认识到管理教育的必要性和重要性。不同之处在于戴维斯没有指挥这项职能，而是用贯穿于三项职能中的"经理人员领导"来代替。他认为协调贯穿于三项有机职能中发挥作用，并不是一项单独的职能；法约尔把用人作为组织职能中的一项子职能，戴维斯却很少注意人事方面的职能。

（三）群体动力学

库尔特·勒温创立了群体动力学，被誉为"社会心理学之父"。他1944年到麻省理工学院创立了群体动力学研究中心，将格式塔心理学原理应用于群体社会行为的研究。他提出了颇具影响的"变革三阶段"理论，认为成功的组织变革应遵循三个步骤，即解冻现状、移动到新状态、重新冻结新变革，使之持久。勒温的群体动力学不仅发展了行为科学理论，还开创了实验社会心理学的先河。他给出了分析非正式组织的方法，对我们充分利用非正式组织来提高正式组织的绩效很有用。他的理论也有一定的局限性，例如仅注重领导者本身的风格，没有充分考虑领导者实际所处的情境因素。

第二节　20世纪50年代管理思想和实践

20世纪50年代，西方各国进入政治调整和经济恢复期，劳资矛盾日益尖锐，管理者面临企业经营决策复杂化、管理手段需要创新等一系列挑战。许多研究者不断创新理论，形成了一系列新学派。在这一时期，以激励理论、领导理论为内容的行为科学日益盛行。

一、行为科学理论盛行

行为科学的目的是有效地调动人的积极性，努力实现组织目标。其研究分为三个方面：个体行为研究、领导行为研究和组织行为研究。

（一）激励理论

1. 需要层次理论

美国"人本主义心理学"之父亚伯拉罕·马斯洛构建了需要层次理论和自我实现理论，促进了以人为中心的管理理论的发展。马斯洛将人类的多种需要分为七个层级：第一级是生理需要，第二级是安全需要，第三级是归属和爱的需要，第四级是尊重需要，第五级是求知需要，第六级是审美需要，第七级是自我实现的需要。以上需要层层递进，一般较低级需要得到满足后，较高级需要便随后产生。需要的层次越低，越容易得到满足。马斯洛特别强调巅峰体验的概念。巅峰体验是指自我实现者在人生历程中曾有过体验到欣喜感、完美感及幸福感的经验。巅峰体验是人类的共同感受，每个正常人都可能在生活中得到这种体验。自我实现者的巅峰体验频率较高且程度较深。从1943年该理论首次公布到1970年马斯洛去世，他主宰着整个激励理论的研究。后来的很多激励理论都受到他的直接影响。马斯洛的需要层次理论也存在不足，例如，怎样才算满足界定不够明确，没有找到一种公认的方法预测一种需要满足后另一种更高级需要发展起来的时间间隔。

2. 双因素理论

弗雷德里克·赫茨伯格在 1959 年出版了《工作的激励因素》，提出了双因素理论，即"激励与保健因素理论"。赫茨伯格将人们觉得不满意的因素，同时也是能够防止不满的因素称为保健因素。保健因素包括公司政策和行政管理、监督、与上级的关系、工作条件、薪酬、同事关系、个人生活、与下级的关系、地位和安全保障等。赫茨伯格将人们觉得满意的因素，同时也就是能够给人们带来满足的因素称为激励因素。激励因素包括成就、工作得到认可、工作本身、责任感、晋升和成长等。这些因素能满足个人自我实现的需要。赫茨伯格认为保健因素不能直接起到激励员工的作用，但是能防止员工产生不满情绪。当保健因素得到改善后，员工的不满情绪会消失，但是不能导致积极的后果；激励因素得到改善后，却能激励员工的积极性，提高生产率。激励因素是影响人们的工作效率，促进人们不断进取的内在因素。

双因素理论认为，不能通过使工作合理化来提高效率，职能通过丰富工作内容才能有效地利用人力资源。工作丰富化集中体现激励的作用，即通过让职工负责挑战性的工作、取得更大的成就、得到人们的承认、有更多的晋升机会等来提高工作效率，增加员工满意度。

3. 成就激励理论

戴维·麦克利兰提出了成就激励理论，认为在人类生理需要基本满足的前提下，人类有三大社会性需要，即权力需要、归属需要和成就需要。权力需要是指影响或控制他人且不受他人控制的需要。归属需要是指建立友好亲密的人际关系的需要，即寻求被他人喜爱和接纳的一种愿望。成就需要是指争取成功，希望做得最好的需要。

4. 人性假设理论

道格拉斯·麦格雷戈提出了人性假设理论。1957 年他在《企业的人性方面》一文中提出了"X-Y 理论"。麦格雷戈认为，有关人的性质和人的行为的假设对于决定管理人员的工作方式来讲极为重要，各种管理人员以他们对人的性质的假设为依据，可用不同的方式来组织、控制和激励人们。

X 理论假设人对工作的基本评价是负面的，即人都是不喜欢工作的，一有可能就会逃避工作；一般人都愿意被人指挥，希望逃避责任。基于上述假设，X 理论认为需要靠金钱来收买与刺激，同时通过严密的控制、监督和惩罚迫使对方为组织目标努力。

Y 理论认为一般人并不是天生就不喜欢工作，到底要怎样，要看环境而定。外来的控制和惩罚并不是促使人们为实现组织目标而努力的唯一方法。人们愿意实行自我管理和自我控制来完成应当完成的目标。人的自我实现的要求和组织要求的行为之间没有矛盾。一般人在适当条件下不仅学会了接受职责，还学会了谋求职责。大多数人在解决组织困难时都能发挥较高的想象力、聪明才智和创造性。在现代工业生活的条件下，一般人的智慧潜能只是部分得到发挥。

麦格雷戈认为 Y 理论能使组织成员在努力实现组织目标的同时最好地实现个人的目标。

Y 理论体现了人本主义思想，促进了管理思想向人本主义转变，代表了管理学发展趋势。

5. 强化理论

强化理论是指人们用正强化和负强化的办法来影响行为的后果，从而修正行为。它是以学习的强化原则为基础的关于理解和修正人的行为的一种学说。强化包括正强化、负强化、惩罚和自然消退四种形式。正强化是用于加强所期望的个人行为；负强化和自然消退的目的是为了减少和消除不期望发生的行为。这四种形式的强化相互联系、相互补充，构成了强化的体系，成为一种制约或影响人的行为的特殊环境因素。

（二）领导理论

罗伯特·坦南鲍姆和沃伦·施密特是 20 世纪 50 年代领导理论的主要代表人物，1958 年出版了《如何选择领导模式》，按照领导者运用职权的程度和下属享有自主权的程度，提出了著名的领导行为连续体理论。他们提出了七种典型领导模式：①领导作出决策后向下属宣布；②领导向下属推销自己的决策；③领导向下属提出自己的决策，欢迎下属提出问题；④领导作出初步决策，允许下属提出修改意见；⑤领导提出问题，听取下属意见，然后决策；⑥领导确定界限和要求，由下属作出决策；⑦领导授权下属在一定范围内自行识别问题和作出决策。采取何种领导模式以及何种领导模式可行，可以考虑以下因素：①领导者方面的影响因素；②下属方面的影响因素；③环境方面的影响因素。一个成功的领导者必须敏锐地认识到某个特定时刻影响其行动的种种因素，准确地理解自己、每一位下属、组织及其社会环境。一个成功的领导者还必须根据上述理解和认识，确定自己的行为方式。随着组织和社会环境的变化，合作、共同目标、责任感、相互信任和相互关心正发挥日益显著的作用。

二、经验主义学派

经验主义学派认为有关企业管理的科学应该从企业管理的实际出发，以大企业的管理经验为主要研究对象，以便在一定的情况下，把这些经验传授给企业管理实际工作者和研究工作者，便于提出实际建议。

彼得·德鲁克被誉为"现代管理之父"，是 20 世纪 50 年代经验主义学派的主要代表人物。1954 年出版了《管理的实践》，奠定了其管理大师的地位。1966 年出版了《卓有成效的管理者》，这本书是高级管理者必读的经典著作。1973 年出版了《管理：任务，责任，实践》，是给企业经营者的系统化管理手册。他是目标管理、团队合作、客户满意度、知识工作和知识工作者、扁平组织等许多经典管理概念的原创者。他比其他人早一二十年讨论竞争策略、组织设计、企业家精神、管理信息等主题。

（一）现代管理学诞生

1946 年彼得·德鲁克出版了《公司的概念》，首次将企业作为社会机构进行全面的研究，从而开始了其辉煌的管理学生涯。

他提出管理是一门学科。企业的使命是"创造顾客"。建立在管理实践基础上的德鲁克管理学是管理实践与理论阐述交相辉映的管理学，是概念化、理论化和充满时代精神的管理学。

德鲁克认为管理要解决的问题 90％是相同的，只有 10％是不同的。管理在不同的组织里会有一些差异，因为使命决定愿景，愿景决定结构。其他的差异主要是在应用上，而不是在原则上。所有的组织者都要面对沟通问题，花大量时间与上司和下属沟通。这 10％需要适应这个组织特定的使命、特定的文化和特定的语言。

（二）德鲁克的管理思想

德鲁克的管理思想博大精深，下面分析他的目标管理、经理人员的任务和工作、有效的管理者、事业理论、绩效精神、创新与企业家精神、知识管理思想。

1. 目标管理

德鲁克在 1954 年出版的《管理的实践》中提出了目标管理。在管理思想发展史上，古典管理理论偏重以工作为重心，忽视人的因素；行为科学理论偏重以人为中心，忽视与工作的结合。而目标管理则是一种综合了以工作为中心和以人为中心的管理技能与管理制度，在实现企业经营目标的同时，不仅提高了员工的满意度，还满足了工作需要和人的需求。目标管理的核心是员工参与，优势是：将管理者的工作由控制下属变为与下属一起设定目标；

依靠员工的积极性完成工作，将"我想做"变为"我要做"；强调员工参与和自我评价，而不是他人来评价和控制。

2. 经理人员的两大任务和五项工作

德鲁克认为经理人员肩负着建立团队、权衡利益两大任务。经理人员还必须承担制定目标、组织、激励与沟通、衡量、培养人（包括自己）等五项工作。

3. 有效的管理者

德鲁克认为，管理者的效率往往是决定组织工作效率的最关键因素；并不是只有高级管理人才是管理者，所有的负责行动和决策而又有助于提高机构的工作效能的人，都应该像管理者一样工作和思考。

要成为有效的管理者必须养成五种思维习惯：①知道把时间用在什么地方；②有效的管理者要注重外部作用，把力量用在获取成果上，而不是工作本身；③有效的管理者把工作建立在优势上——他们自己的优势，他们的上级、同事和下级的优势，以及形势的优势，也就是建立在他们能做什么的基础上；④有效的管理者把精力集中于少数主要领域；⑤有效的管理者做有效的决策。

4. 事业理论

德鲁克早在 1954 年就提出事业理论。有效的事业理论至少应该具有以下四个特点：①环境、使命和核心竞争力的假设都必须是符合现实的；②三个方面的假设必须相互协调；③事业理论必须为整个组织内的成员所知晓和理解；④事业理论必须具有自我革新的能力，能够不断地经受检验。

5. 绩效精神

德鲁克认为组织的目的是使平凡的人作出不平凡的事。对组织的考验就是要使平凡的人取得更杰出的绩效——比他们看起来所能够取得的绩效更杰出，要使其成员的长处都发挥出来，利用每个成员的长处来帮助所有成员取得杰出绩效，这就是绩效精神。

6. 创新与企业家精神

德鲁克首次将创新与企业家精神视为企业需要加以组织、系统化的实务与训练内容，也视为管理者的工作与责任。创新的机会有七大来源：①意料之外的事件；②不一致的状况；③基于程序需要的创新；④产业结构或市场结构的改变；⑤人口统计特性（人口的变动）；⑥认知、情绪以及意义上的改变；⑦新的知识。此外，还包括四大创业型策略，包括孤注一掷、打击对方弱点、占据一个生存利基以及改变产品价值与特性等。

7. 知识管理

德鲁克指出，在 20 世纪，管理最重要、最独特的贡献就是在制造业中将体力工作者的生产率提高了 50 倍之多；在 21 世纪，知识是组织和社会的重要资源，管理的最大挑战莫过于如何提高知识工作者的生产力。科技革命和经济社会发展促进了新型组织的深刻变革与管理模式的变革。新型的知识型组织建立了自己的管理理念，那就是"知识管理"，即"提供知识以找出应用现有知识创造效益的最佳方法"。无论是智力密集型行业，还是资本密集型行业，知识的创造、传播、共享和利用都是企业保持持续竞争优势的关键。有才华的知识工作者具有很大的生产率潜力，但同时也具有很高的知识成本。

三、决策理论学派

第二次世界大战后，科学技术和生产力飞速发展，生产集中和垄断的高度发展，国家市场竞争日益激烈，资本主义企业在国内和国外政治、经济剧烈变动形势下的生存风险和发展风险不断增大。赫伯特·西蒙和詹姆斯·马奇创立了决策理论学派，形成了一门有关决策过程、准则、类型和方法的较完整的理论体系。

西蒙所倡导的决策理论是在巴纳德社会协作系统理论的基础上发展起来的一种管理理论。该理论吸收和运用了第二次世界大战后发展起来的行为科学、系统学、运筹学、计算机科学等理论与方法，将之综合运用于管理决策问题，形成了关于决策和决策方法的完整理论体系。西蒙认为决策贯穿管理的全过程，管理就是决策；组织是由作为决策者的个人所组成的系统。他对决策的过程、决策的准则和标准、程序化决策和非程序化决策、组织机构的建立同决策的练习等作了分析。

1. 决策是管理的核心

西蒙认为，组织就是由作为决策的个人所组成的系统。决策贯穿管理的全过程，管理就是决策。决策是一个复杂的、循环往复的过程，组织的全部管理活动的中心就是决策。

2. 决策的过程

西蒙认为决策应该分为四个阶段：①收集情报阶段；②拟定计划阶段；③选定计划阶段；④审查活动阶段。

3. 决策过程中的信息问题

在决策的每一个阶段都有信息的收集、加工、传递和反馈的过程。信息联系是双向过程的，是向上、向下并水平地贯穿于整个组织的。决策对信息的要求主要包括准确、及时、适用和经济等。

4. 决策的准则和标准

西蒙主张用"令人满意的准则"代替"最优化准则"。制定出一套令人满意的标准，只要达到或超过了这个标准，就是可行方案。西蒙提出了"有限理性"和"决策人"的基本命题，进而提出了震撼经济学领域的"满意标准"和"有限理性标准"，得出了"满意解"的结论，从而开创了决策研究的新领域。

5. 程序化决策与非程序化决策的划分

区分这两种决策的主要依据是这两种决策所采用的技术不同。决策理论从决策性质的角度出发，划分出确定型决策、风险型决策、非确定型决策。决策理论关于决策类型的划分为决策研究技术和方法奠定了基础。

6. 决策与组织结构的联系

西蒙将一个组织的机构分为三层：高层机构从事非程序化决策，包括组织的设计与再设计，确定组织目标和目的；中层机构一般从事程序化决策，如管理生产系统和分配日常工作，但也不排除从事非程序化决策；基层机构则直接从事程序化决策，如取得原料制造产品和储存等日常工作。

四、管理过程学派发展

20 世纪 50 年代，管理过程学派得到了重要的新发展。哈罗德·孔茨发展了法约尔等人提出的管理要素和管理职能学说，是 20 世纪 50 年代以后公认的管理过程学派的代表人物。孔茨首次提出了"管理理论丛林"说法，对管理理论及管理学派进行了系统的分类研究，在管理思想史研究上具有里程碑的意义。

孔茨把管理解释为"通过别人使事情做成的各种职能"。他强调管理的概念、理论、原则和方法，认为管理工作是一种艺术，其基本理论和方法可应用于任何一种现实情况。管理职能被他分为计划、组织、人事、指挥和控制五项。孔茨汲取了法约尔管理职能理论的精华，建立了管理过程理论的范式。

第三节　20 世纪 60 年代管理思想和实践

资本主义社会经济在 20 世纪 60 年代高速发展，美国、德国、日本等西方国家大力推进工业生产自动化和半自动化，国内外市场竞争激烈，掀起了企业联合与兼并的浪潮。为了更好地帮助企业赢取市场，把控未来，一些新的管理学派应运而生，既有学派也适应形势变化，理论体系不断完善。

一、战略管理学派

（一）安索夫矩阵

1965年伊戈尔·安索夫出版了《公司战略》，标志着战略管理学派的创建。1972年安索夫发表了题为《战略管理思想》的论文，正式提出了"战略管理"的概念。1976年出版《从战略计划到战略管理》，1979年出版了《战略管理论》。安索夫首次提出公司战略概念、战略管理概念、战略规划的系统理论、企业竞争优势概念以及把战略管理和混乱环境联系起来的权变理论。伊戈尔·安索夫被誉为"战略管理之父"。

1. 战略管理–PEST分析框架

安索夫认为战略管理是面向未来的，动态地、连续地完成从决策到实现的过程。企业制定战略决策首先是评估外部环境，主要采用PEST分析框架，评估政治、经济、社会、技术对企业的影响，辨识企业长期的变化驱动力及外部各环境要素对企业的不同作用，从而确定关键环境因素，以此制定企业战略，调整组织结构，使企业与环境相适应。

2. 协同与战略决策模型

安索夫首次将协同理念引进企业管理领域，协同理论成为企业采取多元化战略的理论基础和重要依据。安索夫在《公司战略》中把协同作为企业战略的四要素（经营范围、成长方向、竞争优势和协同）之一，分析了基于协同理念的战略如何可以像纽带一样把企业多元化的业务联系起来，从而使企业可以更有效地利用现有的资源和优势开拓新的发展空间。多元化战略的协同效应主要表现为：通过人力、设备、资金、知识、技能、关系、品牌等资源的共享来降低成本，分散市场风险，实现规模效益。

3. 安索夫矩阵

安索夫矩阵是以2×2的矩阵代表企业企图使收入或获利成长的四种选择，其主要的逻辑是企业可以选择四种不同的成长战略来达到增收的目的：①市场渗透；②市场开发；③产品开发；④多元化经营。

安索夫通过战略管理将变革、动荡、不确定性等革命性观念转化为能够帮助企业组织成功与繁荣的工具。他在历史上第一次提出了适用的语言和程序，使现代工业企业能明确界定公司战略中的深层次问题：如何成长，如何寻求合作，以及如何借用外力等。

（二）钱德勒的战略决定论

阿尔弗雷德·钱德勒以企业史的研究著称，他开创了企业史研究领域，三部经典著作是1962年出版的《战略与结构》、1977年出版的《看得见的手》和 1990 年出版的《规模与范围：工业资本主义的原动力》。

1. 结构跟随战略

钱德勒在《战略与结构》中提出了"结构跟随战略"，即企业扩张战略必须有相应的结构变化跟随。钱德勒将战略定义为：企业长期目标的决定，以及为实现这些目标所必须采取的一系列行动和资源分配。

2. 企业的管理革命

钱德勒认为管理协调这只"看得见的手"能够带来巨大的生产力和丰厚的利润，能够提高资本的竞争力，管理的变革会引发生产和消费显著提高。

二、管理科学学派

1961 年埃尔伍德·斯潘塞·伯法出版了《现代生产管理》，书里有大量的图表和数学公式。这些科学的计量方法使管理问题的研究由定性走向定量，开拓了管理学的又一个广阔的研究领域，管理科学学派成为管理学中一个不可忽视的重要分支。埃尔伍德·斯潘塞·伯法是 20 世纪 60 年代管理科学学派（数量学派）的主要代表人物。

（一）生产系统决策

伯法认为生产系统中所产生的所有问题要求有两种主要类型的决策：一种是长期决策，它关系到生产系统的设计；另一种是短期决策，它关系到生产系统的运行和控制。两种决策都会涉及财务计划、质量控制、劳动控制、成本控制等内容，因此需要运用科学和数学工具建立起决策的逻辑结构，从而作出合理的决定。

按照可选方案的发生概率的现有信息量来划分决策类型，可将决策分为四类：①确定型决策，这是信息量最充分的决策；②风险型决策，这种决策发生是在信息量不够充分、但是决策者掌握了最基本信息的情况下；③非确定型决策，当信息量最少，决策制约条件不明确时，只能凭着感觉作决策；④博弈型决策，也叫竞争型决策。伯法的这种决策分类已经成为现代决策研究中的通用类型。他对生产成本的分类研究也是对生产决策的另一大贡献。他的研究使变动成本、增量成本、机会成本等概念广为传播。

（二）生产管理系统

伯法阐述了系统的概念。他认为，系统是指由一群相互作用或者相互依存的要素形成的一个统一的整体，这些组成要素为着某种共同目标而统一起来，形成一个统一体；一个系统的各个组成部分都对"输入-转换-产出"有所贡献。系统分为开放系统和封闭系统。

系统概念对管理学的贡献是：帮助管理者了解复杂的情况，使其具有秩序和组织形式，能简化成一个框图，表示影响这个系统各要素的相互关系和相互作用；用来求得问题的答案并评价其后果，设计出可供选择的各种系统。管理者利用系统的概念可以对管理任务有更全面的理解。

（三）生产管理分析方法

伯法认为应该根据实际情况和实际条件寻求适当的系统分析方法，例如可以采用成本分析、线性规划、等待线或排队模型、模拟模型、统计分析、网络计划模型、启发式模型、计算机模拟和图解分析等。运用模型构造系统结构是最基本的思路。

伯法认为，所有运用数量方法研究生产问题的模型都可以概括为一个公式：

$$E = f(x_i, y_i)$$

式中：E 为效率；f 为函数关系；x 为可控变量；y 为非可控变量。

可控变量是指那些可以在很大程度上按照管理者的意愿操纵调节的因素；非可控变量是指那些管理者不能控制，至少是不在所限定的问题范围内的因素。模型建立起来后，可以用 E 作为衡量生产活动中各种可供选择方案效率的尺度，在分析的基础上制定各种可供选择的方案并对这些方案作出评价。

（四）生产系统设计

伯法对生产设计中人-机系统进行了开创性的研究。他指出，随着计算机和自动化的不断发展，人在生产系统中的作用出现了观念性的变化。在手工系统中，人是手工操作的控制者，工具和辅助机械有助于增加人的力量；在半自动系统中，人是控制者；在全自动系统中，人只是监控者，一切感觉、信息处理、决策和行动等功能全部由机器来完成。

（五）生产计划与控制

伯法认为对生产系统运行中的信息、原料、能源、现金、人员、资本设备等六个关键流程要进行计划和控制。只有控制好关键流程，才能切实达到增效、节约的目的。

随着竞争的加剧，迫切需要通过量化的数学模型，利用计算机的信息处理功能加强对企业的管理，减少管理者在管理方面的失误，提高管理者在计划、控制、决策方面的效率。

管理科学学派倡导管理科学理论，主张管理应借助数学模型与程序来表现计划、组织、控制和决策等活动，以求得最佳解决方案，实现企业经营目标。

三、行为科学发展

20世纪60年代行为科学仍然处于快速发展时期，出现了许多新的激励理论，包括：维克多·弗鲁姆的期望理论、约翰·斯塔西·亚当斯的公平理论、莱曼·波特和爱德华·劳勒的综合激励理论、伦西斯·利克特的领导风格理论、罗伯特·布莱克和简·默顿的管理方格理论、弗雷德·菲德勒的领导权变理论以及保罗赫塞和肯·布兰查德的领导情境理论。

四、经验主义学派的发展

20 世纪 60 年代，欧内斯特·戴尔于 1960 年出版了他的两本成名作《伟大的组织者》和《组织中的参谋工作》，对经验主义学派的发展作出了重要贡献，戴尔成为经验学派最有名的人物。

戴尔主张用比较方法对企业进行研究，而不是从一般原则出发。发现并描述各种不同组织结构的"基本类似点"，对其加以分析，得出某些一般结论，应用到其他类似可比较的情况，作为对发展趋势作预测的手段。

戴尔总结了对大型企业的几条管理准则：①通过责任会计制可以达到有盈利的控制；②使作业分权化，并在控制上进行协调，也许能提供一种利用大企业和小企业两者长处的手段；③由集团控制代替一人控制，在集团成员见解相同、能力不等、地位平等时能取得最好的效果；④所有者与经营者的制衡有助于发挥股东"抗辩权"，作出最好的决策；⑤为企业制定一个长远的发展规划。

第四节 20 世纪 70 年代管理思想和实践

西方国家在 20 世纪 70 年代进入了一个经济社会繁荣时期。企业规模日益扩大，企业内部的组织结构更加复杂。如何处理好内部关系，保证组织整体有效运转成为亟待解决的问题。

明茨伯格创建了经理角色学派，这是个新学派。明茨伯格提出了经理一般担任人际关系、信息传递和决策三类 10 种角色，还提出了提高经理工作效率的要点。

组织理论、行为科学、战略管理学派、管理思想史、管理过程学派、营销管理学派和权变理论学派等既有学派和理论进一步发展和完善。

在行为科学领域，阿尔德弗提出了 ERG 理论，将需求层次压缩为生存、关系和成长需要。理查德·哈克曼和格雷格·奥尔德汉姆提出了工作特征模型，确定了五种工作特征，分析了它们之间的关系以及员工生产率、工作动力和满足感的影响；班杜拉在斯金纳强化理论的基础上，提出了社会学习理论；豪斯和米切尔提出并完善了路径-目标理论；弗鲁姆提出领导者-参与模型；伯恩斯提出了交易型领导理论与变革型领导理论；扎莱兹尼克从"人性"的角度出发，从对目标的态度、工作的概念、与他人的关系、自我意识等方面提出了领导者和管理者之间的区别。在战略管理学派发展方面，波士顿咨询集团公司创始人亨德森开发了波士顿矩阵、经验曲线、三四规则矩阵，为战略咨询领域奠定了智力基础。

在管理过程学派发展上，亚当和埃波特将制造业中产生的生产管理理论推广到医院、图书馆等服务业，提出了用"经营管理"代替"生产管理"。在营销管理学派发展上，特劳特开创了定位理论，被誉为"定位之父"。在权变理论学派发展上，卢桑斯的管理理论强调管理与环境的妥善结合，认为管理思想、管理方法和管理技术要对应环境发生变化，以有效地实现组织目标。

麦克利兰提出了素质冰山模型，推动了人力资源管理的创新与发展。

第五节　20世纪80年代管理思想和实践

现代管理理论发展到20世纪80年代初，管理理论和管理实践获得了飞速的发展，形成了现代管理理论的新思潮，如以钱德勒、安索夫等为代表的战略管理理论、以戴明、费根鲍姆等为代表的全面质量管理理论等，都为管理理论和管理实践作出了突出贡献，特别是组织文化与文化管理理论，对管理理论与实践产生了重要影响。

组织文化与文化管理理论主要有以帕斯卡尔等为代表的"7S"管理理论、大内的Z理论、圣吉的学习型组织理论等。

帕斯卡尔等为代表的"7S"管理理论提出，决定企业成败的是战略、结构、制度、人员、作风、技能、共同价值观等七个关键因素，构成一个整体网络，忽视任何一个因素都会影响整个网络的协调和管理。

大内尝试以"日本的企业管理模式在美国获得成功"，提出了既符合美国文化又汲取日本管理模式特长的全新组织形式——Z型组织，并试图在麦格雷戈区分"X理论"和"Y理论"的基础上作出重大理论突破。

圣吉把西方系统动力学与东方文化的一体观方法论相结合，提出了以"五项修炼"为基础的学习型组织理念。学习型组织是对组织管理理论的创新，实质是将人与组织管理有机融合，使"以人为本"的思想贯穿于组织的整个设计与运转过程。

组织文化与文化管理理论把文化引入管理，以人为中心、以文化导向为根本管理手段，突破了传统的人管人的管理模式，开启了西方人本管理的新境界，揭示了管理思想演进的人本化趋向。

总之，管理在本质上是对人的管理，人是研究人类、组织和管理的基本分析单位。

人本管理思想的产生同样也是社会历史条件的产物，是客观的社会历史对管理科学与实践的要求。一方面，随着知识成为经济增长的主导因素，拥有知识的人成为推动经济增长的"第一生产力"，成为决定管理绩效及整个企业效益最根本的因素，以人为本的管理方式成为管理发展的必然趋势。另一方面，科学突飞猛进的发展在给人类的物质生活带来巨大变化的同时，也带来了无可挽回的负面效应，人们逐渐认识到自身才是人类的终极目的，在管理中体现人性关怀的人本管理也就成为必然选择。实行人本管理，以促进人的全面发展为终极目标是管理思想发展的必然趋势。

第六节　20 世纪 90 年代管理思想和实践

自 20 世纪 90 年代起，人类进入了信息社会和知识经济时代。世界经济一体化的进程明显加快，科学技术创新和推广的速度大幅提升，组织结构日益呈现扁平化、虚拟化、网络化趋势。新的时代特征和商业环境催生了大量的管理思想和技术，管理学界形成一股巨大的变革和创新浪潮，管理思想呈现百家争鸣的繁荣景象。

"知识管理理论之父"野中郁次郎区分了隐性知识与显性知识，提出了知识管理的 SECI 模型和知识螺旋；布鲁金将智力资本分为市场资产、知识产权资产、人才资产和基础结构资产，对它们进行了评估和管理，搭建起一套知识管理系统；达文波特和普鲁萨克将管理知识、运营知识的概念引入工商管理，丰富了知识管理理论。创新学科创始人克里斯坦森从行业历史的角度，从公司外部产业和技术发展的角度，分析了颠覆性创新导致行业中已定型公司失败的过程，提出应对颠覆性技术的五项原则；罗杰斯提出了产品创新战略，认为企业不仅要引入新产品，还必须富有想象力地改进已有产品，以满足日益复杂并不断变化的消费者的需求。

琼潘纳斯和特纳两人继霍夫斯泰德之后精辟地阐释了文化如何影响我们的行为以及不同文化之间的相互影响；戈沙尔和巴特利特合作研究了全球竞争中的战略、组织和管理问题，提出了跨国公司的四种类型和个性化公司的组织特征。"学习型组织之父"圣吉提出了学习型组织的五项修炼；"团队角色理论之父"贝尔宾提出了九种角色的定位模型；尤里奇重新定义了人力资源管理的四种角色；柯林斯和波拉斯从施政的角度研究企业管理方略，出版了《基业长青》《从优秀到卓越》等管理学著作，深入挖掘了企业从优秀到卓越的原因。

营销大师雷克汉姆首创 SPIN 销售法；"流程再造之父"哈默和其合作者钱皮系统阐述了流程再造的概念、动力、共同特征和实施者等；哈默提出企业的九大行动纲领，为企业改革指明了方向；钱皮研究了企业的再造理论。

战略管理学派有跨越式发展，哈默尔与普拉哈拉德提出了核心竞争力理论；明茨伯格系统地研究了战略理论的演变过程，将战略理论分为三大类十大流派，总结出战略 5P 模型；金伟灿与莫博涅提出了蓝海战略；卡普兰和诺顿在坚持企业财务目标的基础上，创造性地整合了知识管理、创新理论、流程再造等理论，开创了平衡计分卡，将组织绩效理论从狭隘的工具层面高屋建瓴地推向了战略层面。

第四章　管理科学演变历史回顾

　　管理科学是研究人类社会发展中不同层次组织的管理和经济活动的客观规律的科学。从 19 世纪末期到 20 世纪初期，欧洲和美国都相继有人提出比较系统的管理理论。比如，在美国表现为泰勒创建的科学管理理论，在法国表现为法约尔的行政（一般）管理理论。管理科学理论是在第二次世界大战到 20 世纪 50 年代中期形成的。

　　工业革命迈入 20 世纪的时候，资本主义的工业化进入大型化的快速发展时期，管理科学伴随着资本主义工业的大型化进程的加快而诞生，以 1911 年泰勒的《科学管理原理》出版为标志，管理成为一门科学，泰勒也被公认为"科学管理之父"。

　　按照管理理论和思想发展的进程通常划分为四个阶段，即科学管理理论、行为科学理论、现代管理理论和当代管理理论。这几个阶段没有截然的分界线，是交叉演绎递进的。

　　这几个阶段研究的重点内容和对象都各有不同，但是解决的问题主要聚焦在提高劳动生产率和企业竞争力。与工业化发展的进程和社会的进步密切相关，科学管理理论阶段以泰勒和泰勒制为代表，以经济人为假设，通过工作方法、劳动工具、工作环境的标准化和激励措施，解决的是劳动生产效率的问题。行为科学理论是以社会人为假设，以马斯洛的人类需求层次论为典型代表，综合运用心理学、社会学、政治学、经济学等理论和方法，通过改善人的行为、调动人的积极性来提高劳动生产率。古典管理理论的起始阶段是以劳动工具和工作方法，即以物为研究对象；而新古典管理理论转变为以人为中心，即把人作为研究和管理的主要对象。

　　管理科学又运用行为科学的原理扩大到人事的组织和决策，管理科学在广泛应用过程中同许多社会科学学科和自然科学学科交叉、渗透，产生了种种管理学分支。

　　管理科学已经扩展到各个领域，形成了内容广泛、门类齐全的独立学科体系，管理科学已经成为同社会科学、自然科学并列的第三类科学。

　　管理现代化是应用现代科学的理论和要求、方法，提高计划、组织和控制的能力，以适应生产力的发展需要，使管理水平达到当代国际先进水平的过程，也是由经验型的传统管理转变为科学型的现代管理的过程。

第一节　新的国际形势变化

管理活动古已有之。管理活动走向科学化并开始理论探讨是从 18 世纪开始的。管理成为一门科学则是 20 世纪初期的事。

管理是通过计划、组织、控制、激励和领导等环节来协调人力、物力和财力资源，以期更好地达到组织目标的过程。这也是对人、物、事的有组织运动进行有目的、有意识的控制行为。生产管理是最基本的社会管理活动。管理科学是对管理活动的科学总结和概括，是一门系统研究管理活动的基本规律和一般方法的科学。它的内容不仅涉及生产力的组织，还涉及生产关系和上层建筑，是一门横跨自然科学和社会科学的综合性学科。

大约 6000 年前，人类有了集体协作，共同劳动便产生了管理。早期的一些著名的有效管理实践和管理思想大都散见于埃及、中国、意大利等国的史籍和许多宗教文献之中。在中世纪，这种管理实践和管理思想继续发展。不过这时期的管理还不是一门科学。

18 世纪到 19 世纪中期是欧洲各国在社会、政治、经济、技术等方面经历大变动、大改革的时期。许多理论家，特别是经济学家，在其著作中便涉及有关管理方面的问题。英国经济学家、古典政治经济学的杰出代表亚当·斯密在其所著的《国民财富的性质和原因的研究》中分析了劳动分工的经济效益，提出了生产合理化的概念。英国数学家查尔斯·巴贝奇对专业化问题进行了深入研究，1832 年出版了《机器与制造业经济学》一书。他对工序分工进行了分析，提出了制造业的七个作业步骤。这种劳动分工原理为科学管理理论的提出奠定了基础。在管理实践方面，英国苏霍制造厂和 R. 欧文的新拉纳克的试验等都很有成就。不过这些管理实践和管理理论都还是作为某个人或某个集团对某一活动单一的管理实践和管理思想的体现，还没有形成一个完整的系统，属于早期的管理理论。

19 世纪末 20 世纪初，管理工作逐渐成为一种专门职业，出现了资本所有者同经营管理者的分离，形成了单独的经营管理者阶层，要求管理经验系统化、科学化和理论化。

科学管理理论最早出现在美国。1862 年出现了一种新的筹资形式——有限责任联合股份公司。欧洲移民把大量的科技成果带到了美洲大陆，使美国的商品经济、劳动分配、工厂制度得到发展，人们认识到需要专业的管理人员和行政人员；工会运动的兴起使人们开始研究新的管理课题——劳资关系；企业、公司产品的多样化和生产经营的分散化，小规模条件下独裁类型的管理，逐渐被专业类型的管理所代替，技术进步使人们去寻找激发人类活力的适当方法。

1886 年，美国工程师汤恩在美国机械工程师学会的年会上作了《工程师兼经济学家》的报告，提出管理是专门的学问。他的讲话对青年工程师弗雷德里克·泰勒有很大的影响。他于 1911 年发表的代表作《科学管理原理》一书成为科学管理方面的一部代表作。泰勒的科学管理具体有五条：在进行时间和行为研究的基础上制定工作定额；能力与工作相适应，即必须为工作挑选第一流的工人；工人在工作时要采用标准的操作方法；差别计件付酬制；计划和执行相分离。这套方法被称为"泰勒制"。此外，对企业的组织管理泰勒也提出了重要见解。他认为整个管理工作应分为许多较小的管理职能，各级管理人员应尽量分担较少的管理工作，高级管理人员应"超脱"，只处理重要事项的决策与监督工作，这为组织管理研究奠定了基础。

一些大企业自觉地用泰勒理论对生产过程的管理进行了改造，美国福特汽车公司建立起生产流水线。为了使汽车大量普及，福特汽车公司把生产大众汽车作为公司的目标。为了降低价格，1913 年采用了现代化的大规模装配作业线，93 分钟可以造出 1 辆汽车。汽车的产量提高，成本降低，价格自然就低了，汽车进入了家庭。于是流水线作业逐渐成为企业普遍的生产方式。

同期在欧洲也有人在进行科学管理的研究，其中影响最大的是法国人 H. 法约尔。他在 1916 年出版的《工业管理与一般管理》一书中提出管理职能理论和管理原则理论，着重研究企业高层领导的管理理论问题。他认为"经营"与"管理"是两个不同的概念。"经营"是指导一个整体趋向一个目标，它有六项职能，而"管理"是其中之一。他又提出"14 点管理原则"。法约尔的理论在第一次世界大战后才被人们所注意。

与此同时，俄国的卡尔·阿德米耶奇提出了劳动协调进度表模式。德国社会学家韦伯提出"理想的组织机构模式"。英国管理史学家厄威克提出计划、组织与控制三职能理论，预测、协调和指挥三个指导原则。这些都为科学管理理论的创造作出了贡献。

随着时间的推移，人们发现金钱刺激和严格的控制失去了原有的作用。美国人际关系学创始人乔治·埃尔顿·梅奥在芝加哥郊外的霍桑工厂进行了人际关系研究。通过霍桑试验发现影响生产力最重要的因素是工作中发展起来的人际关系，而不是待遇及工作环境。后来，梅奥总结他亲身参与和指导的霍桑试验及其他试验的体会，1933 年出版了《工业文明的人类问题》一书，提出了人际关系理论，为提高生产效率开辟了新途径。由于经济危机和第二次世界大战的爆发，人际关系的研究没有充分发展，管理科学的研究在第二次世界大战时也就中断了。

第二次世界大战后，生产力飞速发展，生产社会化程度日益提高，科学不断取得新突破，给管理研究注入了新的活力。管理研究日趋深入。管理科学由科学管理理论阶段发展到现代管理理论阶段。

现代管理理论分为两大流派：一是行为科学，二是管理科学。行为科学理论是在第二次世界大战前人际关系研究的基础上发展起来的。许多行为科学家从心理学、社会学、人类学的角度进一步分析人的行为。他们对劳动者的需要与动机、激励因素、领导行为等问题进行研究，认为劳动者效率的高低不仅决定于劳动技能，还决定于劳动者的动机。1954 年，美国学者马斯洛在《激励和个人》一书中提出"人类需要层次论"，将人的需要排次序，认为管理不仅要着眼于物质，还要注意职工的精神需要。1959 年美国学者赫茨伯格在《工作的激励》一书中提出"激励因素——保健因素"双因素理论，进一步丰富了马斯洛理论。20 世纪 50 年代初美国人类行为研究基金会的成立标志该学科的成熟。

管理科学理论注重经营方针、目标的确定，以提高效果。它从操作方法、作业水平的研究向科学组织研究发展，运用管理统计、运筹学、电子计算机高新科技手段研究现代管理问题。1953 年美国管理科学会成立，出版《管理科学》杂志，标志该学科的成熟。

大约从 20 世纪 70 年代开始，管理科学进入了新的管理理论阶段。它用系统理论将上述行为科学和管理科学统一起来，从而形成一种新的管理理论。该理论把人、物和环境结合起来进行全面考察，系统分析。1970 年，华盛顿大学卡斯特和卢森威教授合著的《组织与管理——从系统出发的研究》是该理论的代表作。西方管理理论学派纷呈，涉及内容也十分丰富。由于现代化的工业生产和现代科学技术的迅速发展，管理的组织、方法、手段必然不断变化。

第二节　新的管理思想形成及演化

第二次世界大战后至今，组织行为学在人际关系学的基础上形成了。管理思想是人们在社会实践中对管理活动的思考所形成的观点、想法和见解的总称。它是人们对管理实践中种种社会关系及其矛盾活动自觉的和系统的反映。管理思想是在管理实践基础上逐渐形成并发展起来的，它经历了从思想萌芽、思想形成到不断系统与深化的发展过程。

一、新的管理思想的形成

在古代社会的长期历史进程中，人们对管理实践的思考处在不自觉的状态中，对管理的具体问题与具体环节、方法等方面提出了很多见解，记录下了许多成功的管理经验和方法，从而形成了丰富的古代管理思想遗产。

然而这些管理思想是分散零碎的，缺乏理论的分析和概括，更谈不上思想体系。直到 19 世纪后期，在社会生产力高度发展与科学技术飞跃进步的推动之下，管理问题得到重视和关注。

对管理实践的观察研究和总结不断发展，使人们对管理的认识不断系统与深入，管理思想逐渐形成一个独立的思想体系，进而使管理成为一门学科。

管理科学的产生使管理思想的发展进入了一个崭新的境界。管理思想史正是以不同社会阶段管理思想的演进过程作为自己的研究对象，探索其发展规律。从学科的角度来说，管理思想史是研究和揭示人类管理思想的产生、发展和演变的历史过程及其规律的科学。

管理思想的研究对象既包括管理实践，又包括管理思想、管理理论，以及管理实践与管理思想、管理理论的辩证关系，社会生产方式的变革与管理思想演变的相互关系等。

管理思想不仅对各个行业的管理者有意义，还是我们吸收国外管理科学成果的有效途径。

中国早期管理思想主要有以"仁"为核心的儒家管理思想，以"无为"为最高原则的道家管理思想，以"法治"为基础的法家管理思想和《孙子兵法》中的管理思想。外国早期管理思想以亚当·斯密为主要代表人物，代表作是《国富论》。

西方社会经济发展促进了企业结构的变化，对管理理论和实践提出了各种各样的要求。对管理思想史的研究和认识有助于管理理论在现代社会中的发展，并指导管理实践，有助于把握管理思想的历史发展规律，在现代社会中预测管理发展趋势。

西方管理思想和学说自产生以来一直交叉并存，互相影响，继承演变，形成各种流派，包括管理过程学派、人际关系学派、群体行为学派、经验学派、社会协作系统学派、社会技术系统学派、系统学派、决策理论学派、数学学派、权变理论学派和经理角色学派，构成了管理思想浓厚的历史积淀。

管理是文化的产物，管理思想是根据整个历史中各种不同的文化道德准则和制度的变化而向前发展的有关如何进行管理的知识体系，也是根据各种文化中的经济、社会和政治等方面的变化而演变的。管理思想是文化环境的一个过程，也是文化环境的产物，管理思想正是具有这些开放性的系统的特点，所以必须放在文化环境范围内对它进行研究。

文化的新生为工业化创造了先决条件，因而也确立了建立一个正式地和系统地进行管理的知识体系的需要。市场经济的出现和发展要求管理人员发挥更大的创造性，管理人员必须建立一个管理思想体系，于是出现了科学管理理论。

行为科学管理思想的产生。1929 年的大萧条成为一道经济、社会、政治心理上的分水岭。这时期的管理思想侧重于生产转向高层管理的观点。社会伦理着眼于团体和人的集体性质、合作和社会团结的需要。

现代管理思想的发展。进入 20 世纪 80 年代以后，整个世界处于一种极度动荡的过程中，国际政治动荡起伏、世界经济变幻莫测、科学技术日新月异、各种文化相互渗透融合。管理思想从过程管理向战略管理转变，内向管理向外向管理转变，行为管理向文化管理转变。

管理思想的演变是一个漫长的、动态的、不断发展的历程，目前还只是处于开始阶段。今天不同于昨天，而明天又不同于今天。一名管理科学者或实践者要把对过去的研究作为一个序幕。

二、管理理论产生的萌芽阶段

18 世纪到 19 世纪的工业革命使以机器为主的现代意义上的工厂成为现实，工厂以及公司的管理越来越突出，管理方面的问题越来越多地被涉及，管理科学开始逐步形成。这个时期的代表人物有亚当·斯密、大卫·李嘉图等。

亚当·斯密是英国资产阶级古典政治经济学派创始人之一，他的代表作是《国富论》。亚当·斯密发现，分工可以使劳动者从事某种专项操作，便于提高技术熟练程度，有利于推动生产工具的改革和技术进步，可以减少工种的变换，有利于劳动时间的节约，从而提出了分工理论。

大卫·李嘉图是英国资产阶级金融家，古典政治经济学的杰出代表和完成者。1817 年李嘉图的《政治经济学及赋税原理》一书出版，在资产阶级经济学界产生了深远的影响。

（一）古典管理理论阶段

古典管理理论阶段是管理理论最初形成阶段。在这个阶段，侧重于从管理职能、组织方式等方面研究企业的效率问题，对人的心理因素考虑很少或根本不去考虑。其间，在美国、法国、德国分别活跃着具有奠基人地位的管理大师，即"科学管理之父"泰勒、"管理理论之父"法约尔以及"组织理论之父"马克斯·韦伯。

泰勒重点研究在工厂管理中如何提高效率，提出了科学管理理论，科学管理的中心问题是提高劳动生产率，而科学管理的关键在于变原来的经验工作方法为科学工作方法。为此，泰勒提出了任务管理法和配备"第一流"的工人。

法约尔对组织管理进行了系统的研究，提出了管理过程的职能划分理论。他在著作《工业管理与一般管理》中阐述了管理职能的划分，法约尔认为管理的五大职能是计划、组织、指挥、协调和控制。

马克斯·韦伯在管理思想方面的主要贡献是在《社会组织和经济组织理论》一书中提出了理想官僚组织体系理论，他认为建立一种高度结构化的、正式的、非人格化的理想的官僚组织体系是提高劳动生产率的最有效形式。

上述三位及其他一些先驱者创立的古典管理理论被以后的许多管理科学者研究和传播并加以系统化。其中贡献较为突出的是英国的厄威克与美国的古利克。前者提出了他认为适用于一切组织的八条原则，后者概括提出了管理七项职能。

（二）现代管理理论阶段

现代管理理论阶段主要指行为科学学派及管理理论丛林阶段。行为科学学派阶段主要研究个体行为、团体行为与组织行为，重视研究人的心理、行为等对高效率地实现组织目标的影响作用。

行为科学学派的主要成果有梅奥的人际关系理论、马斯洛的需求层次理论、赫茨伯格的双因素理论、麦格雷戈的"X理论-Y理论"等。第二次世界大战后，从20世纪40年代到20世纪80年代，除了行为科学学派得到长足发展以外，许多管理科学者都从各自不同的角度发表自己对管理科学的见解。

这其中主要的代表学派有管理过程学派、管理科学学派、社会系统学派、决策理论学派、系统理论学派、经验主义学派、经理角色学派和权变理论学派等。这些管理科学学派研究方法众多，管理理论不统一，各个学派都有自己的代表人物，自己的用词意义，自己所主张的理论、概念和方法。孔茨称其为"管理理论丛林"。

管理过程学派又称管理职能学派，是美国加利福尼亚大学的教授哈罗德·孔茨和西里尔·奥唐奈里奇提出的。管理过程学派认为，无论组织的性质和组织所处的环境有多么不同，管理人员所从事的管理职能都是相同的。

孔茨和奥唐奈里奇将管理职能分为计划、组织、人事、指挥和控制五项，把协调作为管理的本质。孔茨利用这些管理职能对管理理论进行分析、研究和阐述，最终得以建立起管理过程学派。

孔茨继承了法约尔的理论，把法约尔的理论更加系统化、条理化，使管理过程学派成为管理各学派中最具有影响力的学派。

三、21 世纪是管理科学理论全新发展的一个阶段

世界经济的不断发展和区域合作的日益频繁使东西方管理思想出现了前所未有的冲突和融合。东方管理思想是以中华传统管理文化为主要内涵的管理理论。

东方管理思想非常注重文化和伦理的引导。在 17 世纪之前，这种管理思想给东方的经济、社会、文化等各个方面带来了巨大的繁荣和昌盛。

西方的迅速崛起使管理科学理论成长的落脚点一直停留在西方的管理思想体系之中。随着东西方之间经济的不断融合，东方的管理思想必然会有更大的进步。

东方的管理思想是在中华管理实践与理论探索的基础上形成的一整套理论体系。理论主要来源于中国古代儒家、道家、墨家、法家、兵家以及《周易》和佛学等众多学术流派。

这些思想包括以儒家学派为代表的"人性之善""修己安人"；以道家学派为代表的老子"道法自然""无为而治"；以墨家为代表的"兼爱""利人"；以法家为代表的"唯法为治"；以兵家为代表的"运筹定计""知人善任"；以《周易》为代表的"刚柔相济""崇德广业"；以佛家为代表的"以善为本"等。东方的管理思想有其独特的思想魅力，具有极高的现实价值。

其主要特征表现为：通过文化和伦理引导人性，从而规范个体行为。东方对于人性假设在初期就有不同，但是以人性本善为主流思想，以儒家为代表。

儒家文化认为人生而性善，孟子在《告子上》中说道："人性之善也，犹水之就下也，人无有不善，水无有不下。"他还进一步指出：仁、义、礼、智这"四心"是人皆有之的善性。而且认为人的善性可以通过教育、修养和德化保持，因此主张德治，强调教育的作用。人的管理是可以通过保持和发展这种善性而达到的，可以通过人内在的而非外在的制度和刺激而达到。

置于文化、伦理基础上的东方人性论强调人与人之间的关系，努力在管理过程中建立和谐的人际氛围，重整体，倡导群体的凝聚精神，培养高尚的

情操道德，注意管理因素的协调平衡，以道德作为管理的基础，把人性和伦理结合起来，通过文化氛围、道德舆论、伦理规范的引导，达到规范个体行为的目的。

强化道德观和责任感的约束与激励。东方管理思想在人性本善的假设前提下，其管理方法表现为"仁政""信民"和道德感化。

更关注个体的情感需求，强调心治，重视精神激励与精神塑造，主张通过教育来造就有理想的统治者和被统治者。通过各个方面不断强化个体道德感和责任感的培养。约束和激励更多地表现为正向性，侧重于"软管理"手段。

东方管理思想的回归与现实意义。近 30 年来，经济的全球化不断加强，英美等国进入经济增长速度减缓时期，而日本等国家在东方管理思想指导下迅速崛起，世界经济格局的这种变化使主流的管理思想已经开始把重心转向东方"软管理"，强调管理中人的因素，特别是强调人的精神因素和主观能动因素，重视企业文化，非理性主义思潮的人本理念兴起，学习型组织被提出并应用。这些迹象都在不断证实：经济的进一步发展需要一种更为先进的管理理论的指导，主流的西方管理思想因过于强调"理性"和"效率"，在包容性、人本性、柔和性、服务性等方面存在不足。

而东方管理思想正在这些方面显示了其独特的文化魅力与内涵，东方管理思想的回归是经济发展的必然。东方管理理论的精髓和创新在于"以人为本、以德为先、人为为人"。

"人"是东方管理哲学的核心，包括两大层面：一方面是要求管理者为他人着想，重视人际关系的协调，通过自身的道德威望感召和示范，在无形中影响被管理者，从而使社会与人际关系处于最佳状态，达到最佳的管理绩效。就是"以人为本、以德为先"；另一方面是"人为为人"。作为东方管理文化的本质特征，"人为为人"揭示了管理主体与管理客体之间的辩证关系，是激励与服务的综合体现，强调自身行为的激励和修养，控制和调整自己的行为，创造良好的人际关系和激励环境，使管理者和被管理者都能够持久地处于激发状态下工作，主观能动性得到充分的发挥，人与人互相联系，而且可以转化。

对任何管理者和被管理者都有一个从个人行为逐步向为他人服务转化的过程，即从"人为"向"为人"转变的过程，从而达到群体和谐。随着柔性管理时代的到来，东方管理中的人本管理和群体和谐思想必然是未来管理的重点与方向。

强调科学与效率的西方管理思想的发展与创新。人性假设与科学管理。人性假设对于管理理论和方法有重要意义。管理理论和管理方法的设计和措施的采取，都是以对人性的一定看法和理解为基础，可以说没有对人性的理解就没有对人的管理。多年来，西方学者从不同的侧面提出了关于人性的各种看法，其中，泰勒、薛恩、波特、麦格雷戈等学者的人性假设最具有代表性。

他们的观点构成了西方管理思想发展的轨迹，从经济人、社会人、自我实现人到复杂人的转变。

早期管理实践与管理思想阶段。从人类社会产生到 18 世纪，人类为了谋求生存自觉不自觉地进行着管理活动和管理实践，其范围是极其广泛的，但是人们仅凭经验或一些片段的思想去管理，尚未对经验进行科学的抽象和概括，没有形成科学的管理理论。西方早期的一些著名的管理实践和管理思想大都散见于希腊、罗马和意大利等国的史籍和许多宗教文献之中。

四、中西方管理思想的异同

中西方管理思想很大的一个不同在于管理假设的不同，即对人性本质的看法。

中国的管理以人性本善为前提，习惯采取以"道"引导的方式来实现管理价值；西方的管理以人性本恶为前提条件，认定工人都是懒惰而又自利的，所以采取胡萝卜加大棒的管理政策，习惯采用以"术"规范的手段来实现管理价值。

中国的管理强调集体主义，西方的管理文化更注重个人主义，例如提倡"经济人""社会人""自我实现的人"。

中国管理把动机的好坏作为判断管理优劣的出发点，西方的管理把效果的好坏作为判断管理优劣的出发点。中国的管理重"义"，而西方的管理重"利"。

在中国传统文化中的儒家思想，其管理思想的出发点是"仁"，应用在政治上就是"为政在人"和行"仁政"，所以儒家也特别重视个人品德的修养和人才的作用，其积极入世的处世态度和以天下苍生福祉为己任的人生追求，对于后世管理者都产生了深远的影响。

第三节　计算机和信息技术的发展和普及
对管理科学理论的影响

信息技术在全球的广泛使用不仅深刻地影响着经济结构与经济效率，作为先进生产力的代表，还对社会文化和精神文明产生着深刻的影响。

信息技术已引起传统教育方式发生着深刻变化。计算机仿真技术、多媒体技术、虚拟现实技术和远程教育技术以及信息载体的多样性，使学习者可以克服时空障碍，更加主动地安排自己的学习时间和速度。特别是借助互联网的远程教育开辟出通达全球的知识传播通道，实现不同地区的学习者、传授者之间的互相对话和交流，不仅可以大大提高教育的效率，还可以给学习者提供一个宽松的、内容丰富的学习环境。远程教育的发展将在传统教育领域引发一场革命，促使人类知识水平的普遍提高。

信息技术。互联网已经成为科学研究和技术开发不可缺少的工具。互联网拥有600多个大型图书馆、400多个文献库和100万个信息源，成为科研人员可以随时进入并从中获取最新科技动态的信息宝库，大大节约查阅文献的时间和费用；互联网上信息传递的快捷性和交互性使身处世界任何地方的研究者都可以成为研究伙伴，在网上进行实时讨论、协同研究，甚至使用网上的主机和软件资源来完成自己的研究工作。

信息网络为各种思想文化的传播提供了更加便捷的渠道，大量的信息通过网络渗入社会各个角落，成为当今文化传播的重要手段。电子出版以光盘、磁盘和网络出版等多种形式打破了以往信息媒体纸介质一统天下的局面。多媒体技术的应用和交互式界面的采用为文化、艺术、科技的普及开辟了广阔前景。网络等新型信息介质为各民族优秀文化的继承、传播，为各民族文化的交流、交融提供了崭新的可能性。网络改变着人与人之间的交往方式，改变着人们的工作方式和生活方式，也就必然会对文化的发展产生深远的影响，一种新的适应网络时代和信息经济的先进文化将逐渐形成。

信息技术发展趋势。信息技术推广应用的显著成效促使世界各国致力于信息化，而信息化的巨大需求又驱使信息技术高速发展。当前信息技术发展的总趋势是以互联网技术的发展和应用为中心，从典型的技术驱动发展模式向技术驱动与应用驱动相结合的模式转变。

微电子技术和软件技术是信息技术的核心。集成电路的集成度和运算能力、性能价格比继续按每18个月翻一番的速度呈几何级数增长，支持信息技术达到前所未有的水平。每个芯片上包含上亿个元件，构成了"单片上的系统"（SOC），模糊了整机与元器件的界限，极大地提高了信息设备的功能，促使整机向轻、小、薄和低功耗方向发展。软件技术已经从以计算机为中心向以网络为中心转变。软件与集成电路设计的相互渗透使芯片变成"固化的软件"，进一步巩固了软件的核心地位。软件技术的快速发展使越来越多的功能通过软件来实现，"硬件软化"成为趋势，出现了"软件无线电""软交换"等技术领域。嵌入式软件的发展使软件走出了传统的计算机领域，促使多种工业产品和民用产品的智能化。软件技术已经成为推进信息化的核心技术。

三网融合和宽带化是网络技术发展的大方向。电话网、有线电视网和计算机网的三网融合是指它们都在数字化的基础上在网络技术上走向一致，在业务内容上相互覆盖。电话网和电视网在技术上都要向互联网技术看齐，其基本特征是采用 IP 协议和分组交换技术；在业务上以话音为主或单向传输发展成交互式的多媒体数据业务为主。三网融合不能简单地理解为把三个网合成一个网，但是它的确打破了原有的行业界限，引起产业的重组与政策的调整。随着互联网上数据流量的迅猛增加，特别是多媒体信息的增加，对网络带宽的要求日益提高。增大带宽是相当长时期内网络技术发展的主题。在广域网和城域网上，以密集波分复用技术（DWDM）为代表的全光网络技术引人注目，带动了光信息技术的发展。宽带接入网技术多种方案展开了激烈的竞争，鹿死谁手尚难见分晓。无线宽带接入技术和建立在第三代移动通信技术之上的移动互联网技术正向信息个人化的目标前进。

互联网的应用开发也是一个持续的热点。一方面电视机、手机、个人数字助理（PDA）等家用电器和个人信息设备都向网络终端设备的方向发展，形成了网络终端设备的多样性和个性化，打破了计算机上网一统天下的局面；另一方面，电子商务、电子政务、远程教育、电子媒体、网上娱乐技术日趋成熟，不断降低对使用者的专业知识要求和经济投入要求；互联网数据中心（IDC），网门服务等技术的提出和服务体系的形成，构成了对使用互联网日益完善的社会化服务体系，使信息技术日益广泛地进入社会生产、生活各个领域，从而促进了网络经济的形成。

有人将计算机与网络技术的特征——数字化、网络化、多媒体化、智能化、虚拟化当作信息技术的特征。我们认为，信息技术的特征应从如下两方面来理解信息技术具有技术的一般特征——技术性。具体表现为：方法的科学性、工具设备的先进性、技能的熟练性、经验的丰富性、作用过程的快捷性和功能的高效性等。

信息技术具有区别于其他技术的特征——信息性。具体表现为：信息技术的服务主体是信息，核心功能是提高信息处理与利用的效率、效益。由信息的秉性决定信息技术还具有普遍性、客观性、相对性、动态性、共享性、可变换性等特性。

21 世纪初，人类将全面迈向一个信息时代，信息技术革命是经济全球化的重要推动力量和桥梁，是促进全球经济和社会发展的主导力量，以信息技术为中心的新技术革命将成为世界经济发展史上的新亮点。信息技术将使人类能够进一步把潜藏在物质运动中的巨大信息资源挖掘出来，把世界变成一个没有边界的信息空间，以微处理机进入亿万办公室和家庭、超级计算机问世、卫星通信与光导通信的发展，特别是网络化的迅速发展为标志的信息技术革命不仅以最为便捷的方式沟通了各国、各地区、各企业、各团体以及个人之间的联系，还在一定程度上打破了种种地域乃至国家的限制，把整个世界空前地联系在一起，推动了全球化的迅速发展。由于这次新科技革命主要是从美国兴起，日本和西欧各国随后迅速推进，形成了一个强大的中心区和三角地带，所以约阿吉姆·比朔夫甚至列出了这样一个公式："全球化＝世界中心区域的紧密网络化"，但是由于新科技革命的发展需要科研力量、昂贵的设备器材、巨额资金和良好的基础设施，而广大发展中国家经济发展水平普遍较低，不仅难以跟上世界新科技革命的脚步，还被西方国家越拉越远，从而在全球化进程中被进一步边缘化。

国际互联网的普及提供了加强各国经济联系的新纽带。信息的快速搜集、加工、储存和传递使各国政府、公司企业和个人能便捷地获取信息。信息的这种透明性（公开性）和流动性有利于各国政府和人民间的相互了解，有利于科学文化知识的传播，有利于政府和企业的科学决策，从而必然有利于各国间的经济合作。国际互联网将不断提高金融、贸易、企业全球经营的效率和质量。计算机技术的不断发展使国际互联网可以及时处理几乎无限的信息，这就为全球居民提供了参加国际经济合作的手段：银行可以每天处理 1.5 万亿美元的货币交易；证券市场每年可以处理几十万亿美元的证券交易；海陆空运输可以从容地把数亿个集装箱送往世界各地；跨国公司可以了如指掌地指挥全球的分厂在流水线上按顾客的需要生产出同一牌号、不同个性的产品（如汽车）。企业在新世纪里的竞争力将取决于它对于网络的运用。企业若不利用网络，则会在未来的全球竞争中处于劣势，甚至会被排斥在商务圈之外。信息技术的发展对企业管理也提出了新的挑战。它要求企业实行集成管理，将上游和下游的环节形成一个整体，通过网络对全球的资源进行优化配置，取得最佳的经济效益。因此，企业只有放眼世界，才有可能在未来的信息时代求得生存和发展。

国际互联网的发展在 21 世纪大大促进了全球实务经济和服务业的发展，极大地改变了人类的生产、生活方式。知识将成为生产要素中的一个独立成分。哪个国家能在技术创新和制度创新方面走在世界的前列，这个国家就能在 22 世纪的国际竞争中立于不败之地。21 世纪的历史表明，单靠不断增加资本、人力和原材料的投入不能实现经济的可持续发展，也不可能在国际竞争中处于有利地位。只有重视技术创新和制度创新的国家，才能充分利用各种资源，实现经济的可持续发展，在国际竞争中立于不败之地。技术创新和制度创新需要受过良好教育的高素质的公民和让每个公民的才能得以充分发挥的社会环境。显然，技术创新和制度创新需要知识，而全体国民知识水平的提高需要发展教育。然而一个国家国民教育的高水平，并不等于这个国家善于进行技术创新和制度创新，就一定能够取得国际竞争的胜利。苏联就是一个国民教育水平很高但没有赢得国际竞争的国家，更重要的是要创造让全体公民充分发挥自己才智的社会条件。在 21 世纪，哪些国家认识到了这一点并做到了这一点，这些国家就会在国际竞争中成为强者。

但是全球生活在贫困之中的人们尚难得到信息革命的实惠。联合国的资料显示，在发达国家，信息产业正成为朝阳产业，而穷国和富国在因特网用户数量方面的差距比其在国民收入方面的差距更为悬殊。55 个信息技术领先国家投入信息技术产业的资金占全球信息技术投资的 99％，世界上 93％的互联网用户生活在发达国家，在全世界数亿名网民中，收入最低的 1/5 人口中只拥有全球因特网用户的 0.2％。美国所拥有的计算机数量多于世界其他国家的总和。由此可见，现代信息技术的飞速发展将使不同国家之间以及不同地区之间信息化的差距逐渐拉大。"信息贫困"和"数码鸿沟"会在富裕国家与贫穷国家之间筑起。

信息技术教育包括理论与实践两个领域。理论领域指信息技术教育是一门科学，是现代教育学研究的一个新分支，又具有课程教学论的一些特征，具体包括概念体系、理论框架、原理、命题、模式、方法论等研究内容。实践领域指信息技术教育是一种教学活动，一种工作实践，一项教育现代化事业，具体包括信息技术的软硬件资源建设、课程教材的设计开发、师资培训、教学中各种信息技术的综合运用、学习指导、评价与管理等。

信息技术教育目标的涵义有两个：一是作为总揽信息技术教育教学活动全局的一种指导思想而存在的、概括性的总体要求，又称为总目标或目的。二是指对达到信息技术教育目的的各个方面进行精确、详细的说明，是学生在完成一个教学单元的学习后应达到什么要求（具有哪些效果）的具体明确的表述。信息技术教育的目标体系是指将信息技术的总目标与分目标，课程目标与知识点目标，认知目标、动作技能目标与情感目标，知识目标、能力目标与情意目标等不同层次、不同角度、不同领域的教育目标整合与系统化。

信息技术教育目标体系具有三重功能：一是定向功能，它是编写教学大纲、设计课程教材、控制教学过程的行动指南。二是激励功能，它能激发教与学的紧迫感与内驱力。三是评价功能，它提供了教学效果的评价尺度和教学设计的参考标准。

人工智能（AI）是一门极富挑战性的科学，从事这项工作的人必须懂得计算机知识、心理学和哲学。人工智能是包括十分广泛的科学，它由不同的领域组成，如机器学习，计算机视觉等，总的说来，人工智能的目的就是让计算机这台机器能够像人一样思考。

在 1955 年，香农与人一起开发了 The Logic Theorist 程序，它是一种采用树形结构的程序，在程序运行时，它在树中搜索，寻找与可能答案最接近的树的分枝进行探索，以得到正确的答案。这个程序在人工智能的历史上可以说是有重要地位的，它在学术上和社会上带来了巨大的影响，以至于我们所采用的思想方法有许多还是来自于这个 20 世纪 50 年代的程序。

1956 年，作为人工智能领域另一位著名科学家的麦卡希召集了一次会议来讨论人工智能未来的发展方向。从那时起，人工智能的名字才正式确立。这次会议在人工智能历史上不是巨大的成功，但是这次会议给人工智能奠基人提供了相互交流的机会，为未来人工智能的发展起了铺垫的作用。在此以后，人工智能的重点开始变为建立实用的能够自行解决问题的系统，并要求系统有自学习能力。在 1957 年，香农和另一些人又开发了一个程序称为 General Problem Solver（GPS），它对维纳的反馈理论有一个扩展，能够解决一些比较普遍的问题。别的科学家在努力开发系统时作出了一项重大的贡献，他创建了表处理语言 LISP，直到现在许多人工智能程序还在使用这种语言，它几乎成了人工智能的代名词，LISP 仍然在发展。

在 1963 年，麻省理工学院受到了美国政府和国防部的支持进行人工智能的研究，美国政府不是为了别的，而是为了在冷战中保持与苏联的均衡。虽然这个目的是带点火药味的，但是它的结果却使人工智能得到了巨大的发展。其后研发出的许多程序十分引人注目，麻省理工大学开发出了 SHRDLU。

在这个大发展的 20 世纪 60 年代，STUDENT 系统可以解决代数问题，而 SIR 系统则开始理解简单的英文句子，SIR 的出现导致了新学科的出现——自然语言处理。

在 20 世纪 70 年代出现的专家系统有了一个巨大的进步，它头一次让人知道计算机可以代替人类专家进行一些工作。由于计算机硬件性能的提高，人工智能得以进行一系列重要的活动，它作为生活的重要方面开始改变人类生活。

在理论方面，20 世纪 70 年代也是大发展的一个时期，计算机开始有了简单的思维和视觉，另一个人工智能语言 Prolog 语言诞生了。它和 LISP 一起成为人工智能工作者不可缺少的工具。不要以为人工智能离我们很远，它已经在进入我们的生活。模糊控制、决策支持等方面都有人工智能的影子。让计算机这个机器代替人类进行简单的智力活动，把人类解放用于其他更有益的工作，这是人工智能的目的。

IT 行业良好的就业前景及薪酬待遇吸引了大量非计算机专业人才，大部分是年轻人。他们迫切需要依靠学习和培训获得进入 IT 业的技术能力。而另一方面，IT 行业中职业的变化和更替也是最为频繁的，它要求从业者必须不断地学习才能保持这种持续工作的状态。同时一个人学习的技术越先进，掌握的技术越全面，那么这个人的事业发展前景就越广阔，工作选择的机会就越大。此外，由于互联网技术的飞速发展，很多掌握过时技术的人员也不得不重新进行培训，以使自己能够与最新的技术同步。随着中国经济的不断发展，信息化程度不断提高，各个企业对信息化投入的比例逐步加大，因此要求在职人员必须学会操作微型计算机。

第五章　管理科学在 20 世纪 60 年代后的发展与实践

管理科学与工程学科下设管理信息系统、工程管理、项目管理、管理科学、工业工程、物流工程等专业方向。该学科是管理理论与管理实践紧密结合的学科，侧重于研究同现代生产、经营、科技、经济、社会等发展相适应的管理理论、方法和工具，该学科培养学生具有扎实系统的管理理论基础，合理的知识结构，正确地应用系统分析方法及相应的工程技术方法解决管理方面的有关理论与实际问题。学生在完成两年的基础课和管理类必修课学习后，根据社会需求和个人志愿可在信息管理与信息系统、工程管理等专业方向选择专业，进行专业知识学习。

第一节　管理科学在 20 世纪 60 年代的发展与实践

管理科学与工程起源于 20 世纪初的美国，它以现代工业化生产为背景，在发达国家得到了广泛应用。

在人类从事小农经济和手工业生产的时代，人们凭着自己的经验管理生产。到 20 世纪初，工业开始进入"科学管理时代"，美国工程师泰勒发表的《科学管理原理》一书是这个时代的代表作和工业工程的经典著作。从 1910 年前后开始，美国的吉尔布雷斯夫妇从事动作研究和工作流程研究，还设定了 17 种动作的基本因素。泰勒和吉尔布雷斯是最著名工业工程创始人。

1908 年美国宾州大学首次开设了工业工程课程，后来又成立了工业工程系，1917 年美国成立了工业工程师协会。此后有人主张把当时从事动作研究、时间研究等提高劳动生产率的各种研究工作从管理职能中分离出来，由懂得工程技术的人员进行，逐步形成了一批将工程技术和管理相结合的工业工程工程师。

在第二次世界大战期间和其后的一段时期内，工作研究（包括时间研究与方法研究）、质量控制、人事评价与选择、工厂布置、生产计划等都已正式成为工业工程的内容。随着制造业的发展，费希开创了工程经济分析的研究领域；由于战争的需要，运筹学得到了很大的发展。第二次世界大战后由于经济建设和工业生产发展的需要，使工业工程与运筹学结合起来，为工业工程提供了更为科学的方法基础，工业工程的技术内容得到了极大的丰富和发展。1948 年，美国成立了工业工程师学会。20 世纪五六十年代，美国许多大学先后成立了工业工程系，到 1975 年，已经有 150 所大学开设了工业工程课程。

与发达国家相比我国起步较晚，20 世纪 80 年代初期，工业部门开始对工业工程有所认识，并逐步推广。

工业工程在我国的应用前景十分广阔。20 世纪 80 年代，日本能率协会专家三上展喜受日本政府委托，在我国北京、大连等地推广应用工业工程技术。他认为，中国许多企业不需要在硬件方面增加许多投资，只要在管理方式、人员素质和工业工程等方面着力改进，生产效率就可以提高 2～3 倍，甚至 5～10 倍。国内应用工业工程技术比较典型的企业有北京机床电器厂、一汽集团、鞍山钢铁公司等，都取得了明显的经济效益。

当前我国发展工业工程的一项重要工作是人才培养，我国最早于 1993 年招收工业工程专业的本科生，已经有 70 余所院校设有工业工程系或专业。1994 年起开始招收硕士研究生，我国已经有 70 多所院校开办了工业工程专业。

工业工程在国外与国内发展及应用的实践表明，这门工程与管理有机结合的综合技术对提高企业的生产率和生产系统综合效率及效益，提高系统综合素质，对增强企业在开放经济条件下的国际市场竞争能力和知识经济环境中的综合创新能力，对赢得各类生产系统、管理系统及社会经济系统的高质量、可持续发展等具有不可替代的重要作用。

我国以企业为基础和主体的工业及产业经济系统面临着资源利用率低、质量和效益不高、产品等综合结构不合理、环境适应性较差、国际竞争力及创新能力亟待增强以及战略管理和内部管理弱化、技术与管理脱节、特色化缺乏、产品、市场、技术等方面的发展不平衡、企业与市场和政府及其他企业间关系欠规范、不稳定等诸多问题和困境。现代工业工程是企业和整个产业经济摆脱困境、赢得竞争优势的有效武器。

进入 20 世纪 80 年代后，西方新的管理思想正在形成而且处在不断的演化之中。有一个比较突出的特点是西方的现代管理思想明显地向人性回归，对于人的研究大大地加强了；另一个明显的特征是管理理论研究在利用社会科学的其他理论和工具方面越来越强，其大量利用现代经济学、社会学等方面的研究成果发展自身的理论，尤其是计算机的发展和普及对管理理论的发展起着不可估量的作用。

计算机和信息技术的发展改变着 21 世纪人们的工作、学习和生活，也改变了管理理论的发展方向，从而形成全新的管理思想，这也是一次管理思想上的革命。从西方管理思想的发展和演变过程中我们可以看出以下几方面的内在规律。

第一，把管理的科学、理性方面同感情的非理性方面结合起来。西方国家在英国工业革命以后，在 19 世纪末和 20 世纪初产生了以泰勒、法约尔、韦伯等人为代表的经典的科学管理运动的思潮，对生产力的发展起着重大的推动作用，这在当时是符合生产力的发展状况的。在当时没有科学的管理原则，也没有科学的管理依据的情况下，科学管理运动每一次科学地、理性地把管理纳入科学的轨道，使管理成为一门真正的科学。这次运动，在当时收到了相当好的效果，促进了生产力的发展和劳动生产率的提高。但是随着生产力的发展，社会、经济得到进一步的发展，人们发现单纯地注重管理的科学性、理性化不能保证管理的成功和劳动生产率的持续提高。因为不论是什么样的企业都是由人组成的，而企业的职工，随着生活水平的提高对现实的要求也在不断地变化。他们不仅有理性，更重要的是还有感情，不仅要求获得经济需求的满足，还要求获得感情上、社会地位上和自我实现等方面需求的满足。这样，行为科学是随着生产力的提高和社会、经济的发展而产生的。行为科学的产生和发展对生产力的发展和劳动生产率的提高有着重要的作用，但是如果过于偏重非理性方面而忽略了理性方面，管理绩效也达不到理想的状态，只有把两者结合起来才是可行的。

第二，把管理中的正式组织作用和非正式组织作用结合起来。所谓正式组织指的是企业为了有效地实现企业的目标，所规定的组织成员中正式的相互关系和组织体系，其中包括组织结构、方针政策、规划方案、规章制度等。所谓的非正式组织是指组织中没有经过正式的上级或一些相关的程序而建立起来的，以感情联系为主要沟通方式的一种非正式的群体和体系。泰勒等人在古典管理理论体系中主要强调了正式组织的作用，而行为科学主要强调了非正式组织的作用，要想达到理想的管理绩效，这两者的结合是一个必然的途径。

第三，把管理中的系统性、计划性、程序化等方面与灵活性、权变性、非程序化方面相结合。古典管理理论和管理科学方面的理论是非常强调管理中系统性、计划性和程序方面的作用的。而行为科学和权变学派等强调的是如果因为企业内外环境的变化而墨守成规，不顾存在的许多不确定的因素，不顾外部环境的变化，把计划、系统看得一成不变，这样就会造成不应有的损失。他们非常强调管理的灵活性、权变性、非程序化等方面。但是企业本身是一个系统，一个系统要正常地运转，就必须是这两个方面的结合，管理理论有把这两种理论相结合的趋势。

第四，把管理中的精确性和模糊性这两个方面相结合。在精确性方面，管理理论研究已逐渐成熟，如管理理论中的运筹学、数量学、计算机、统计学、会计学方面的发展，使管理的精确性方面越来越高。但是并不是所有的问题都是靠算出来的，因为任何一个管理的过程都是由人来操作的，在许多情况下，发展和转化的界限是不清晰的，在管理的过程中存在着大量的不清楚、不确定、不完美的情况。不能只注重精确性，而忽视事物发展的本质，也不能用模糊的方法描述管理行为，在管理上，只有管理的有效性。

第二节　管理科学在 20 世纪 70 年代后的发展与实践

进入 20 世纪 70 年代以后，由于国际环境的剧变，尤其是石油危机对国际环境产生了重要的影响。这时的管理理论以战略管理为主，研究企业组织与环境关系，重点研究企业如何适应充满危机和动荡的环境的不断变化。迈克尔·波特所著的《竞争战略》把战略管理的理论推向了高峰，他强调通过对产业演进的说明和各种基本产业环境的分析，得出不同的战略决策。

20 世纪 80 年代为企业再造时代，该理论的创始人是原美国麻省理工学院教授迈克尔·哈默与詹姆斯·钱皮，他们认为企业应以工作流程为中心，重新设计企业的经营、管理及运作方式，进行所谓的"再造工程"。美国企业从 20 世纪 80 年代起开始了大规模的企业重组革命，日本企业也于 20 世纪 90年代起进行所谓第二次管理革命，这十几年间，企业管理经历着前所未有的、类似脱胎换骨的变革。

20 世纪 80 年代末以来，信息化和全球化浪潮迅速席卷全球，顾客的个性化、消费的多元化决定了企业必须适应不断变化的消费者的需要。只有在全球市场上争得顾客的信任，才有生存和发展的可能。这一时代，管理理论研究主要针对学习型组织展开。彼得·圣吉在所著的《第五项修炼》中更是明确指出企业唯一持久的竞争优势源于比竞争对手学得更快更好的能力，学习型组织正是人们从工作中获得生命意义、实现共同愿景和获取竞争优势的组织蓝图。

改革开放以来的 40 多年是我国现代管理科学发展的关键时期。无论是管理科学理论的引进、本土的管理科学理论研究，还是管理科学的实践应用都取得了十分可喜的成绩。这其中，一些关键事件对我国整个管理科学的发展起到了至关重要的作用。认识和分析这些重要事件，反思其在中国管理科学发展历程中的重要意义，对我们清晰地认识我国管理科学研究的过去和现在存在的问题，找准未来的发展方向都是十分重要的。

中国管理科学虽然有着悠久灿烂的传统，但是真正成为一个独立的学科走进中国人的专业视野，全面进入中国的科学研究和高等教育体系，也就是最近 20 多年的事情。

管理科学是一门普通高等学校本科专业，属管理科学与工程类专业，基本修业年限为五年/四年，授予管理科学或理学学士学位。

该专业学生主要学习数学、计算机、经济学、统计学、运筹学、生产与运营管理、市场营销、会计学、财务学、国际金融与贸易等管理基础学科的基本理论和基本知识，具有定量分析、决策、管理沟通和组织实施的能力以及计算机应用的能力，培养具备用先进的管理思想、方法、组织和技术以及数学和计算机模型对运营管理、组织管理和技术管理中的问题进行分析、决策和组织实施的高级专门人才。

20 世纪 70 年代末，复旦大学首次将管理科学专业引入中国，管理科学专业至此开始了发展。

1997 年，管理科学专业正式出现在《1996/1997 年度经国家教委备案或批准设置的普通高等学校本科专业名单》中，专业代码为 071601，开设院校为中国农业大学。1998 年，教育部颁布了《普通高等学校本科专业目录（1998 年颁布）》，将原有的管理科学专业和部分系统工程专业合并为管理科学专业，专业代码变更为 110101，属管理科学与工程类专业。

2012 年，教育部颁布了《普通高等学校本科专业目录（2012 年）》，将原有的管理科学、管理科学与工程、系统理论、系统科学与工程共四个专业合并为管理科学专业，专业代码变更为 120101，属管理科学与工程类专业。

2020 年，教育部颁布了《普通高等学校本科专业目录（2020 年版）》，管理科学专业为管理科学门类专业，专业代码为 120101，属管理科学与工程类专业，授予管理科学或理学学士学位，修业年限为五年/四年。

管理科学专业的人才培养适应国民经济和社会发展的实际需要，注重学生综合素质的培养。目标是培养拥有系统化管理思想和较高管理素质，掌握管理科学与经济学基础理论以及信息与工程相关技术知识，具有一定的理论和定量分析能力、实践能力以及创新创业能力，具备职业道德与国际视野，满足现代管理需要的高素质人才。

具备独立自主地获取和更新专业相关知识的学习能力；具备将相关专业知识综合应用的实践能力；具有较强的逻辑思维能力、语言与文字表达能力、人际沟通能力和组织协调能力；具有运用专业外语的基本能力；具备综合利用管理科学、信息技术和工程方法解决相关管理问题的基本能力；在相关专业理论与实践方面初步具备创新创业能力。

拥有良好的思想政治素质和正确的人生观、价值观；具有较强的法律意识，高度的社会责任感，良好的职业道德、团队合作精神和社会适应能力；具备科学精神、人文素养和专业素质；具有创新精神和创业意识；具有健康的心理素质和体魄。

管理科学专业的课程体系分为理论教学课程和实践教学课程两个方面。

理论教学课程包括通识课程、基础课程、专业课程共三类课程；实践教学课程包括课程实验、课程设计、社会实践、实习实训、毕业论文（设计）与综合训练等。实践及创新创业类教学课程累计学分不低于总学分的20%。

通识课程体系除国家规定的教学内容（包括思想政治理论课）外，主要包括自然科学、社会科学、人文学科、艺术、体育、外语、计算机与信息技术等方面的知识内容，由各高校、各专业根据国家规定和具体办学定位及培养目标均衡设置。

基础课程体系包括数理类、信息技术与工程类、经济类、管理类等专业基础课程，以及根据专业培养方案所要求的基础课程。各高校、各专业可按照所要求的知识领域，根据具体定位和办学特色设置课程，其中至少包括下列专业基础课程：数理类基础课程应涵盖高等数学、线性代数、概率论等知识领域。

信息技术与工程类基础课程应涵盖管理信息系统以及与专业相关的信息与工程技术等知识领域；经济类基础课程应涵盖经济学（如微观经济、宏观经济）等知识领域；管理类基础课程应涵盖运筹学、管理科学、统计学等知识领域。

管理科学专业的知识领域包括：系统工程、决策理论与方法、生产运作管理、预测方法与技术、数据分析与商务决策、风险分析与管理、系统分析与控制、计量分析方法与建模、项目规划与管理、管理建模方法与技术、信息资源管理、供应链与物流管理。

根据自身办学定位与特色，从以上专业知识领域内容中选择设置不少于6 门的专业主干课程，其中应包括以"＊"标注的知识领域内容，从而使学生对该专业相关领域的发展动态及新知识、新技术有一定的了解和掌握，课程内容的设置应注意对学生创新精神和创业意识的培养。

同时，开设相关选修课程，鼓励开发跨学科、跨专业的新兴交叉课程，与专业主干课程形成逻辑上的拓展和延续关系，特别鼓励开设创新创业基础、就业创业指导等方面的选修课，为学生提供创新创业方面的相关知识。

建立健全实践教学体系，加强相关的实践性教学，通过实践教学培养实验技能和设计技能，培养发现、分析、解决实际问题的综合实践能力和初步的科学研究能力等。

根据专业实际需要，组织各种形式的社会参与活动，让学生了解社会生活，培养其社会责任感，增强其实践能力。实习实训包括认识实习、课程实习、专业实习、专业实训、毕业实习等实践环节。可根据所需培养的综合专业能力，选择实习实训的形式和内容。

教师队伍应满足专业教学需要，应当具备专任教师 10 名以上。原则上，专业主干课程应当配备至少 1 名专任教师任主讲教师。专任教师中具有硕士、博士学位的比例应不低于 80％。专任教师中具有中级及以上专业技术职务的比例不低于 90％，并通过岗前培训，获得教师资格证书。

任课教师队伍应包括一定比例的具备行业实务经验的人员。任课教师队伍年龄、学历、专业技术职务等结构层次合理均衡。

专任教师一般应具有五年以上该专业或相关专业教育背景，实践性强的课程的主讲教师应具有行业实践背景或实务经验。有条件的高校，教师队伍中应有一定数量的教师具有海外留学经历或跨学科教育背景。

教师应具备高尚的师德，履行教师岗位职责，教书育人，从严执教，为人师表，严谨治学，遵守学术道德规范；应掌握教育教学基本原理、基本方法，了解教育心理学的基本知识；应能通过学习、研究与实践，提高教学能力和科研能力；具有拥有数量充足、种类齐全的专业纸质和电子图书资源，生均藏书量和生均年进书量达到国家办学条件要求，生均图书（含纸质与电子图书，电子图书册数按授权数计算）不少于 100 册，生均年进书量（含纸质与电子图书）不少于 4 册。配备满足教学需要的中文和外文电子资源数据库，各种信息资源应能满足不同层次和阶段学生的学习需求，满足理论教学和实践教学的需要。重视校园网及网络资源建设，方便教师和学生利用各种信息资源开展教学与科研活动。

拥有足够数量和功能的专业教学设施，生均教学科研仪器设备值及新增教学科研仪器设备值所占比例达到国家办学条件要求。原则上，课程教学中应具备多媒体教学设施，特定专业课程应配备该课程所需要的特定教学设施和仪器设备。

根据自身条件和实践教学要求设置所需的专业实验室、实习场所、实践教学基地等。与相关行业和实务部门紧密合作开展实习实训，建设一定数量不同类型的实习基地，满足实践教学和保障学生实习及创新创业能力培养的需要。

拥有该专业教学相关的设施，生均教学行政用房面积达到国家办学条件要求，教室、实验室、实习实训场所和附属用房、运动场、活动中心等相关设施等基本满足专业人才培养的需要。

第三节　我国管理科学在 20 世纪 80 年代后的发展与实践

20 世纪 60 年代后，管理科学又运用行为科学的原理扩大到人事的组织和决策，管理科学在广泛应用过程中，同许多社会科学学科和自然科学学科交叉、渗透，产生了种种管理学分支。例如：管理社会学、行政管理学、军事管理学、教育管理学、卫生管理学、技术管理学、城市管理学、国民经济管理学等。20 世纪 80 年代管理科学已涉及战略规划和战略决策，以进一步优化组织管理和提高效益。

以数据分析为基础，以专家研判为依据。在数据分析方面，综合利用期刊论文（SCIE 收录）、会议论文和全球专利数据。在专家研判方面，文献情报专家以及领域专家全程参与数据源的补充、前沿方向的提炼和修订。本节主要介绍工程管理领域的工程研究部分。

在工程管理领域中，全球工程研究前沿集中于以下十个部分，分别是制造企业服务导向战略研究、电动汽车充电策略、共享社会经济路径下的土地资源利用、气候变化对干旱地区水资源的影响研究、基于移动设备传感器的精神疾病状况诊断、区域环境治理战略规划研究、基于分布式微型电网技术的能源管理、水-能源-粮食关联关系研究、生态系统服务在生态风险评估中的应用、建成环境对通勤的影响研究。

一、制造企业服务导向战略研究

随着经济的发展，大部分顾客不再满足于物品本身，而是需要更多的服务，需要与物品相伴随的服务。把提供物重新界定为物品-服务包，符合顾客的期望，有助于满足顾客的需求。所以越来越多的传统制造企业开始重视服务，通过向顾客提供更多的增值服务，制造企业从原有的产品同质化向服务差异化，从出售单一产品向提供整体解决方案转变。制造服务化是制造与服务深度融合的一种先进制造模式，是面向制造的服务和面向服务的制造协同发展的新型产业形态。当前，制造服务化研究前沿中的关键问题为：制造服务化商业模式竞争力影响机理研究、产品与服务优化匹配与设计、制造与服务集成化优化决策控制、产品服务化供应链协同管理研究、新信息技术在服务化转型中的作用研究等。

二、电动汽车充电策略

伴随世界石油资源的供需紧张和车辆排放法规的日趋严格，以电动汽车为代表的新能源汽车已成为汽车工业发展的趋势所在。为降低充电汽车的用电能耗并提高电网供电安全性，世界各国纷纷将电动汽车充电策略作为本国的战略研究方向之一。电动汽车作为一种新型的交通工具，同时又是一种用电负荷，在实际使用中面临如下两方面问题：第一，当前电动汽车的能量补给方式包括慢充、快充以及更换电池三种，电动汽车在行驶途中的耗电量受到多种因素的影响，如单位里程耗电量、载重负荷以及道路状况等。以充电成本最小为目标，根据不同电动汽车充电需求，确定合理的充电方式是促进电动汽车发展的重要环节。第二，电动汽车的无序充电会造成电力系统峰谷差加大、局部地区电压跌落等负面影响。为此，实施电动汽车有序充电成为实现电力系统削峰填谷和电动汽车经济运行最为方便和可行的途径之一。

三、共享社会经济路径下的土地资源利用

共享社会经济路径（SSP）是土地利用-生态环境-气候变化大系统研究的新情景框架。SSP 视野描述了未来社会的发展趋势，展示了主要因果关系的内部逻辑，包括以往难以通过模型捕获的趋势，是定量模型预测的重要补充。其主要通过对人口、人类发展、经济和生活方式、政策和制度、技术、环境和自然资源的未来变化的五个定性描述为关键要素，构建模型定量 SSP 预测的基础和意义。根据未来社会经济面临的适应性和减缓气候变化的挑战，SSP 可分为可持续发展、区域竞争、不平等、化石燃料发展和中间道路发展五种路径，以涵盖缓解和适应气候变化的各种挑战组合，为未来的社会经济发展提供不同的途径，实现气候变化研究和政策分析。共享社会经济路径下

土地资源利用充分涵盖了未来的可能发展情景，响应了农业和工业发展需求，为未来市场的法规体系、需求定位、生产力提升、环境影响、贸易和全球化程度提供指导。研究前沿以土地利用变化数据、空中场景分类、遥感场景分类等技术为基础，集中在能源系统的发展、农业生产体系的改善、温室气体排放、环境影响、气候变化、城镇化等方面，为气候政策与其他社会目标的结合、生物多样性保护、提高生态系统服务价值、土地利用可持续化等问题提供解决方案。

四、气候变化对干旱地区水资源的影响研究

气候变化将改变大气降水的空间分布和时间变异特性，从而改变水循环，影响水资源时空分布格局。同时，在社会经济发展和全球气候变化共同影响下，干旱地区水资源需求和水资源压力日益增加，干旱的影响进一步增强。当前，气候变化对干旱地区水资源影响研究主要集中在海洋-大气-陆地界面过程及其干旱地区水资源响应与环境生态效应、全球及区域气候模式对干旱地区气候特征模拟能力评估、利用多种水文模型预估不同气候变化情景下干旱地区水资源的时空响应格局、辨析气候模式和评估模型对影响预估带来的不确定性特征、气候变暖背景下干旱灾害监测预测和预警技术等。在气候变化背景下，定量研究干旱地区水资源的时空响应特征，特别是极端水文过程的频率、周期、强度、持续时间和影响范围的演变情势，对水文极端灾害预警以及防灾减灾、保障社会稳定和经济可持续发展具有重大意义。

五、基于移动设备传感器的精神疾病状况诊断

传感器主要是指能够接受相关信号或相关刺激并且获得相应反应的器件，能够在特定的时间和空间将等待测量的物理量或化学量转化为另外一种相对应输出的装置，以满足信息的传输、存储和处理等要求。智能手机、电脑和可穿戴传感器等移动设备可以持续监测与精神疾病相关的行为成分（如活动减少、精神运动迟缓、睡眠变化）和动机状态（如快感缺失），还可以监测精神疾病患者的心率、体温和皮肤电反应等生理状态，这些监测到的数据可以帮助精神科医生对患者进行实时监控和行为干预，从而更好地对精神疾病患者进行病情控制。移动设备传感器正成为一种诊断精神疾病的高新技术被广泛应用，但其挑战依然存在，最大的挑战就是无法将掌控的大量数据信息与患者的感受联系起来；另一方面的挑战就是无法保证患者对设备治疗过程的忠诚度。移动设备传感器的应用前景是通过使用物联网等来鼓励健康行为，从而可以帮助改善每个人的精神健康状况。基于移动设备传感器对精神疾病进行诊断和干预仅仅是一个开端，新一代技术将会为数字精神病学实践带来

革命性改变，这种技术可以得到改进和普及，与我们的文化相适应，以服务于全球人口。

六、区域环境治理战略规划研究

随着经济发展日益区域化，环境问题的区域性特点日益彰显。区别于传统环境治理模式，以特定的自然区域整体为治理对象的区域环境治理越发受到重视。区域环境治理规划要求以根据自然疆界划分的生态区域为治理对象，生态区域内的环境主体（尤其是地方政府）服务于生态区域的整体环境利益，分区、合作治理是其基本特点。环境问题的特殊性要求按自然区域进行有区别、针对性的分区治理，自然生态区内的各行政区域实现生态区域的整体环境目标而进行的环境治理合作。当前，区域环境治理规划研究集中于生态文明、大气污染、雾霾治理等问题，研究前沿的关键问题为区域环境治理的法律保障和问责机制、跨区域环境治理中地方政府合作、复合激励机制构建等。在区域环境治理背景下，研究自然区域内地方政府之间的多元协同管理模式以及责任划分、法律保障，对进一步加强各地方政府之间通力合作、联防联控本区域环境污染问题有重大意义。

七、基于分布式微型电网技术的能源管理

分布式微型电网是指由分布式电源、储能装置、能量变换装置、相关负荷和监控、保护装置汇集而成的小型发配电系统。微电网与常规配电网和供电网的最大区别在于它可以在保证电能质量的前提下独立运行。微电网结合了现代的能源转换、电力电子、电网和自动控制等技术，已成为未来世界能源技术发展的重要方向。基于分布式微型电网技术的能源管理技术发展方向包括：加大对控制策略研究；对超额发出热能的弃用制订惩罚方案；使电网具备灵活性、可接入性、可靠性及经济性；企业从只做售电，发展成集发电、配电、管电、售电四种功能为一体的企业。通过高效分布式能源集成，实现灵活的微电网控制，并支持新供应模式。研究前沿包括：分布式微网将可再生能源、储能系统及局部负荷并入电网优化配置；利用微电网突破新能源穿透功率极限限制；多个微电网的并联；微电网在并网和孤岛运行时的稳定性；利用微电网提高电能质量；采用随机能源管理，解决随机供与需的不确定性及全系统的供需平衡；提高电能质量、能源利用、自主性、适应性等；多微网协调控制策略，提高多微稳定性；交互功能更突出的能源管理系统；解决基于时间需求响应的优化策略；研制新型电力电子设备作为配套设施，如并网逆变器、静态开关和电能控制装置。用于微电网的超导储能技术、超级电容等。

八、水-能源-粮食关联关系研究

水-能源-粮食关联关系意味着水安全、能源安全和粮食安全的密不可分。任何单一资源系统的运行、决策和变迁都会与另外两个系统的变化相关联，而任何单一资源系统的应对策略往往造成资源问题在资源系统间转移，形成资源治理困境。Nexus 方法要求从纯粹追求单一部门效率转变为采用跨部门、连贯的、综合的视角探索资源问题解决方案，是资源治理理念的一次根本性转变，也对全球、区域和（次）国家层面的现有结构、政策和程序提出了挑战。对水-能源-粮食关联关系的理解包含三个核心层面：水、能源和粮食在生产、消费和废物处理过程中相互影响的核心关联关系；人口、贸易和气候变化要素驱动核心关联作用机制所形成的内在影响关系；关联关系变化作用于社会-经济-生态大系统所形成的外在影响关系。目前对全球、流域以及家庭层面关联关系研究的积累增长很快，城市和区域层面的数据积累与研究工具刚刚起步。未来，随着关联数据统计口径标准化、各时空维度模型整合及数据监控、多资源供需协同一体化模型的开发、基础设施（绿色、灰色和蓝色）系统韧性与可持续性的增强、智慧决策系统的发展范式将成为服务于人类可持续发展的重要领域。

九、生态系统服务在生态风险评估中的应用

生态系统服务（ES）指人类通过生态系统的结构、过程和功能直接或间接得到的生命支持产品和服务，包括供给服务、调节服务、文化服务和支持服务，这些服务功能的可持续供给是经济社会可持续发展的基础，对人类提供的直接福利。ES 明确了人类福祉与生态系统结构和过程之间的联系，其在生态风险评估中的应用体现在：明确生态风险评价中所应受到保护的环境价值，生态系统结构、过程与功能受到外界压力干扰展开风险分析，在风险分析过程中关注生态系统复杂作用过程，综合考虑生态系统整体性和复杂性，依据生态风险整体性表征评估如何影响服务的产出，相对应的是如何促进更全面的环境保护、明晰环境决策、政策和实施行动、推导环境质量标准、实现人类人体健康与生态风险评估的综合行动政策。在生态系统过程和服务学科领域主要关注生态系统服务分类及权衡关系、形成和提供机制、定量分析与评估方法、尺度效应与区域集成、生态系统服务的优化调控等。当前生态系统服务在生态风险评估中应用的关键问题为：全面评价生态系统不同风险源与受体之间的直接或间接的作用关系，建立生态系统生态风险的模拟及评价体系；外界压力作用下系统物质能量流动和循环速率，如何运用生态生产函数（EPF）评价特定外界压力干扰对生态系统服务产出的影响与风险程度；

把握生态系统过程与社会经济之间的因果关系，建立各子系统间的非线性风险评价模型，提高评价过程与社会生态管理过程的对接性，推动生态系统服务在生态风险评估后续阶段作用的研究，将不同利益攸关者的博弈策略纳入评估过程。

十、建成环境对通勤的影响研究

相对于交通拥堵收费、车辆单双号限行以及燃油税费等出行需求管理策略而言，发挥建成环境对交通出行影响的正面作用，降低人们对小汽车的依赖，被认为是解决交通问题的根本所在。建成环境形成会对居民日常出行行为产生根深蒂固的影响，在宏观层面决定了城市居民活动的空间分布，城市建成环境一旦形成就很难改变，会对交通出行具有长久的"锁定效应"。鉴于通勤出行是人们日常活动出行中最重要且最具规律性的组成部分，如何通过优化城市建成环境来影响通勤出行需求，减少小汽车拥有和使用以及促进居民向绿色出行的转变进而缓解交通问题，已经成为城市交通规划及相关领域的国际前沿问题。近年来，大数据和时空行为科学等的新进展为深入研究建成环境与通勤出行的关联机制提供了可行的数据获取及研究手段。当前，建成环境对通勤影响研究的关键问题为：多尺度建成环境对通勤出行影响的微观机理、建成环境与交通需求管理对通勤出行影响的协同效应、建成环境对多维度交通行为的影响机理、轨道交通导向下建成环境与通勤出行的关联机制等。在中国城市发展背景下，研究中国典型城市建成环境对通勤的影响，可为现阶段我国土地利用与交通规划以及交通需求管理策略制定提供理论依据和决策支持。

第六章　管理科学在改革开放
以后的创新发展

当今世界正经历百年未有之大变局，机遇与挑战并存、安全与发展共生。新一轮技术革命和产业变革深入发展，国际力量对比深刻调整，和平与发展仍然是时代主题，人类命运共同体理念深入人心。同时，国际环境日趋复杂，不稳定性与不确定性明显增加，新冠肺炎疫情影响广泛，经济全球化遭遇逆流，世界进入动荡变革期，单边主义、保护主义、霸权主义对世界和平与发展构成重大威胁。

从我国发展的阶段性特点看，当代中国正处于近代以来最好的发展时期。中华人民共和国成立以来，我国实现了从站起来、富起来到强起来的伟大飞跃，国家经济实力、科技实力、国防实力、综合国力显著增强，国际影响力不断提升和重塑，我国已经转向高质量发展阶段。但是同时也面临许多前所未有的困难和挑战。我国社会主要矛盾已经转化为人民日益增长的美好生活需要和不平衡不充分的发展之间的矛盾。这不仅对物质文化生活提出了更高要求，还对民主、法治、公平、正义、安全、环境等方面也提出更多要求。

党的十八大以来，党中央多次强调"系统工程"的重要性，系统工程思想已经成为治国理政的重要基础。习近平总书记指出，全面深化改革是一项复杂的系统工程，需要加强顶层设计和整体谋划，加强各项改革关联性、系统性、可行性研究。在2019年召开的中央经济工程会议上，习近平总书记指出，必须从系统论出发优化经济治理方式，加强全局观念，在多重目标中寻找动态平衡。党的十九届五中全会规划《建议》提出"坚持系统观念"，将其与"坚持党的全面领导、坚持以人民为中心、坚持新发展理念、坚持深化改革开放"一同列为"十四五"时期经济社会发展必须遵循的五项重要原则之一，强调加强前瞻性思考、全局性谋划、战略性布局、整体性推进，为提高社会主义现代化事业组织管理能力指明了方向。

坚持系统观念，需要跳出中国、放眼世界，站在人类文明发展的坐标轴上，把握系统思想的发展脉络。

管理科学是工业化和现代化过程的一门重要科学。管理科学起步于19世纪和20世纪之交，在西方工业化进程中加快，成熟于发达国家的工业化和现代化。

现代管理理论为经济腾飞和工业现代化作出了重要贡献。现代管理理论起步于第二次世界大战以后，于20世纪80年代逐步成熟，是伴随着工业生产的机械化、自动化和大型化、集中化逐步成熟，以目标管理、战略管理、创新与学习型组织等为主要内容，以有效的管理者群体为主要研究对象，以被誉为现代管理大师和现代管理科学之父的德鲁克为典型代表，把现代管理理论推向了巅峰，造就了一批现代化企业的管理大师，杰克·韦尔奇、比尔·盖茨等都是德鲁克现代管理理论的受益者和实践者，都对德鲁克崇拜有加，也都创造了现代企业管理的奇迹和神话。

西方企业管理理论，无论是古典管理理论，还是现代管理理论，都伴随着资本主义工业化和现代化而诞生和成熟，还充分吸纳和融合了西方的哲学、社会学、经济学、心理学等各方面知识和思想内容，尤其是行为科学理论的研究者和创立者很多都是心理学家，可见管理科学是一门综合性的科学。很多现代工业的管理大师如杰克·韦尔奇、比尔·盖茨、乔布斯以及稻盛和夫、松下幸之助等，也都集中在现代化的国家。

与发达国家相比，我国工业化起步晚、工业现代化时间短，改革开放40多年来我们创办了很多经管学院，开办了很多管理课程和培训班，大多以学习借鉴西方管理理论和发达国家工业化和现代化的有益经验和成功实践为主；不可否认我们在管理理论、管理理念、管理方法上与发达国家都存在明显的差距，我们的管理理论还有待创新，管理体系还有待完善。

新世纪以来我们的工业发展速度与规模、企业现代化与管理创新、管理水平与优秀管理人员都取得了明显的进步，但与发达国家相比也存在差距，最明显的差距体现在国际竞争的舞台上，国际化管理和经营的能力、水平以及理念和人才奇缺。

管理创新就是根据客观规律和现代科技发展的态势，在有效继承的前提下对传统的管理进行改进、改革、改善和发展。管理创新包括管理思想、管理观念、管理理论、管理制度、管理机制、管理体系、管理组织机构、管理模式方法及管理人才的培养组织等方面及其组合的创新。

改革开放以后，我国在管理科学方面得到了创新发展，取得了举世瞩目的好成绩。

第一节　管理科学发展的三个线索

管理科学的发展大体经历了三个阶段：从传统经验管理阶段到科学管理阶段，再到现代管理阶段。

20世纪40年代进入现代管理阶段，特别是第二次世界大战以后，科学技术和工业生产迅猛发展，市场竞争日趋激烈，各种矛盾进一步加深。这都对管理提出了新的要求，发展了市场调查与预测，开展民主管理、应用运筹学、实行系统管理等，促进了管理科学在思想内容、组织方法、形式手段等方面更快的发展。

今天的中国，经济总量从2012年的54万亿元增长到2021年的114万亿元，连续多年稳居世界第二大经济体、第二大消费市场、制造业第一大国、货物贸易第一大国，对全球经济增长的年均贡献率始终保持在30%左右，成为世界经济增长的第一引擎；人均GDP超过1.2万美元，形成了世界上规模最大的中等收入群体；粮食产量连续7年超0.65万亿公斤，把中国人的饭碗牢牢端在自己手中；国家经济实力、科技实力、综合国力跃上新台阶。

当今世界百年未有之大变局加速演进，国际环境错综复杂，新冠肺炎疫情持续肆虐，世界经济陷入低迷期，全球产业链、供应链面临重塑，不稳定性和不确定性明显增加，新一轮科技革命和产业变革突飞猛进。我国经济已经迈向高质量发展的新阶段，我国各行各业正在以高质量发展为主题，加快推进由经济大国向经济强国的跨越。这样的背景、这样的阶段都对管理创新提出了新的更高的要求。

当前，管理创新是企业面临的一个重要课题。如何实现国有企业的管理创新，构建符合社会主义市场经济要求的管理体制和运行机制，关系企业今后的生存和可持续发展。建立现代企业制度，实施科学发展，管理创新势在必行。

所谓管理创新，就是在科学理论的指导下，对传统的管理制度进行根本性的变革，重新选择和构建新的管理方法和制度。市场经济的发展一日千里，企业在市场经济的大潮中如逆水行舟，不进则退。经济全球化是当今世界经济发展的特征，各国经济通过商贸往来相互联系、相互依存、相互融合。我国早已加入WTO，融入世界经济的大潮中，现代资源、技术、信息、人才和商品在全球范围内流动，企业竞争日趋激烈。市场经济的法则是优胜劣汰。

企业在竞争中要想占据优势地位，出路只有一条，那就是贯彻落实科学发展观，提升管理水平，实现管理创新。企业必须尽快创新自身的管理体制，适应现代企业管理制度的要求，才能在竞争中站稳脚跟，在竞争中求得发展。创新是一种理念，更是企业生存发展的内在要求。只有通过管理创新才能使企业的管理体制和运行机制更加规范合理，实现人、财、物等资源的有效配置。

随着社会主义市场经济的逐步建立，国有企业都进行了改制挂牌，但是还未真正与公司制接轨，而在计划经济条件下形成的体制和机制上的弊端，逐步暴露出来。管理体制问题大部分企业现行的管理体制改革很不彻底，不适应现代企业制度的需要。管理机构臃肿，管理幅度过大，制度规章繁多，责、权、利没有达到高度统一，人力资源利用的结构性矛盾日益突出。这些问题，都严重制约了企业的生存与发展。管理机制问题企业的机制不灵活，缺乏内在的激励因素，主要表现为：负激励多，正激励少；被动的多，主动的少；制定的多，落实的少；制约的多，支持的少。单位与单位、部门与部门、单位与部门之间，缺少一条有效的连接纽带。企业部分员工"等、靠、要"的思想依然十分严重，市场意识、改革意识、忧患意识亟待普遍提高。具体表现为：部分职工对收入期望值居高不下；还保留着深厚的计划经济思维习惯，认为企业应该包办一切；对改革心理准备不足，承受能力较差；等政策，靠领导，安于现状，这些都需要积极引导。

企业管理创新，根本的是要从企业的管理体制和运行机制上着眼，不是浅尝辄止，而是脱胎换骨，从而给企业插上腾飞的翅膀。应该积极做好舆论引导工作，在企业大力弘扬创新精神，鼓励创新实践，形成一个解放思想、大胆创新的企业氛围。要逐步完善创新体制制度并实施一系列有利于创新的方针政策，形成推广创新成果、重用创新人才的机制。积极支持各类创新活动，为创新人才和创新工作创造一个宽松的环境。只有这样，企业才能保持良好的精神面貌和生机活力，从而实现科学发展、和谐发展，打造百年企业。

"十四五"期间，我们一定要认真研究世界一流企业的标准，以企业的竞争力、创新能力、管理水平和国际化经营能力为重要指标，引导企业按照国务院国资委提出的"三个领军、三个领先、三个典范"的标准与跨国公司对标。"三个领军"即成为在国际资源配置中占主导地位的领军企业，引领全球行业技术发展的领军企业，在全球产业发展中具有话语权和影响力的领军企业；"三个领先"是指效率领先、效益领先和品质领先；"三个典范"是要成为践行绿色发展理念的典范、履行社会责任的典范、全球知名品牌形象的典范。

可见管理创新是打造世界一流企业很重要的要素和举措，通过管理创新找差距、补短板，转变管理理念，增强企业的核心竞争力；通过管理创新增强企业的国际化管理与经营能力。

第二节　管理科学发展的"钻石模型"

战略管理是管理创新的重点。

战略管理是一个行业、一个区域、一个企业全局性的、纲领性的，企业管理创新的内容很多，既有宏观层面的，也有细节性的。兰德公司曾有过统计"失败的企业85％是由决策失误造成的，即战略错误导致的"。"纲举目张"的道理也告诉我们首先应抓好战略管理。正确的战略管理是一个企业长期可持续发展的重要保证，包括战略目标、发展思路、发展重点、战略措施等，企业战略管理的一个重要内容是中长期发展规划。有些单位、有的地区做的规划不是立足于自己的主导产业和已有基础，没有深入分析自己的优劣势，也没有认真而广泛征求和听取熟悉情况的内外专业人士的意见和建议；只是宣传的噱头、讲给别人听的故事，或者是挂在墙上的摆设，那样的规划确实起不到战略管理的作用。也有一种现象就是一个单位、一个地区换一任领导提出一套新思路、制定一个新规划，这样翻来覆去的规划也不会起到战略管理的作用。

国际国内公认，我们国家一直坚持的国民经济五年规划和确立中长期战略目标的做法是成功的。在改革开放初期，邓小平同志立足国情，提出的"三步走"的战略目标，经过一代代人的持续努力，2000年基本实现了小康、建党100周年全面小康、全面脱贫。实践证明我们国家这种中长期战略规划管理的做法对国民经济发展、工业化和现代化建设是成功的，起到了重要的引领作用。

还有一个浦东的案例，每当望去黄浦江对岸的浦东新区时，呈现在眼前的是辉煌、气派和现代化的都市景象。很多人见证了浦东崛起的全过程。陆家嘴标志性的建筑先是东方明珠，再是金茂大厦，再是环球金融中心，最后落成的是目前最高的上海中心大厦。这是20世纪90年代初决定浦东开发初期就规划好的。浦东开发办公室做的第一件事就是向国际设计大师公开招标。浦东开发的功能定位和方案设计，今天我们眼前的陆家嘴的布局、街道、公园以及每一栋建筑、每一条道路，都是 20 世纪 90 年代初的规划方案定好的，只是用了 20 多年的时间一一建成，有了今天繁华而有序、国际顶尖的浦东。这就是规划引领的作用。

再看一个沙特朱拜勒工业城的案例，位于阿拉伯海岸边，总规划 1016 平方千米、一期规划 600 平方千米，陶氏和阿美的炼化一体化装置、SABIC 的主要基地都在这里，是在沙漠上崛起的一座现代化工业城。当时的规划对生产区、生活区、商务区作了科学布局，生产区在生活区和商务区的下风口，从建设顺序上也是先建工业装置和生产区、生活区，最后建设商务区，这就避免了商务区建成以后闲置；生产区域内道路、管道、水电气等公用工程配套以及走向、接口朝向都预留好，新入园企业或新建生产装置，只要选好位置原料管线、水电气以及废弃物排放等所有配套设施接上就齐备。

再看看裕廊工业园，距离新加坡市区 10 千米，以石化、修造船、工程机械、制造业、港口物流为主导产业，是新加坡最大的现代化工基地、世界第三大石化炼油中心，形成了炼油、化工新材料、有机化学品等的石化产业集群，也是港城一体化的综合性产业新城。当年为建设裕廊工业园做的规划，对港口、生产、生活、学校、休闲等功能区作了科学的划分和定位，保留了 10% 的土地作为公园和风景区，按照规划后来建成的包括世界著名的飞禽公园、森林公园等十几个公园，裕廊河两岸规划的是住宅区和各种生活设施，今天的裕廊工业园是一个生产和生活环境优美的综合体，被称为"花园工业镇"。

我国上海化工区也是按照 1995 年设立园区时的规划一张蓝图绘到底，经过几任化工区领导和管理团队、20 多年的坚守和执着，建成了国内第一、国际公认的、跨国公司落户最多、管理水平最高、发展质量最好的化工园区。泰兴精细化工园区、常熟氟化工园区等也都是按照当初的规划、20 多年坚守专业化特色不动摇，发展成为今天主业清晰、特色鲜明、产业链协同性强、经济效益显著的专业化园区。

这些国内外的案例都证明了战略管理的重要性。科学决策、规范决策是管理创新的关键。

一个地区、一个企业在正确的战略统领下，还需要作正确的决策，这是日常管理工作的重要内容。要作正确的决策就需要决策程序和决策团队，因为决策是由人作出的，一个区域的领导或一个企业的董事长是最终决策者，也是重要而关键的决策者，而好的决策应当由决策团队经多方咨询、科学论证后作出。凡是拍脑袋的决策大多不尽如人意，凡是个别人或少数人作出的决策大多不够完美，因为拍脑袋的随意性必然缺乏科学性和严谨性，个别人或少数人作出的决策一般会受到决策人的阅历、视野、经验等因素局限性的影响，造成不尽如人意的多、不够完美的多。

纵观国内外企业的发展史，国内健康可持续发展良好、市场竞争力强的公司，都能够按照科学、完善的决策程序来决策。也许按照完整的决策程序会烦琐一些、耗时会长一些，但是决策错误和失误一定会少一些。我们很多公司都讲要打造百年企业，只有在正确的战略引领下，科学地决策、正确地决策，才能一步一个脚印地向着百年基业的目标扎实迈进。

看看我们熟悉的跨国公司，杜邦公司于 1802 年成立、今年已有 220 周年；巴斯夫公司 1865 年成立、今年有 157 年；索尔维公司 1863 年成立；赢创虽然是 2007 年才成立，但是其前身德固赛是 1873 年成立、2007 年更名的；BP 是 1909 年成立；壳牌是 1890 年成立。这些都是百年以上的公司。

风险管控是管理创新的重要内容。风险管控听起来不陌生，但是怎么做好风险管控却也教训不少。风险管理通常理解为金融风险，实际上企业经营风险无处不在、无时不在，风险管理贯穿于企业管理的全过程，尤其是近年来大国竞争、国际环境复杂多变，又加上疫情的冲击，不仅加剧了产业链供应链的安全风险，也因国内市场体系不断健全、监管不断完善，过去的一些不规范经营、不规范竞争，都可能给企业可持续发展带来风险。

近几年有的企业已经带给我们很深刻的教训，举例如下。

一是资金风险。有的企业因相互担保造成了资金损失或陷入经营困境，资金链风险方面有的企业银行续贷不能继续，而造成债券或债务违约。管控财务风险还要控制负债率，还要控制应收账款和库存。

二是投资风险。有的企业片面追求规模和速度，也有的迫于当地政府的压力而投资了超出主业范围和自身经营优势的新项目，给资金链带来风险。

三是合规经营的风险。有的企业存在未依法纳税、财务造假等现象，不仅给企业的正常生产经营造成风险，也给企业家本人造成负面影响、甚至负法律责任。以上风险不仅发生在个体企业、小企业，有的还发生在大企业集团，发生在平时管理不错、社会形象不错、发展前景不错的企业，教训是深刻的，可见风险控制在企业经营、尤其是打造百年企业中是极其重要的。

企业管理风险管控还有一个十分重要的内容就是安全生产的风险管控，

这方面的案例就更多、更深刻了。安全生产的风险一旦发生，就是严重风险，甚至伤亡惨重、损失巨大。例如，石化化工企业的安全风险控制尤其重要，因为石化化工生产过程一般都存在高温高压，石化化工的原料和产品都存在易燃易爆、有毒有害等特性，一旦操作不慎发生事故，其损失、危害和影响都是严重的，有的甚至是无可估量的。

一是全员安全意识和健全的规章制度。全员安全意识和健全的规章制度是控制安全风险的基础，这不是一句空话，不是形式上开了多少次安全会议，也不是装订成册看起来很漂亮的规章制度《汇编》，而是从领导到员工自觉的行动；更不是发生了事故连夜开会、组织大范围检查，而是针对自己企业的生产工艺、设备以及物料、产品的不同和特殊性，找准原因、总结教训、制定措施，杜绝类似事故再次发生。

二是规范操作是关键。有一个著名的海因里希事故法则：针对 50 万件事故统计分析，得出人的不安全行为引起了 88％的事故；美国杜邦公司的统计结果，96％的事故是由于人的不安全行为引起的；我国的研究结果表明 85％的事故是由人的不安全行为引起的。这些数字虽有差异，但是都告诉我们一个基本事实：规范操作就会避免很多事故。我们身边就经常有这样的叹息：如果他系了安全带，这次事故就不会发生了！登高作业不按规范系安全带发生的事故屡见不鲜。

三是安全预案和应有的科学知识十分必要。科学的安全预案和必备的知识让我们一旦发生事故不会惊慌失措，能从容应对。首先分清事故点、物料特性，然后从容地以对的方式展开救援，这样就会避免次生事故造成更多损失和二次伤害。

四是智能工厂和智慧园区的建设。要加强智能工厂和智能园区建设，对避免事故发生和控制安全风险方面都会发挥重要作用，智能工厂和智慧化工园区都能通过在线监测和高空瞭望，实现对重大危险源、重大风险点，如易燃易爆危险物品存放点、运输路线以及高温高压装置、危险废物排放口等实时监控，一旦发生险情，第一时间报警、预警，及时采取措施以排除险情、避免事故的发生。例如响水园区如果已经建成智慧化工园区，那么危险废弃物仓库一定是重点监控和预警点，一旦危废物料冒烟就会预警、及时采取措施，这样事故就不会发生。因此，加快智能化和数字化转型，也是跨国公司和国内先进企业管理创新方面的重要选择和正在实施的一项重要举措。

管理创新的内容和要素很多，以上重点谈了相对宏观的几点内容，还有成本管理、人才管理以及当前最热门的"双碳"目标的管理、数字化转型，还有与国际接轨的可持续发展等，不可能一一展开。

作为管理人员，与其他专业人员相比有着更高的标准和要求，要成为优秀的管理者、尤其是被称为企业家，不仅应具有工作岗位相应的专业知识，还要了解经济学、社会学，甚至是哲学、心理学等方面的知识；不仅要研究西方管理科学，还要结合国情，立足企业和时代的实际，来思考管理创新；不仅要学习研究理论知识，还有一条相对捷径就是研究和思考先进企业和优秀企业家成功的案例和经验。

新时代高质量发展呼唤新时代国际视野的企业家和新时代的管理创新。

第三节　管理科学发展的具体影响因素分析

进入 21 世纪以来，我国经济进入了飞速发展的阶段。在此背景下，如何科学地管理已经成为了各个企业急需解决的问题。本节将对管理实践的特点进行简要的分析，提出管理科学的发展趋势。

组织的资源由以劳动力、土地、资本为主转向以知识与信息为主。传统的资源如劳动力、土地、资本和自然资源支撑了 20 世纪的发展。但是有人说，到 21 世纪，知识与信息将成为发展的最大资源。假定这一说法成立，现行的资源配置模式是否应该放弃，未来的资源配置模式又应该如何？20 世纪90 年代风行欧美的组织改造理论与实践，似乎是先知先觉者的先行行为，然而确实有其历史的背景和未来的呼唤。

组织的成员由经济人向社会人，自我实现的人转变在物质不甚丰富而又在逐步丰富的 20 世纪中，大众迫于生计更多地像一个追逐利益的经济人，经济学家们以此构造了他们的理论体系和现实的经济体系。然而在物质甚为丰富、人类生活有了大步提高之后，人们也许开始摆脱经济人的头衔，此时不仅经济体系需要重构，对人们工作努力的驱动源恐怕也需要重构。现在也有许多管理者在号称进行"以人为本"的管理，似乎在寻找一种未来的范式。

组织内外环境的变化在不断加速发展的环境变化速度愈来愈快，一些巨大的僵化的组织已经不能敏捷地变化自己以适应环境，从而导致衰落乃至消亡。新世纪的到来使一些肩负组织重托的人不得不为组织的生存与发展而担心，于是便有"第五项修炼"一说，以针对现时组织。然而使组织真正成为有学习能力，有超然思维的有机体又谈何容易。

21 世纪人们的伦理将发生全新的变化。20 世纪人的心智模式和思维方式是 20 世纪众多约束因素综合作用下的产物。这些约束因素在 21 世纪发生变化后，作为管理的出发者，其价值观念、思维方式等都将发生不可预知的变化。然而重利不重义的 20 世纪伦理道德和行为方式应该转为全新的伦理道德和行为方式，以此来构造未来的社会和经济体系。21 世纪的管理科学将覆盖全新的管理伦理、管理价值观和行为方式。开始探讨未来的管理伦理也许会给从今天走入未来的管理者以莫大的帮助。

信息爆炸将导致自信息搜索的困难。21 世纪是信息的世纪，是信息爆炸的世纪，信息越是充分越是丰富，人们就越难以及时搜索到自己所需要的信息，除非有比现今更为有效的信息搜索方法与技术。信息社会中的人就像一艘孤立无援的船独自在大海中寻觅。从所需信息的角度来看，一个个生产者和消费者都是不充分信息的拥有者，如何在他们之间架起沟通的桥梁，可能是 21 世纪市场营销全新观念和体系的拓展方向。

组织将在更大的范围内谋求整体而不是局部的利益。人类只拥有一个地球，21 世纪的人们将更多地体会世界的渺小、地球的可爱，人们将更多地超越自己的国界来思考问题，解决问题；在此意义上，人类是一个命运共同体，将没有国界，经济行为也将从全球的长远角度来考察。如果说 20 世纪的跨国公司在跨国经营时还仅仅从比较利益、突破市场壁垒、谋求更大利益的角度出发，那么 21 世纪的跨国企业也许应为全球经济的发展、人类福利的增长而设想。

组织和人类的可持续发展是硬道理，21 世纪也要发展。然而 20 世纪的人们在发展时竭泽而渔，使资源枯竭、生态环境恶化、物种减少、气候反常等，这一切给 21 世纪的发展带来困难，人们不禁要大声地问：人类社会还能持续发展吗？21 世纪应该回答这个问题，作为支撑这个社会经济支柱的企业也应有自己的答案。企业首要的是生存，就像人类一样，然后才能有发展。21 世纪，我国企业应以什么方式发展，才能与可持续发展的命题相一致？这应该是未来管理科学研究的首要问题。

组织内部由分工走向综合。20 世纪是专业化分工大发展的时期，人类从专业化分工获得了巨大的收益。然而分工愈深愈细愈有可能偏离本原要旨，使综合性的问题难以处理和解决，如大至南极上空的臭氧层变薄的问题，小至一个企业拓展新市场的问题。21 世纪可能是重返综合的世纪，人类或许可从综合中获得更大的收益，企业或许能在综合中获得新生，管理科学或许要创造综合性的理论与方式方法。

一、工业化水平巨幅提升

改革开放 40 多年来，中国实现了世界罕见的持续高速的经济增长和工业发展，工业化水平巨幅提升。

1978 年，党的十一届三中全会作出了改革开放的伟大历史抉择，开启了我国经济社会发展的历史新时期。40 多年来，面对国内外环境的复杂变化和重大风险挑战，党中央、国务院团结带领全国各族人民，砥砺勇气，攻坚克难，锐意推进改革，坚持不懈开放，中国特色社会主义不断焕发蓬勃生机和活力，我国经济发展和各项社会事业取得举世瞩目的伟大成就。

改革开放以来的 40 多年是我国国民经济蓬勃发展、经济总量连上新台阶的 40 多年，是综合国力和国际竞争力由弱变强的 40 多年，也是成功实现从低收入国家向上中等收入国家跨越的 40 多年。

经济保持快速增长，年均经济增速高达 9.8％。1979—2012 年，我国国内生产总值年均增长 9.8％，同期世界经济年均增速只有 2.8％。我国高速增长期持续的时间和增长速度都超过了经济起飞时期的日本和亚洲"四小龙"，创造了人类经济发展史上的新奇迹。

经济总量连上新台阶，综合国力大幅提升。国内生产总值由 1978 年的 3645 亿元迅速跃升至 2021 年的 1143670 亿元。其中，从 1978 年上升到 1986 年的 1 万亿元用了 8 年时间，上升到 1991 年的 2 万亿元用了 5 年时间，此后 10 年平均每年上升近 1 万亿元，2001 年超过 10 万亿元大关，2002—2006 年平均每年上升 2 万亿元，2006 年超过 20 万亿元，之后每两年上升 10 万亿元，2021 年超过 114 万亿元，同比增长 8.1％。

经济总量居世界位次稳步提升，对世界经济增长的贡献不断提高。1978 年，我国经济总量仅位居世界第 10 位；2008 年超过德国，居世界第三位；2010 年超过日本，居世界第二位，成为仅次于美国的世界第二大经济体。经济总量占世界的份额由 1978 年的 1.8％提高到 2021 年的 18％以上。2008 年下半年国际金融危机爆发以来，我国成为带动世界经济复苏的重要引擎，2008—2012 年对世界经济增长的年均贡献率超过 20％，2021 年对世界经济增长的贡献率达到 25％左右。

人均国内生产总值不断提高，成功实现从低收入国家向上中等收入国家的跨越。1978 年人均国内生产总值仅有 381 元，1987 年达到 1112 元，1992 年达到 2311 元，2003 年超过万元大关至 10542 元，2007 年突破 2 万元至 20169 元，2010 年再次突破 3 万元大关至 30015 元，2021 年人均国内生产总值达到 80976 元，比上年增长 8.0％。人均国民总收入也实现同步快速增长，根据世界银行数据，我国人均可支配收入 2021 年达 5446 美元，按照世界银行的划分标准，已经提前接近高收入国家。对于我国这样一个经济发展起点低、人口基数庞大的国家，能够取得这样的进步确实难能可贵。

国家财政实力明显增强，政府对经济和社会发展的调控能力日益增强。1978 年国家财政收入仅 1132 亿元，1985 年翻了近一番，达到 2005 亿元，1993 年再翻一番，达到 4349 亿元，1999 年跨上 1 万亿台阶，达到 11444 亿元，2007 年超过 5 万亿元，达到 51322 亿元，2011 年再次超过 10 万亿元，2021 年，我国财政收入达到 20.25 亿元，比上年增长 10.7%，年均增长 14.6%。财力的增加对我国促进经济发展、加强社会保障、减小城乡差距、切实改善民生、有效应对各类冲击提供了有力的资金保障。

外汇储备大幅增长，实现从外汇短缺国到世界第一外汇储备大国的巨大转变。1978 年，我国外汇储备仅 1.67 亿美元，位居世界第 38 位，人均只有 0.17 美元，折合成人民币不足 1 元钱。随着我国对外经济的发展壮大，经常项目贸易盈余不断积累，外汇储备的短缺迅速成为历史，1990 年外汇储备超过百亿美元，达到 111 亿美元，1996 年超过千亿美元，达到 1050 亿美元，2006 年超过 1 万亿美元，达到 10663 亿美元，超过日本位居世界第一位，2011 年超过 3 万亿美元，2021 年达到 3.25 万亿美元，比上年升值 6.9%。

最新的国民经济数据出炉，2021 年全年国内生产总值达 1143670 亿元。按不变价格计算，比上年增长 8.1%，两年平均增长 5.1%。分季度看，一季度同比增长 18.3%，二季度增长 7.9%，三季度增长 4.9%，四季度增长 4.0%。分产业看，第一产业增加值 83086 亿元，比上年增长 7.1%；第二产业增加值 450904 亿元，增长 8.2%；第三产业增加值 609680 亿元，增长 8.2%。

多项研究预测，中国将于 2022—2030 年全面实现工业化。这个目标的实现，将意味着中国用半个世纪的时间完成了西方发达国家历时两个多世纪完成的工业化进程。

二、国有企业改革提速

改革开放 40 多年来，中国工业发展走出一种不同于西方国家传统工业发展模式的"中国模式"。中国工业发展的做法和成功经验不仅对发展中国家和转轨国家提供了重要的"中国经验"，更为全球工业化、现代化进程贡献出"中国智慧"和"中国方案"。

国有企业改革是中国经济体制改革的中心环节。在改革开放初期，由于服务业发展水平相对落后，不仅工业部门在国民经济中占据主导地位，国有工业企业在整个工业部门更是占据绝对主导地位。1978 年，国有工业企业的产值在工业企业总产值中占 78％，资产总额占比更是高达 92％。因此，国有企业改革的主体是国有工业企业的改革。

从改革内容看，国有企业改革的重点主要集中在三个方面：一是在体制上逐步解除国有企业与政府部门的行政隶属关系，使之成为自主经营、自负盈亏、权责对等的独立法人以及与非公有制企业公平竞争的市场主体；二是通过破除所有制偏见、推行股份制改革的方式改善企业公司治理、建立现代企业制度，提升国有企业的经济活力与市场竞争力；三是逐步调整和明确国有企业的功能定位，使其有所为有所不为，逐步从一般竞争性行业退出，向关系国民经济命脉的重要行业和关键领域集中，着重在涉及国家安全、自然垄断、公共物品与服务提供行业，以及支柱性及战略新兴产业等领域发挥主导和引导作用，为经济转型和社会发展提供必要的引领作用和公共物品支撑。

从改革过程看，国有企业的改革并不是一蹴而就的，而是经历了从改革探索、制度创新进而走向深入的一个较长过程。一般认为，国有企业改革大体经历了三个阶段。第一个阶段是从改革开放之初到党的十四届三中全会前的改革探索阶段，大体经历了 15 年时间。这一时期，国有企业改革以放权让利为原则，尝试通过承包经营等方式，赋予企业更大的经营自主权和生产积极性，以提高企业活力。尽管承包经营等做法没能对企业形成有效的激励约束，甚至导致了企业行为短期化、国有资产流失等消极后果，但是这一时期的探索提高了国有企业的竞争意识，为其在下一阶段改革中真正走向市场奠定了基础。第二个阶段是从党的十四届三中全会到 21 世纪初的制度创新与结构调整阶段，大体经历了 10 年。党的十四届三中全会明确了建立现代企业制度为国有企业改革的方向后，国有企业以建立"产权清晰、权责明确、政企分开、管理科学"的现代企业制度为目标，从产权制度、公司治理到组织管理展开了全方位的制度变革与创新。与微观层面的企业制度改革相配合，国家在宏观层面提出了"抓大放小、有进有退、从整体上搞好国有经济"的战略思想，对国有经济布局和结构进行了战略性调整。第三个阶段以 2003 年成立国有资产监督管理委员会为标志，改革进入以体制变革推动企业改革与发展的新阶段。国资委的设立意味着政府从体制上实现了公共管理职能与出资人代表职能的分离，为实现政企、政资和资企分开，推动国有企业成为真正独立的市场主体奠定了重要的制度基础。

党的十八大以来，随着《中共中央、国务院关于深化国有企业改革的指导意见》的颁布，国资和国企改革的步伐进一步加快，国资管理体制从管企业为主向管资本为主转变，在强化监管、确保国有资产保值、增值前提下，着力于落实企业法人财产权和经营自主权，进一步激发企业活力、创造力和市场竞争力。

如同其他经济社会领域的改革一样，国有企业改革的最大特点是没有简单地奉行"拿来主义"，盲目照搬其他国家的经验模式，也不追求一步到位、立竿见影，而是采取上下结合、以点带面，先易后难、循序渐进的方式稳步探索适合中国国情的改革路径。

"上下结合、以点带面"的做法既有利于激发地方政府和国有企业的改革创新积极性，又有助于将好的改革经验在试点成功基础之上推向全国，既能避免因盲目推行改革方案带来大范围失败的风险，又能确保改革部署的统一推进。"先易后难、循序渐进"的做法虽然显得较为保守，但是却有利于恰当处理改革、发展与稳定的关系，避免因为改革过激导致大的经济与社会动荡，进而使改革陷于失败。

第四节　中国管理科学研究院的成立

随着国民经济的迅猛发展，管理科学在中国的应用日益增强，中国管理科学研究院应运而生。

中国管理科学研究院由科学家钱学森、钱三强、钱伟长和裴丽生、马洪等 200 多位高级科研人员发起，于 1986 年 9 月 1 日经陈云同志批示，在宋平等中央主要领导同志的关怀和支持下，1987 年 6 月 2 日，经中国政府批准成立。作为国家事业单位，中国管理科学研究院是我国第一家经国家有关部门批准的专门从事管理科学和相关交叉科学研究的新型科研咨询机构，是国际管理科学者协会联盟（IFSAM）的理事单位。

1985 年，中国管理科学研究院的第一次筹备会议召开。会议地点是北京友谊宾馆北工字楼 5702 室。出席者有田夫、夏禹龙、刘吉、冯之浚、杨沛霆、张永谦、赵红州、蒋国华、陈四益等。1986 年，关于创办中国管理科学研究院座谈会召开。会议地点是科学会堂 102 室。出席者有裴丽生、于若木、田夫、沙洪、周克、冯之浚、刘吉、赵红州、张碧晖、霍俊、杨沛霆、蒋国华等。1986 年，陈云同志在关于中国管理科学研究院成立请示报告上亲笔批示道，"宋平同志：请你们同科委科协办理，并给以支持"。1986 年，关于落实陈云同志批示座谈会召开。会议地点是科学会堂 101 室，出席者有肖克、裴丽生、于若木、田夫、杨海波、王忍之、龚育之、王昭华、李宝恒、于陆琳、孙小礼、冯之浚、赵红州、张碧晖、朱松春、何钟秀、李惠国、蒋国华、卢继传等。1987 年，国家科委同意成立中国管理科学研究院，并正式发文（〔87〕国科发综字 0379 号）给国务院经济技术社会发展研究中心。该院隶属于国务院发展中心。1987 年，国际著名物理学家、英国皇家学会会员马凯应邀访问中国管理科学研究院。1987 年，美国加州代理州务卿顾衍时博士访问中国管理科学研究院。1987 年，根据钱学森同志的提议，中国管理科学研究院举办政治科学学学术讨论会。中国管理科学研究院科学学研究所是根据钱学森同志指示开展这项研究的。

1988 年，中国管理科学研究院学术委员会成立。龚育之教授任学术委员会主任。赵红州教授任副主任、蒋国华教授任秘书长。1988 年，美籍华人学者傅伟勋应邀来中国管理科学研究院作报告。1988 年，苏联科学学代表团访问中国管理科学研究院，钱三强、龚育之会见了他们。1989 年，中国管理科学研究院直属机关党组，经国务院发展研究中心党委批准正式建立。第一届党委会由田夫、于陆琳、胡琳、赵红州、冯国定、李冬民、阎学英等七人组成。田夫同志任书记，于陆琳、胡彬任副书记。

1989 年，中国管理科学研究院专家咨询委员会成立。1989 年，国家人事部以中编函〔89〕31 号文批准给中国管理科学研究院首批 50 名人事编制。

1990 年，中国管理科学研究院和中国社会科学院专家按中央领导的指示，总结李瑞环同志领导天津城市建设经验，开始组织编写世纪之交的城市建设——天津城市建设 10 年纪实。该书于 1991 年 6 月由科学出版社出版，1992 年荣获第二届全国建筑优秀图书一等奖。1991 年，根据中央部署，开展整党工作。这次整党工作总结报告得到国务院发展中心党组批准。

1990 年 8 月，中国管理科学研究院举办了"邓小平论著研讨会"。会后，编辑出版了《邓小平党建论著研究》一书。

1991 年，中国管理科学研究院举办了陈云论著研讨会。会后，编辑出版了《陈云论著研究文集》一书。

1992 年，院长办公会议，批准成立由 100 名博士组成的研究所——应用基础与工程科学研究所。

1992 年由中国管理科学研究院所属单位组织全国有关专家学者学习、研究和宣传邓小平科学管理思想，并于当年在上海举办了邓小平科学管理大型学术研讨会。会后，汇集了 31 篇获奖文章，编辑出版了《邓小平管理思想研究》一书。

1995 年 6 月，中国管理科学研究院与中央文献研究室联合举办了"陈云生平与思想研讨会"。

1995 年，第二届院务会议暨 1995 全院工作会议在北京举行。会议通过了中国管理科学研究院发展纲要（1995—2000 年），修改通过了新的中国管理科学研究院章程。此外，院领导成员和组织机构作了换届和调整。田夫同志任院长，副院长为罗伟、胡光伟、王兴成、黄范章、靳树增、赵红州。院设立院务委员会，田夫兼任院务委员会主任；副主任为方放、于陆琳、冯之浚、刘吉等。

1996 年，时任国务院总理李鹏主持召开国务院常务会议，研究中国管理科学研究院的改革、发展事宜，并在关于中国管理科学研究院发展问题的请示报告上批示，请李贵鲜同志具体办理。

1996 年，国务委员李贵鲜在关于中国管理科学研究院发展问题的请示报告上批示，提出了具体办法和步骤。1997 年，于若木同志与李贵鲜同志谈中国管理科学研究院的发展问题。1997 年，李贵鲜同志作关于中国管理科学研究院发展问题的谈话记录，并送罗干同志。1997 年，李贵鲜同志为中国管理科学研究院题词，"立足本国实际，学习国外方式方法"。

1997 年，时任中共中央政治局常委、全国政协主席李瑞环同志为中国管理科学研究院题词：发展管理科学，促进科学管理。2003 年，根据中央领导的指示，中国管理科学研究院党委合并至全国政协党组。2006 年，中央编制委员会再次下发文件，对中国管理科学研究院的国家事业编制予以确认。

1993 年至 1997 年中国管理科学研究院与《光明日报》《科技日报》《中国科学报》等多家单位联合举办了大型"毛泽东与科学"学术研讨会等活动。

2005 年 5 月，中国管理科学研究院举办了"纪念陈云同志诞辰 100 周年——陈云同志治党治国方略学术研讨会"，编辑出版了《陈云治党治国方略研究》一书。

中国管理科学研究院坚持依法建院，依法治院，决心紧跟中央战略部署，按照经济和社会发展的需求，全面贯彻落实科学发展观，团结奋斗、锐意开拓、与时俱进、扎实工作，为构建社会主义和谐社会，繁荣发展具有中国特色管理科学事业和开创我国管理科学研究新局面，作出了应有的贡献。中国管理科学研究院成立 35 年来，对我国的管理科学、科学管理以及相关交叉科学问题，对我国社会主义市场经济和管理创新等问题，展开了跨学科的综合研究，举办了各种学术交流和专题研讨活动，承担了管理科学的教育培训和咨询、传播工作，编写了一批具有中国特色的管理科学教材、著作和较有价值的研究报告，在国内外得到广泛的好评。

中国管理科学研究院坚持以马克思列宁主义、毛泽东思想、邓小平理论、"三个代表"重要思想、科学发展观、习近平新时代中国特色社会主义思想为指导，坚持紧跟中央部署开展课题研究。自 2004 年以来，中国管理科学研究院有关"三农"问题的研究报告，得到时任国务院总理温家宝的批示，引起了有关政府部门的高度重视。

中国管理科学研究院教育科学研究所成立于 2005 年 9 月，是中国专门从事教育科学与研究的全国性智库机构，下设传统文化研究、非物质文化遗产研究、健康文化研究、文化产业发展研究、香文化研究、德孝文化研究、教科文艺术研究、花道文化研究和应用美学研究等，还打造了国学堂、泰山文化养生示范基地、泰山高端文化培训基地等示范基地。

中国管理科学研究院教育科学研究所成立十几年来，始终贯彻党的教育方针和政策，着力开展教育文化培训、咨询服务和相关教育课题的研究工作，不断通过自主创新，全面开展科研与学校、科研与企业的合作，注重中华优秀传统文化的研究与应用，创造了一批具有时代影响力的思想品和实践品。

1987 年 11 月 16 日在北京召开的首届"政治科学学研讨会"，是由中国管理科学研究院科学学研究所同中国科学学与科技政策研究会、《科学学研究》杂志社联合召开的。中国科学院、社会科学院、中国管理科学研究院、北京大学、南开大学、中国人民大学、华中理工大学、山西大学等单位的 40 多名专家、学者参加了会议。他们就有关政治科学学的学科名称、研究对象、研究方法，以及科学与政治的相互关系，作了深入的研讨。这次会议的有关报导和报刊转载的部分文章，对当时我国科研体制的改革，起到一定的促进作用。

政治科学学，是著名科学家钱学森同志提倡的一门新学科。作为科学学的一个分支子科，它是用马克思主义的观点，"研究科学技术与社会及国家活动的关系"的学问，也是把科学当成政治科学现象来研究的一门交叉学科。科学学研究所于 1987 年 7 月成立。

中国管理科学研究院根据科研工作发展需要，于 1988 年 7 月成立现代教育研究所，1989 年 2 月成立了信息产业研究所，1991 年 10 月成立了农业经济技术研究所。

行为科学研究所也是在钱学森直接领导下于 1988 年 8 月成立的。钱学森任名誉所长，冬青同志任所长。现第三任所长由高级管理人才培训中心主任董英豪兼任。

高级管理人才培训中心前身是中国管理科学研究院创院初期成立的企业管理人才培训中心，是直属唯一对外培训机构。其职责主要是组织指导全院开展管理科学课题研究、课题指导、上行课题立项、学术交流培训和提供决策参考、管理咨询活动。

中国管理科学研究院高级管理人才培训中心健康管理研究课题海南研学基地于 2019 年 12 月 17 日挂牌成立，坐落于海南省定安县南丽湖风景名胜区北部。研学基地占地 160 亩，分国际旅游岛健康管理高级人才培训、国际康养体验中心、房车营地等四大板块。

高级管理人才培训中心通过组织策划"领军人才""领英人才""领秀人才""领航人才"等四大培训板块，培训中小企业家两万余人次。积极配合国家发展改革委"一带一路"领军人才培养计划并进行有效对接，响应并助力了国家"一带一路"倡议。同时组织了新时代职业素养提升管理研究、安全食品推广研究、数字品牌研究、舆情职业素养提升研究等 11 个管理科学类相关课题。成功推出新闻发言人培训班。截至 2021 年年底，培训基层干部及企业相关岗位人员 88 场近 7000 人次。新闻发言人作为一个新职业新岗位已经走进了大众的视野。

高级管理人才培训中心承接了新时代职业素质素养提升管理研究课题，已经成为我国企业合规国标文件的起草单位。

1988 年 4 月 4 日，为加强学术指导，开展学术交流，中管院院务委员会研究决定成立中国管理科学研究院学术委员会。著名理论家、中央党校原副校长龚育之教授首任学术委员会主任。后来由中国管理科学研究院顾问、著名信息经济学家乌家培任学术委员会主任，常务副院长卢继传担任学术委员会常务副主任。现任学术委员会主任是科学计量学家、中国管理科学研究院创办人之一蒋国华。

学术委员会为中国管理科学研究院最高学术指导机构，其职责主要是组织指导全院开展管理研究、学术交流和管理咨询活动。自 1992 年以来多次召开了学习、研究毛泽东的科学思想、邓小平的建党思想、邓小平的管理思想、邓小平的战略思想、陈云论著、陈云生平与思想研讨会、习近平中国特色社会主义思想等。还组织了"中国管理大会""中国信用管理大会""知识经济与科教兴国"等大型文化活动。

学术委员会主持编辑出版内部学术刊物《活水》和《学坛》。《活水》发表有关国家重大问题的咨询或建议，呈报有关国家领导人；《学坛》发表全院研究员的优秀论文。这两份刊物也是中国管理科学研究院内部学术交流及其与有关研究机构学术交流的平台。笔者 2016 年增补为学术委员会副秘书长，出任主编，负责《活水》和《学坛》的编辑工作。多年来，学术委员会组织编辑出版了《管理研究与实践——中国管理科学研究院论文选集》《领导与管理的实践与思考》（田夫著）、《知识经济》丛书、《中国管理科学导论》等著作。这些研究成果贴近经济建设、社会发展的实际，宣传了知识经济、领导科学、农业科学、干部继续教育、管理科学及其本土化等，有些社会热点问题、研究成果已引起国家有关部门的重视或采纳，作为制定政策的参考。

中国管理科学研究院企业家委员会是中国管理科学研究院的直属机构，秉承"共建、共创、共融、共享、共赢"的宗旨，以全面提升企业家的思想力、学习力、决策力、领导力，破解企业成长、发展、壮大过程中存在的问题为目标。以为企业、企业家们快速适应当前经济形势，有效激发企业创新内源动力，推动产业链上中下游、大中小企业融通创新为愿景，制定了专业的赋能体系。在诸如政策趋势、法规风控、产业升级、科研生产、运营管理、品牌建设、人才培育、营销推广、融资上市、公共关系等多方面问题，为企业提供多维度帮扶。进而从产业升级、六维赋能、企业帮扶、示范基地建设等多方面，有效激发企业创新内源动力，促进企业发展新动能，推动一批具有高成长潜力的企业快速健康发展。

中国管理科学研究院教育创新研究所是中国管理科学研究院直属单位，成立于 2011 年，以教学方法和教育管理理论创新研究、新职业技能培训课程体系开发、教育培训为主要任务。同时承接国家部委和地方政府委托，开展相关课题研究和咨询培训服务。

2010 年 8 月中国管理科学研究院人才研究所成立，关乐原任所长。现任所长王香枝带领的科研团队取得国家与地方治理研究课题的认可，承担了国家治理研究与人才成长战略研究专题。副所长闫文平组织以杨文阅、刘春秀等高级研究员参与筹划"习近平生态文明思想在宗教文化界的实践实证研究"。课题的研究进路已经理清，课题申报工作正在进行中。

中国管理科学研究院专家咨询委员会成立于 1989 年 6 月 1 日，由中国管理科学研究院批准设立的高级顾问咨询机构。第一届专家咨询委员会由时任院长田夫同志聘任的冯明莲、陆戈等一批国内知名专家组成，首任主任由原中国科学院教育局局长任知恕同志担任，王湘同志为办公室主任。

中国管理科学研究院的基本宗旨是，以习近平新时代中国特色社会主义思想为指导，认真贯彻执行党和国家的方针政策，解放思想，实事求是，瞄准前沿，锐意开拓，围绕我国国情和世界发展趋势，总结我国管理实践经验，吸收各国先进管理成果，推动中国管理科学与科学管理的创新和发展，为适应高新科技发展、知识经济和经济全球化日益发展的态势，凝聚一批国内一流的专家学者，组成一支高智能的科研队伍，形成一个高层次的智力集团，为国家决策部门和企事业单位科学管理，发挥积极的作用。

中国管理科学研究院是我国管理科学研究领域的重要阵地，管理科学学术交流的有效平台，管理创新工作者之家，管理理论研究者和管理工作实践者沟通的桥梁，联结领导层、专家、学者、企业家及管理界、经济界、工商界、金融界、新闻界合作的纽带。

中国管理科学研究院成立 35 年来，对我国的管理科学、科学管理以及相关交叉科学问题，对我国社会主义市场经济和管理创新等问题，展开了跨学科的综合研究和应用开发，举办了各种大型学术交流和专题研讨活动 100 多次，承担了管理科学的教育培训和咨询、传播工作，编写了一批具有中国特色的管理科学教材、著作 80 多部和有价值的课题研究报告 200 多份，出版发行各类期刊近 20 种，培训各类管理人才 30000 多人次，在国内外得到广泛的好评。

中国管理科学研究院与中共中央文献研究室等单位合作，举办"毛泽东与科学"研讨会，"邓小平管理思想"研讨会和"陈云生平与思想"研讨会等，编辑出版《毛泽东与科学》系列著作，《邓小平党建论著研究》《陈云论著研究文集》《陈云治党治国方略研究》一书等等；同时，组织专家学者开展课题研究，发表了论述社会主义现代化、管理科学、科教兴国、知识经济、企业管理、人才培养、金融发展与改革等优秀论文，并将其成果汇集成《管理研究与实践》一书出版或在国内外权威报刊发表，受到社会广泛好评，多次受到党和国家领导、政府有关部门、企事业单位的赞扬和鼓励。特别是 2004 年有关"三农"等问题的研究报告，得到党和国家领导人的批示，引起有关国家部门的高度重视。其中关于"农村科学技术发展战略重点、农业科技发展趋势及对策"等内容，被纳入国家中长期科技发展规划战略研究中。

至今，中国管理科学研究院专业研究和应用开发涉及经济管理、社会管理、公共管理、文教管理、科技管理、生态环境管理等许多领域，已经成为推动中国管理科学发展与管理思想研究的一支不可缺少的重要力量。

中国管理科学研究院的成立，对于中国管理科学的研究、发展、运用及其实践具有非常重要的实践意义。

第七章　中国特色管理科学体系的建立

进入新时代，中国管理科学研究呈现空前繁荣发展的态势，它指导着中国管理实践的发展与创新，推动着中国经济的快速发展。由于中国管理研究发展比较晚，能用于指导企业新实践、新问题和新挑战的理论还不完善、普适性差。管理研究创新跟不上实践剧烈转型的速度，现行的实践与理论的创新两者脱节现象越来越严重。中国管理研究仍不完善、不成熟，严重滞后于先行的中国管理实践的发展。构建普适化的现代管理科学体系，促进中国管理研究和中国管理实践二者之间趋同协调发展，是当前管理学界应该关注和需要攻克的新难题。国家治理体系和治理能力现代化水平的提高，势必要求经济社会发展的同时，要注重制度架构能力、科技发展能力及改革创新能力的提升。基于此背景，本节展开了关于中国管理科学体系构建的探索研究。

坚持以习近平新时代中国特色社会主义思想为指导，坚持马克思主义基本原理和贯穿其中的立场、观点、方法，按照体现继承性、民族性、原创性、时代性、系统性、专业性的要求，创新发展能够有效指导中国企业管理实践的中国特色管理科学体系，是中国管理科学者的光荣使命。

管理科学是一门理论与实践联系极为紧密的学科。新中国成立70多年来，特别是改革开放以来，在中国经济快速发展的同时，中国企业发展也取得了巨大成就。不仅整体经济实力大幅提升，还涌现出一批具有全球竞争力的世界一流企业。中国企业整体发展进步的背后，是中国企业管理科学的创新与发展。特别是在中国经济发展进入新时代的大背景下，越来越多的管理科学者和企业管理者认识到，中国企业管理不能照抄照搬西方管理理论，应紧密结合中国企业管理实践，探索发展中国特色企业管理科学。这是构建中国特色管理科学体系的紧迫任务，也是我国培育更多优秀企业和企业家的迫切需要。

第一节　管理哲学作为管理实践的理论指导十分重要

中国管理研究方向，是发展具有本土特色的"管理的中国理论"，还是发展中国情境的"中国的管理理论"？管理研究者和企业实践者们围绕着"管理的中国理论"和"中国的管理理论"展开激烈的争论，是由于在中国的管理实践中并不是都能采用西方的管理理论与方法体系，即西方情境下研究出的管理学原理和研究方法在中国并不都具有普遍的和充分的解释性。因此，形成了基于研究视角不同的"管理的中国理论"与"中国的管理理论"的争论。所谓"管理的中国理论"，是指在中国历史沉淀背景下以及特定的文化情境下，用已有的中国管理研究理论来解析验证中国特色情境下的企业管理实践现象，会产生不同于西方已有的组织形态、管理模式和管理理论。简单来讲，就是针对中国现象和问题提出自己的理论，着力于对中国特殊的和独有的管理现象给出解释与寻找解决问题的方案，是具有中国特色的管理理论。

但是目前进行验证还是比较困难，能否为西方情境所借鉴和采用也无法检验。而"中国的管理理论"是指将中国作为试验田，在中国管理情境中检验西方理论，为中国所用，侧重于在中国情境背景下运用与完善其他情境中发展出的管理理论，但是并未产生新的有别于美国和西方已有的组织形态和管理理论。基于国家治理基础理论研究的学术进程，为了使中国管理研究的未来发展更为受益，需要两条路径同时走。一部分学者偏好前一条路径，一部分学者更坚信后一条路径。这样才符合中国管理研究的长远发展和整个发展需求。

一、管理实践的理论指导

在管理哲学方面，应正确解决变革和稳定、管理和服务、可持续发展战略与近期开发利益等一系列相互发展的辩证关系。根据我国几十年的管理实践经验，管理哲学作为管理实践的理论指导十分重要。如果指导思想错了，那么管理实践必然会走偏；如果指导思想端正，那么管理实践就容易赢得良好的社会效益和经济效益。

管理的理论来自管理的实践，一旦形成某种管理理论，它就会反过来指导新的管理实践。这个实践与理论的关系在哲学理论上虽然已经解决，但是在实践上却难以掌握分寸。例如，过去在很长时期内，由于人们对生产关系的变革和发展生产力的关系认识上的偏差，导致在实践中一味追求"一大二公"的生产关系革命，事实证明这是管理哲学的误导；又例如，某些地区或单位由于不能正确把握可持续发展战略和短期内开发利益的辩证关系，不惜以污染环境、破坏资源为代价，取得短期内看似巨大的经济利益，实际上却是吃子孙饭、断子孙生路的极不明智的短期行为。例如，有些地方乱砍森林，致使水土流失，荒漠化日益严重，河水断流。究其根源都是作为指导思想的管理哲学出了毛病。

围绕实践导向的"管理学研究的中国情境"与"中国情境下的管理学研究"的探讨与研究。学者们认为，关于什么是中国情境，至少包括以下双重含义：一是宏观方面，比如说中国独特的制度、法律和经济环境；二是微观层面的，具体指的是一些新的企业文化变量和维度，比如说公司、企业形成的核心价值范式，甚至还包括有着不同教育水平和文化背景的员工之间的类似于相互理解、相互帮助、相互接受等交互行为和信念等。关于"中国情境"的管理学研究争论关注的焦点是：在中国情境下研究国际管理学界所关心的共同问题，还是从国际视角研究中国企业管理所面对的特殊问题。也就是说，是研究西方理论的中国情景的应用，还是中国情景下研究理论的西方适用性。但是所谓的中国"情境"必须是能够指导中国实践。

除了以上两个方面的争议外，关于"东方管理""本土管理"等研究也已成为中国管理研究的一种时尚。有的是从中国传统文化视角出发的，有的是以中国特殊的情境或语境视角为基础，有的是基于中国单个或多个关联案例的追求个性化的研究，形成的研究成果并不具有一般规律，不为大家共识和传播。还有很多其他视角或范式的研究探讨，在此不再赘述。必须强调的是，进行"中国管理研究"不只局限于中国情境，也并非只有中国学者在研究。

那么到底何为"中国管理研究"呢？关于这个研究领域的命名各式各样，管理学者们提出过诸多不同的表述。如前所述，有"中国式管理""管理学在中国""中国本土管理""管理中国化""中国特色管理"等。本节所采用的命名是"中国管理研究"。迄今为止，学术界和实务界并没有给出一个大家都一致认同的定义，这也成为管理学者们关注的焦点和急迫要解决的课题。因此，只有达成对"中国管理研究"内涵的共识、框定研究内容，才能更好地实现中国管理研究和中国管理实践的桥梁对接，更好地用中国管理研究成果指导中国企业管理实践。

管理的本体或本质就是实践。管理理论来自管理实践，这是由管理科学本身的应用实践性的特点决定的。目前多数管理理论都是建立在管理实践基础上，通过分析进行验证、修正与完善，最终实现理论升华，指导管理实践。关于"什么样的研究属于中国管理研究，什么样的研究不属于中国管理研究"是很难界定的。对于新时代的实践者和研究者来讲，不仅要还原当时的情境，借鉴和应用先贤们的管理智慧，更应当进入当下的中国企业管理现象和成长问题，提炼新时代管理思想和理论体系。

基于中国人的"中庸之道"思维方式和本文研究的目的，本节所探讨的"中国管理研究"以当前的中国管理实践为其研究本体。基于中国特色社会情境和具有中国特色文化背景的中国管理研究，既要立足于中国管理实践，但又不局限于中国管理实践，更要超乎实践，抽象出背后所隐含的理论问题，提出解决这些问题的理论思路和经验，升华成一般性管理规律或理论，最终构建可以部分特色、整体普适性的中国管理科学体系。

从文化表现特点来说，中国特色和风格是既定俗成的，是数千年文明积累的结果。比如说，徽式建筑、傣乡民宅、江浙小镇、紫禁城等，这在世界文明中都是绝无仅有的，也是民族瑰宝。以文化艺术和建筑学的眼光来看，中国特色、中国风格、中国气派，就是特色鲜明、自成风格、自有气派。

从哲学社会科学的视角来看，"气派"如何翻译，可能值得讨论。在外语中，这个词的含义或许不符合我们真正要表达的意思。如何正确理解和翻译这样的表述，需要在世界视域下的跨文化交流过程中进行认真研究。

事实上，哲学社会科学追求的不是高位，而是"海纳百川、虚怀若谷、兼容并蓄、伸缩自如"的境界。一般来说，最优秀的本土文化，最容易被世人认可；最通透的普遍真理，也最容易被更多的人接受。比如说，对生命和权利的尊重，对美好幸福生活的追求，对和谐公平公正原则的推崇，对效率的钦佩，对人际和社会关系的关注。

中国是一个有几千年文明史的国家，有厚重的哲学思想、文化传承。自古以来，中国在国家治理方面就有着深入的探索，积累了丰富的国家治理实践经验，这些都是中国现代公共管理宝贵的文化和知识资源。西方哲学家尼采就无比钦佩中国的《道德经》，认为《道德经》像一口永不枯竭的井，满载宝藏。如果我们对传统理论资源深入研究就会发现，柏拉图的"型理论"与中国的道家学说十分相似。柏拉图的理论影响了西方哲学2000多年，这个理念是西方的还是中国的还可以考究，毕竟老子生卒年期早于柏拉图。中国近代的国家理论基础原创者是马克思。所以说，从国际理论视野来看，有特色的学术体系也将是有普遍意义的思想理论体系。探索和构建有特色的现代中国本土理论，是中国理论界、实践者和知识群体的内在需求。

我们也应该注意，中国是一个巨大的多民族、多文化和有着悠久文明史的国家；而当代中国是年轻的社会主义的人民共和国，是当代东西方现代文明碰撞和融合的产物，依然在发展壮大和完善的过程中。就是说，中国的"本土"，博大而多元，新旧共存，历史上不断演进，到今天还在不断变化。什么是这个"本土"的本质和需求？这其实是一个内涵极其丰富的复杂问题。比如说，富强、民主、文明、和谐，自由、平等、公正、法治，爱国、敬业、诚信、友善的社会主义核心价值观，既是中国的，也是国际的；创新、协调、绿色、开放、共享五大发展理念，既是党中央的战略决策和治国纲领，也是联合国 2030 可持续发展的重要目标。"文明新旧两相依，心理东西本相同"，说的是中华文明与世界文明，是有相通之处的。西方理论中未必没有中国的基因，而中国的特色未必不具备世界意义。从这个意义来说，哲学社会科学学术体系、学科体系和话语体系水到渠成。其合理性和成熟度都需要假以时日。秉持开放和务实的学习心态，更有利于构建中国特色公共管理理论体系。

近年来，关于话语体系的讨论源于西方社会后现代思潮的流行。话语体系指的是表述一种思维系统的一整套语言系统。后现代思潮提倡，在现代社会高度发展的背景下，打破或解构现代社会已有的、禁锢思想和行为的固有思维体系和制度，重构思想语言的基本单元。

从学术分析视角看，后现代思潮对话语体系的构建存在认识上的误区。第一，语言是思想的基本单元，语言的重构是经常性的社会现象，它会根据新的社会生活环境不断自我更新。手机、马赛克、网络课堂等都是基于现实发展而出现的语素。中国的豆腐、功夫现在也出现在外文字典中。这些现象并不是构建而来，而是发展而来的。第二，他们混淆了"话语体系"与"话语权"这两个不同的概念。话语权来自经济、政治实力，不来自语言本身。如果有实力，别人自然要翻译你的语言，了解你的表达方式，甚至学习你的语言。话语体系的第一功能是实现有效沟通与交流，目标是增进和加深了解，而不是创造语言和概念壁垒。话语权效果的最终实现要靠话语体系背后的强大思想体系来支持。而话语体系本身是跨文化沟通中需要突破或超越的语言现象和表述方式，目标是增进交流和沟通，让所有人听得懂，能产生共鸣。

事实上，中国在长期的革命斗争和社会主义建设实践中早就形成了一套自己的话语体系，比如我们自己的公文行文方式。但是在全球化过程中，我们面临的挑战是这套话语体系如何实现与不断发展变化的世界各国各族人民进行有效沟通。语言的背后是思维理念和思维方式。所以说，话语体系构建的实质不是语言表象，而是思维理念和思维方式的构建。

　　本土思想的高度是实现本土话语体系高度的基础。这一点在我国传统文化《道德经》中体现得较为明显。《道德经》中提到的"人法地，地法天，天法道，道法自然"，就是指出人间生活的一切都要尊重环境条件、当地文化风俗和发展阶段，也即我们的理论必须与实际相结合；人与人、人与自然之间秉持公平公正的行为准则，才能使社会长治久安、可持续发展；人类精神生活的追求是生命高层次属性的必然要求。构建公共管理的本土理论体系可以以此为基点，以人类文明发展为终极目标，致力于以人民为中心、以人类文明共同体发展为理想的现代治理体系建设和治理能力提升，从而造福人民，引领人类文明发展。这一理论的基点是以人民为中心，以中国为实践基地，以具有奉献和公益精神的优秀人才为载体，研究思路多元化、理论实践一体化、研究方法多样化、研究风格朴实化、研究论证严谨化、研究逻辑科学化、研究语言通俗化、研究贡献国际化、研究评价公认化，在本土关怀、科学严谨、包容并蓄、朴实无华的努力中，追求中华文明的辉煌发展和世界文明的长久福祉。

二、中国企业管理科学的发展历程与现状

　　新中国成立 70 多年来，中国企业管理科学的发展历程大致可以分为四个阶段。一是 1949—1978 年的探索起步阶段。初期以学习借鉴苏联企业管理理论和管理模式为主。20 世纪 60 年代之后，管理科学界开始从中国企业管理实践出发，探索建立适合中国国情的社会主义企业管理理论和管理模式。二是 1979—1992 年的转型发展阶段。改革开放后，我们认识到我国企业管理与世界先进水平存在较大差距，必须奋起直追。从计划经济体制向社会主义市场经济体制转型，对企业管理科学和管理实践创新提出了新要求。众多管理科学者和企业管理者重视学习和借鉴发达国家的企业管理理论和管理经验，希望从中得到启发。三是 1993—2012 年的蓬勃发展阶段。随着社会主义市场经济体制的建立和完善，我国管理科学者更加注重对中国企业管理实践进行本土化研究，企业管理科学的中国特色逐渐突出。四是 2013 年至今的创新发展阶段。伴随世界对中国发展奇迹的高度关注，在国内外顶级管理科学期刊中，关于中国企业管理现象、中国企业管理实践的研究明显增多。中国学者在研究范式、研究方法、理论创新等方面不断取得新进展，提高了中国管理科学在国际学术界的影响力和话语权。

　　经过 70 多年的艰辛探索，我国企业管理科学研究取得了诸多成果。比如，理论界从我国企业管理实践出发，将中华优秀传统文化、管理思想融入现代管理科学理论，提出了诸多具有深厚中国文化底蕴的管理理论，大

大丰富和发展了中国企业管理科学的理论体系和概念体系。实务界立足中国管理情境，探索出一些具有中国特色的企业管理模式，如华为公司的"灰度管理"模式、海尔公司的"人单合一"管理模式等。管理理论和管理模式创新有力地推动了中国企业突破后发劣势、形成核心优势，成功实现转型升级。

在肯定中国企业管理科学研究成就的同时，也应清醒地认识到中国企业管理科学发展的一些不足。一是一些理论研究与企业管理实践脱节，单纯为了本土化而本土化。例如，过度解读传统文化，将其与现代管理实践进行机械对应；部分学者囿于自身研究视角，缺乏与同行和企业的沟通交流，造成中国企业管理科学流派日趋复杂；等等。二是忽视中国国情和企业管理实践，生搬硬套西方管理科学理论。三是受西方管理科学研究范式影响，存在过度追求研究规范化、推崇复杂定量研究与艰深模型的倾向，对实际问题的研究不深入，难以发现管理实践背后的中国逻辑和企业运行规律。

三、中国特色企业管理科学创新发展的方向

2016 年 5 月，习近平总书记在哲学社会科学工作座谈会上强调加快构建中国特色哲学社会科学，指出坚持以马克思主义为指导，是当代中国哲学社会科学区别于其他哲学社会科学的根本标志。在努力实现"两个一百年"奋斗目标的进程中，以习近平新时代中国特色社会主义思想为指导，坚持马克思主义基本原理和贯穿其中的立场、观点、方法，按照体现继承性、民族性、原创性、时代性、系统性、专业性的要求，创新发展能够有效指导中国企业管理实践的中国特色企业管理科学，这是中国管理科学者的光荣使命。

面向新时代，中国特色企业管理科学创新发展的方向是立足国情和中国企业管理实践，完善中国特色企业管理科学的学科体系、学术体系、话语体系，探索和揭示中国企业管理实践的内在规律。从研究对象看，应聚焦中国企业管理实践，重点研究本土企业的管理和发展问题；从研究选题看，应正确处理世界管理问题研究与本土管理问题研究的关系，突出具有中国现实意义和前沿性的核心问题；从研究内容看，应重点关注中国企业管理实践中的特殊元素，探索建构具有中国特色的企业管理科学概念，阐释这些概念之间的逻辑关系；从研究情境看，应基于中国企业管理实践的特定情境或视角，对中国企业的独特管理现象进行剖析和诠释；从研究方法看，应坚持辩证唯物主义和历史唯物主义的方法论，同时既充分借鉴吸收西方

现代管理科学的有益研究方法，又立足中国现实与研究需要促进研究方法创新。

在时代进步与科技发展的背景下，管理科学与工程领域也迎来新的发展。为了更好地推动该领域的发展，分析和研究管理科学与工程领域的热点是十分有必要的。

管理科学与工程学科已经成为中国管理科学的带头学科，对其他子学科发展产生重大影响。管理科学与工程学科既具有跨学科和综合性，又有其独立性。其研究具有范围广、涉及内容多、覆盖面大的特点，工业工程与信息管理就是其研究的一项重点内容。就信息管理来说，管理科学与工程在一定程度上促进了信息管理的发展，具体体现在现代化信息技术的基础上，各企业机构在信息管理方面发展迅速，比如信息的收集、加工，信息产品的开发等，将组织、人员、技术进行有效的统一，从而使其发挥了很好的效能。另外，在一些商务领域也取得了很好的成果，包括网络电子商务、智能化商务、移动设备商务等。就工业工程来说，相关科研工作人员结合多种学科和工程设计的相关原则和方法，对工业工程中机械设备、能源等方面进行了系统的研究，为资源优化配置奠定了基础，同时也为工业企业实现管理的科学性、管理系统的创新性提供了理论和方法。管理科学与工程也在一定程度上推动了工业工程相关领域（管理技术的评价与决策、管理服务系统的设计等）的发展。

四、坚持问题导向推动中国特色企业管理科学创新

进入新时代，中国企业发展面临的市场环境、技术环境、国际环境等都在发生巨大变化。如何促进企业在复杂多变的市场环境、技术环境和国际环境中实现高质量发展，是中国特色企业管理科学必须解决的时代大课题。

立足中国企业管理实践推动理论创新。应立足中国企业管理实践，从中发现根植于中国土壤的管理元素，揭示中国企业管理实践背后的规律与机制，提出具有原创性的理论观点和标识性概念；大力挖掘中国传统管理思想，推动其创造性转化、创新性发展，探索本土化与国际化兼具的中国特色企业管理科学理论构建路径；围绕中国企业如何实现创新发展等问题展开深入研究，挖掘中国企业创新发展中的独特情境变量，提升企业核心竞争力，助力我国经济高质量发展。

直面新技术挑战推动理论创新。在国际知名调研机构 CB Insights 发布的2019 年全球独角兽企业榜单中，中国企业数量约占 30%。这说明中国企业并不缺少创新精神，尤其是在新一代信息技术产业等新兴产业中，有些中国企业的管理实践已经走在世界前列，这为中国特色企业管理科学创新发展提供了重要实践基础。

在移动互联网、大数据、人工智能等新一代信息技术深刻改变企业生产模式和商业环境的背景下，如何通过管理创新让企业更好地适应新的市场竞争？如何利用大数据、人工智能等新技术支持企业决策和管理，进而提高效率和效益？在一些互联网企业占有大量数据资源的情况下，如何引导企业兼顾创造利润与承担社会责任？深化对这些问题的研究已经成为中国特色企业管理科学创新发展的紧迫任务。

中国管理科学者完全可以提出新概念，构建新理论，创造新模式，引领和推动新技术条件下中国企业的管理创新，为世界企业管理科学创新发展作出贡献。

聚焦国有企业改革推动理论创新。推进混合所有制改革是深化国有企业改革的重要突破口。但是目前有关混合所有制改革的理论研究仍然滞后于实践发展。混合所有制改革不能"一刀切"，而应分类推进、一企一策。如何具体推进混合所有制改革，既是企业管理者需要直面的实践问题，也是管理科学者需要深入研究的理论问题。应扎根国有企业改革发展实践，结合国有企业改革经验与理论研究成果，深入研究适应国有企业改革发展需要的混合所有制改革理论，建立并不断完善中国特色现代企业制度。

围绕培育优秀企业家推动理论创新。伴随改革开放大潮，我国涌现出许多极具管理特色的本土企业和优秀企业家。应关注这些领先企业，研究优秀企业家的心理与行为特征，以动态视角观察分析企业家面临经营风险挑战时的心理状况及决策过程，剖析企业家的个人风格和企业家精神在企业发展壮大过程中的作用机理。在本土情境下探究企业家的管理思想及其在管理实践中的体现，有助于深入挖掘成功企业背后的管理逻辑。

第二节 在管理的基本范畴上明确两个文明 建设的全部过程

党的十八大以来，以习近平同志为核心的党中央毫不动摇地坚持和发展中国特色社会主义制度，勇于实践、善于创新，持续深化对党的执政规律、社会主义建设规律、人类社会发展规律的认识，形成一系列治国理政新理念新思想新战略，为在新的历史条件下深入推进政府绩效管理提供了科学理论指导和行动指南。

党的十八大报告提出创新行政管理方式，推进政府绩效管理，增强政府公信力和执行力。党的十八届三中全会提出严格绩效管理，突出责任落实，确保权责一致。党的十九大报告提出继续加强政府执行力和公信力，加快建设现代财政制度，建立全面规范透明、标准科学、约束有力的预算制度，全面实施绩效管理。新时代中国推进政府绩效管理的一个很重要的特点是，在增强道路自信、理论自信、制度自信、文化自信的背景下，中央和国家机关及各级政府深入探索绩效管理并取得新进展、涌现出新模式。这其中，税务系统开展的绩效管理具有高位推进、上下联动、闭环运行、自我更新的特点，是中央国家机关推行绩效管理的成功典范。透过税务绩效管理的实践历程回顾和总结中国政府绩效管理演进逻辑，审视政府绩效管理未来方向，尤其从税务绩效管理这一典型案例中挖掘更具实践性、时代性、创造性的一般规律，对于启发新时代政府绩效管理有重要意义。

正确认识管理科学的国际化与本土化的关系是建立有中国特色管理科学理论体系的重要前提。管理科学的国际化与本土化都是客观趋势，二者是普遍性与特殊性、共性与个性的关系。国际化源于管理的自然属性与普遍性，本土化则源于管理的社会属性与特殊性。既不存在适用于一切个体的统一的管理模式和理论，也没有独立于现有管理科学理论体系之外的一定地域范围内的管理科学。因此，构建和发展有中国特色的管理科学理论体系必须坚持国际化与本土化的统一。在此基础上，不断进行实践和创新。只有这样，有中国特色的管理科学理论体系才能有充分发展的肥沃土壤和动力，才能成为完善的科学的理论体系，最终承担起有效地指导有中国特色社会主义市场经济管理实践的历史使命。

政府绩效管理是提高行政效能、降低行政成本、促进政府职能转变、建设人民满意服务型政府的重要手段，是推进国家治理体系和治理能力现代化的有效途径。作为政府绩效管理的组成部分，税务绩效管理十几年来的改革创新展现了政府绩效管理在根本属性、价值追求、制度体系、评价格局、管理工具、技术支撑、效应发挥等方面演进的基本规律。从税务绩效管理的实践来看，坚持政治性与人民性的根本遵循、制度化与规范化的根本依托、考人与考事的相互结合、创新性与技术性的重要支撑以及效能性与发展性的不懈追求应是政府绩效管理未来的发展方向。

现代意义上的中国政府绩效管理发轫于 20 世纪 80 年代，当时各地基于目标管理的目标责任制是政府绩效管理的开端。20 世纪 90 年代，围绕效能建设，各地探索并形成了诸如基于目标责任制的"青岛模式"、重视效能提升的"福建模式"、强调社会服务承诺制的"烟台模式"等一批具有代表性的政府绩效管理新模式。

进入 21 世纪后，随着目标管理、PDCA 循环、平衡计分卡等西方政府绩效管理理念与技术的引入，目标责任制、效能建设以及社会服务承诺制等多种模式逐步整合，基本形成相对统一稳定的政府绩效管理框架。但是整体来看，中国政府绩效管理仍处于自发状态，统一规范的制度化建设比较滞后，配套机制与措施也尚未建立起来，绩效管理效用的充分发挥仍有较大空间。

在管理的基本范畴上，应明确在两个文明建设的全部过程和全部领域都存在管理活动。在现代社会里，一个受人民爱戴和拥护的政党组成一个有效的政府时，这个政府所面临的社会管理基本领域按大类来划分就是两个：一是物质文明建设领域的管理活动，二是精神文明建设领域的管理活动，二者绝不可偏废。恰恰就在管理的基本范畴上存在两种认识上的误区：一种认为只要物质文明建设抓上去了，精神文明建设便可以自然而然地上去，殊不知精神文明建设也是一个独立的领域，对这个领域里的教育、文化、科研、伦理道德、民族精神培育等方面的管理稍有放松和懈怠，就会立刻反映出整个社会精神文明的滑坡，严重的时候甚至会直接影响物质文明建设。另一种认识的误区是片面地认为精神文明建设是万能的，只要紧紧抓住精神文明建设的管理，物质文明也一定能自然而然建设好。殊不知当盲目陷入精神万能的陷阱时，也会给物质文明建设造成令人意想不到的损失。1958 年的"大跃进""高产卫星"，后来成为"大跃退"便是最好的历史例证。因此，我们党在经历了这些正反两方面的经验和教训之后，现在就有了一个完整的指导方针。这就是一手抓物质文明建设，一手抓精神文明建设，彻底克服"一手硬，一手软"的偏向。两手抓，两手都要硬是唯一正确的方针，这里所讲的"抓"，就是强化管理的意思。

在管理的机制上既要强调改革，又要注意相对的稳定性。朝令夕改并不是真正的改革，改革不能代替管理，更不可以放松管理。我国的改革开放基本国策决定将计划经济制度向社会主义市场经济体制转变。因此，在国家管理机制上不可避免地要进行重大的调整和改组。一方面要按照政企分开的原则转变政府职能，把不应由政府行使的职能逐步转给企业、市场和社会中介组织，把政府的经济管理职能真正转变到制定和执行宏观调控政策，搞好基础设施建设，创造良好的经济发展环境上来。同时，要以建立现代企业制度为目标，把国有企业的改革、改组、改造和加强管理结合起来。通过"三改一加强"使大多数国有大中型企业成为自主经营、自负盈亏、自我发展、自我约束的法人实体和市场竞争的主体。政府职能的转变并不意味政府经济管理职能的削弱，而只是管理机制的调整和完善，重点应放在增强宏观调控管理能力上，建立计划、金融、财政之间相互配合和制约、能够综合协调宏观经济政策和正确运用经济杠杆的机制。

在管理文化上应注重情、理、法三者的结合和统一。一般说来，任何一种管理的实施往往体现着一种权力和意志。因此，比较倚重于法令或规章的形式，而比较容易忽视与情和理的融合。这个问题不论是宏观管理，还是微观管理，都同样存在。从宏观管理来看，我国幅员辽阔，人口众多，情况复杂，各地经济发展很不平衡。如果在宏观管理中不能根据各地区的不同情况让地方有更多因地制宜的灵活性，就会大大挫伤地方发展经济的积极性和创造性，这就是缺乏情与理的管理原则了。因此，我们党历来提倡要处理好中央和地方的关系，充分发挥中央和地方两个积极性。这种管理思想就是以融情、理、法为一体作为一种理论原则，道理并不复杂，也很容易为人们所接受。但是在实践中具体操作起来却并不简单，很难做得非常圆满。改革开放以来，中央实行权力下放，地方积极性得到充分发挥，有力地推动了改革和发展。

但是在实践过程中，有的地方和部门出现了过多地考虑本地区、本部门、本单位的局部利益，不能很好执行中央的方针政策，甚至出现了上有政策、下有对策、有令不行、有禁不止的现象。这也是从另一端破坏融情、理、法为一体的原则。例如，中央三令五申要减轻农民负担，有的地方却变着方法地加重农民负担；中央三令五申要保证不拖欠教师工资，要改善教师生活，却总有一些地方打教师的主意，挪用克扣或拖欠教师工资，硬性搞非法集资，甚至以发展经济为由，强制教师搞产品推销；又例如，中央三令五申不允许任意设立关卡，乱收道路维护费，道路交通方面"三乱"现象屡禁不止等，既不合法，又严重违反情和理。所以情、理、法融合一体是管理文化的最高境界，科学划分中央和地方管理权限，明确各自的事权、财权和决策权是创建中国管理科学中非常重要的课题。

第三节　在管理对象上坚持以人为本以事为经
以物为纬

中国管理科学研究对象重点是中国企业管理的现象、中国企业成长问题和中国成功管理实践。这给中国管理科学者的研究对象和重点都提供了非常明确的方向。接下来，就要探讨针对企业管理实践的中国管理研究的路径和方法应该是什么，这将会给未来的管理科学者们提供更为清晰的研究思路。

自 2004 年提出"直面中国管理实践"议题后，当前中国管理研究进入了一个迅猛发展的新时期，催生了很多重大理论成果。在大力推动西方前沿管理研究方法与中国情境的结合方面，中国也出现了许多知名的中国管理科学者，他们创新了各种适合中国情境的管理研究路径及方法。他们相容性或互斥性的研究方法对于促进中国管理研究的发展都具有重要价值。但是由于中国管理研究方法的研究起步相对比较晚，当前中国关于管理研究方法的研究还较为有限，中国管理研究仍需要努力找到符合自己研究对象的特定研究路径及方法。管理研究方法作为中国管理研究的基础理论，对于中国管理研究发展的重要性也得到了越来越多的学术研究者的肯定与关注。

一、"三元"研究路径体系的构建

一直以来，学者们对中国管理研究的路径及方法问题进行了积极深入的研究与讨论，发表了各自的观点，创新和形成的路径及方法也越来越丰富和多样化。在当前中国管理研究中，大多数采用文献梳理的方法，渐有一些学者正尝试采用定量的实证分析方法，还有比较少的学者也开始尝试用实验法去检验和构建管理科学体系。但是必须注意的是，在探讨中国管理研究路径时必须遵循两个原则：借鉴西方国际规范的研究方法和结合中国特殊的情境变量。

因此，界定中国管理研究的路径对于适合当前中国管理情境的理论探讨具有推动作用。中国管理研究的学者们要走出具有"中西融合、古今融合、天地融合"的独特而有效的路径，而不只是照搬西方目前主流管理理论的构建模式。进行中国管理研究的目的是提供严格和创新的理论与实践建议来为全球管理知识作出贡献。因此，需要更综合的方法进行中国管理研究。理论与实践一直都是学者们认可的研究重点，除此之外中国管理研究还必须作好文献的梳理研究，即"与理论对话、与实践对话、与文献对话"三个方面，这种观点也是比较为大家所接受的。基于研究梳理，按照中国人"中庸之道"的思维方式，探索并构建了当前中国管理研究较完整的路径及方法体系，称为"三元"路径体系："与实践对话"路径、"与理论对话"路径、"与文献对话"路径，实现"原创、互动、融合"的管理科学体系。

在管理对象上，坚持以人为本，以事为经，以物为纬，三者不可偏废。上自国家大事，下至社区、街道；大自几十万员工的大集团公司，小至夫妻加伙计小店，每天都有事情（工作）要做，每天都有财物从人们的手上经过，因此，不间断的"事"流和"物"流，毫无疑问是管理的对象，我们应认真研究"事"流和"物"流规律，制定出科学的管理制度。但是所有的"事"流和"物"流，又是围绕着人（管理者和被管理者）才能发生的，所以管理事流和管理物流的是人，被事流和物流所约束的也是人，因此，人才是管理实践活动中的主角。事流和物流是以人为中心发生的，没有人的活动，也就不存在事流和物流的运转。中国自古以来一贯重视对人的管理，在许多古代典籍里都提到"治国以人为本"，但是这并不是说轻视对事和物的管理。因此，作为管理的对象，我们认为定义为以人为本，以事为经，以物为纬，人在事物的经纬里起着中心的作用。这样的提法比较全面，也比较符合实际。

二、"三元"路径下多维研究方法的剖析与说明

（一）基于"与文献对话"的路径

这里的文献不但包括 WOS、Springer Link、中国知网、维普、万方等数据库里的文献，还包括中国传统管理思想体系（主要是指传统典籍）。"与外文文献对话"仍然非常重要，目前依然是研究路径中的一大主流。构建普适化中国管理科学体系中"与文献对话"的研究路径，重点是通过对外文文献和中国传统管理思想体系为核心的文献进行梳理式、考古式或用最先进的文本挖掘、词条分析等方法，找出中国管理研究的突破口，找出新的领域视角，填补过去的不足与空白，推动该领域的深化和发展。尽管这种研究路径及方法目前是主流，但是存在的问题也很突出，主观性比较强，忽略了针对现实的研究，导致缺乏现实指导作用，研究的理论也并未通过实践检验，内在逻辑性不严谨。目前，中国管理研究"与文献对话"路径的研究重点主要是放在对中国古代管理思想中适用于企业管理活动的管理思想进行较为全面的整理和梳理，期望形成现代管理科学。一般采用这样方法的研究成果，学者们都奉为"古为今用""洋为中用"。

（二）基于"与理论对话"的路径

因为在"与理论对话"研究路径中，大多数学者将重点放在西方管理科学体系中，所以有学者就将这样方法的研究成果叫作"洋为中用"。实际上，这里的理论不仅仅是指西方管理科学体系、已经存在的西方各流派的管理理论，还包括中国古代成熟的管理哲学体系，主要是指前面所述已经

被学者们接受的成熟的苏东水的东方管理科学、成中英的 C 理论、黄如金的和合管理、陈春花的"水样组织"等理论。目前，中国管理研究的学者在进行"与理论对话"的路径，主要是指将东西方成熟理论与中国情境相结合，进行情境化嵌入式和依赖式的研究，并对已有理论进行新的演绎和归纳。"与理论对话"路径的研究，实现的是一种从理论到理论，即通过对理论的内涵与外延的调整、修葺，通过总结性、思辨性的方法，去尝试创造新的组织形式和管理理论形态，实现中国情景嵌入与情境依赖的管理研究是中国管理科学界的责任。这里需要说明的是，很多学者都会很自然地在研究过程中将"与文献对话"和"与理论对话"结合起来使用，两种对话在逻辑上是可以并列的、相互兼容的、互动支撑的，被称为"食土与食洋"的结合。

（三）基于"与实践对话"的路径

"与实践对话"的路径也是最重要的路径，因为实践是理论之源，脱离实践的理论是干瘪的，脱离实践的理论是无根的。当然，这里的实践重点指的是中国企业管理的实践，从中国企业管理实践中提炼研究问题。通过"与实践对话"，去延伸前述"与文献对话""与理论对话"的两个对话，通过进行统计分析、案例研究、演化理论、扎根理论、田野调查、参与式观察、社会网络分析，甚至是系统动力学等定量实证分析和定性分析进行验证，在西方原有的成熟理论或当前中国具有一定拟合度的新理论的基础上再次升华，构建具有普适意义的系统理论，为中国管理研究作出贡献。也就是说，"与实践对话"研究路径的研究成果，体现的是从实践到理论的不断反馈的检验过程，并最终能够建立起来新的组织形态和管理理论，即通过实践经验的系统化总结，上升到理论高度。相比"与文献对话""与理论对话"创造的理论，"与实践对话"升华出的理论更具有创新意义，其解释力度也更强烈。正如毛泽东同志所说的那样，离开实践的认识是不可能的。很多学者将这样路径下的研究成果应用叫作"近为今用"。

当然，无论是古代理论的当代化——古为今用，还是西方理论的中国化——洋为中用，或是创新理论的新时代化——近为今用，当前管理科学者的管理研究路径方式都没有高低对错之分，只要研究理论成果能获得问卷调查、专家访谈、统计分析、实验验证或案例讨论等研究方法的验证和支撑，推动中国管理科学体系的创新和发展，实现东西方的互补融合发展，达到综合创新、实现开拓创新，能让中国管理研究成果更加贴近实践、指导实践，最终构建完整的、普适性的、高度解释性的中国管理科学体系，都是科学的、正确的、值得提倡和推广的中国管理研究路径及方法。本节提出的"三元"研究路径也不是只能选其取一，三者并非相互独立存在的，反而是可以兼容并行的和相互互动的。三种路径下的多维研究方法在一定程度上体现了路径维度上的分工，但是又是相互支撑的格局。只要合理地运用"三元"研究路径多维研究方法，充分发挥各路径下的优点，就能够达到良性循环、互相补充的良好效果。

总而言之，进行中国管理研究要根植于中国企业管理实践，必须从中国实践出发，以实践问题为中心，坚定不移地运用"三元路径"，通过多种研究方法对实践经验进行系统化、知识化的理论总结，不断推动中国管理研究理论的新变革与新发展。因此，只有立足实践、面向问题、总结经验，才能推动中国管理研究的发展。

建立和推行现代企业制度是当前国家经济管理工作的一个重点。在社会主义市场经济体制下，全国的经济管理工作存在三个层次：第一个层次是国家级的宏观经济管理。第二个层次是地区、部门或行业的中观经济管理。这两个层次经济管理除了范围大、有所不同，大体上是依靠运用国有资产、财税、金融、信贷、工商、物价等管理部门对国家或地区的经济运行实行宏（中）观管理。第三个层次是相对于国家或地区（部门、行业）的企事业单位的微观管理。

建立和推行现代企业制度对处于不同层次的管理者来说，意义完全不同。国家和地区的管理者建立和推行现代企业制度的目的，是为了搞好整个国有经济，盘活存量资产，对国有企业实施战略性改组，使企业成为高效经济运行的微观基础。

实行优胜劣汰，有生有死，"亏本的买卖不能再做"了。而从大中型国有企业来说，建立现代企业制度，是使企业自身真正成为自主经营、自负盈亏、自我发展、自我约束的法人实体和市场竞争主体。企业唯有加强内部管理，夯实"三基"工作（管理基础工作、基本功、基本建设），在建立科学的组织和管理制度上狠下功夫，提高企业的整体素质和活力，把产品的市场占有份额视作企业生死存亡的大事去抓，使企业在市场经济的大潮中站稳脚跟。

随着社会的发展进步，企业组织的目标更加趋于多元化。除了要实现经济目标对股东负责以及实现员工的个人发展目标外，还必须关心顾客的利益、遵守国家的法规政策、关心社区的公益事业、保护资源和环境，把企业自身的经济目标和社区的发展规划、国家的发展目标结合起来。只有这样，企业才能树立良好的形象，得到公众的普遍支持，从而取得更大的发展。时下国外企业流行的"绿色管理"所采用的一些作法，如尽量减少企业在生产过程中的环境污染、使用可回收的材料作包装，生产绿色的天然食品等，都反映了这种广义上的人本管理精神。

第八章 中国特色管理科学体系的发展

近 30 年来，探索和创建基于中国管理实践的管理理论一直都是国内外众多学者研究的重要课题。改革开放 40 多年来，中国特色社会主义进入全新时代，中国经济社会发展的剧烈变动以及全方位的转型，迫切需要新的发展理论指导全新的实践，解释新的问题及现象。实现了"强起来"的伟大飞跃后，中国将进入大国崛起的经济社会发展态势，中国将会演绎 21 世纪全球最伟大的管理实践，中国将成为国内外管理科学者的关注焦点和管理研究的基地。目前，在管理科学界和管理科学者中关于中国管理研究的重要意义的态度和观点是一致的，但在对于中国管理研究的内涵、对象、使命、任务、贡献和研究路径方法的选择等方面依旧是百家争鸣，存在比较大的分歧。

随着中国特色社会主义建设的快速推进，中国经济快速崛起，而中国经济崛起的背后则是中国企业的崛起。应该看到，中国企业迅速追赶并站到世界前沿是走了一条现代化的"不寻常路"。其中，认清"创新"和"追赶"在我国现阶段发展中的辩证关系和特殊战略地位，系统地研究和构建具有中国特色的管理学体系，有效指引企业管理能力建设，推进企业能力整体性提升，进而带动我国经济升级，建设创新型国家，无论在基于中国实践的管理理论体系的提升与完善，还是提供有效的现实企业指导上，均具有重大的理论意义与现实意义。

更进一步看，基于中国企业实践的管理理论不仅具有引领中国企业转型升级的作用，还具有影响世界，特别是影响发展中国家的企业管理提升的作用。

第一节 在管理机制上既要强调改革更应注意
相对的稳定性

自从中国引入、移植西方管理科学后，很多管理科学研究者和企业实践者结合中国传统文化、民族文化和当前的中国情境，致力于中国特色管理研究，积极努力地探析关于"东方管理研究""中国式管理""管理科学在中国"

"中国本土管理""管理中国化""中国特色管理""中国管理科学派"等方面的研究。可喜的是，当前已建立了众多的相对独立、自成体系的流派，这些流派从中国管理实践的各个视角归纳了中国管理思想，形成了众多、独具中国特色的理论体系。其中，复旦大学苏东水先生作为中国管理科学创始人和代表人物之一，创办的东方管理科学派历史最为悠久，其研究成果"东方管理哲学"最为丰富，最受学者关注，影响最为广泛。其研究成果涵盖的内容包括：中国管理的实践问题、中国传统文化与企业管理的关系、中国管理科学科发展和中国管理科学派等相关的前沿和热点问题。东方管理科学派已成为中国管理研究的代表。苏东水先生开创中国管理研究学派以来，越来越多的学者从不同的研究视角和落脚点去探究中国管理实践，呈现出百家争鸣的繁荣景象，形成了诸如成中英的 C 理论、席酉民的和谐管理理论、曾仕强的中国式管理、黄如金的和合管理、齐善鸿的道本管理以及陈春花的"水样组织"等有影响、受关注的理论或被认可接受的理论，学者们都在努力尝试将这些带有特殊情境意义的研究上升到一般性管理原理。

依附于西方管理理论之下逐渐成形的中国管理研究，在早期学术倾向表现得比较强烈。随着研究的不断深入，也渐渐出现了一系列不同视角、不同落脚点的研究成果和管理途径的各种创新，中国管理研究实用性取向和解释性也逐渐增强，并逐步成为指导中国企业发展的指导理论和工具。但是由于中国具有独特的传统文化、民族文化，经济、管理发展情境也是不同于西方管理情境的，所以在管理实践中，从西方移植的管理理论并不完全适用，从而导致了中国情境下的中国管理研究的兴起。

在国家自然科学基金委员会于 2004 年提出"直面中国管理实践"议题后，中国管理研究得到了快速发展，同时也成功地探索了很多研究成果与理论。

一、直面中国管理实践

本节通过对"直面中国管理实践"文献的梳理和整理，发现研究内容主要分为以下两个方面。

第一，中国管理研究方向是发展具有本土特色的"管理的中国理论"，还是发展中国情境的"中国的管理理论"。之所以管理研究者和企业实践者们围绕着"管理的中国理论"和"中国的管理理论"展开激烈的争论，是由于在中国管理实践中并不是都能采用西方的管理理论与方法体系，即西方情境下研究出的管理科学原理和研究方法在中国并不具有普遍的和充分的解释性。因此，形成了基于研究视角不同的"管理的中国理论"与"中国的管理理论"

的争论。所谓"管理的中国理论",是指在中国历史沉淀背景下以及特定的文化情境下,用已有的中国管理研究理论来解析验证中国特色情境下的企业管理实践现象,会产生不同于西方已有的组织形态、管理模式和管理理论。简单来讲,就是针对中国现象和问题提出自己的理论,着力于对中国特殊和独有的管理现象给出解释与寻找解决问题的方案,是具有中国特色的管理理论。但是目前进行验证还是比较困难,能否为西方情境所借鉴和采用也无法检验。而"中国的管理理论"是指将中国作为试验田,在中国管理情境中检验西方理论,为中国所用,侧重于在中国情境背景下运用与完善其他情境中发展出的管理理论,但是并未产生出新的有别于美国和西方已有的组织形态和管理理论。为了使中国管理研究的未来发展更为受益,需要两条路径同时走。一部分学者偏好前一路径,一部分学者更坚信后一路径,这样才符合中国管理研究的长远发展和整个发展需求。

第二,围绕实践导向的"管理科学研究的中国情境"与"中国情境下的管理科学研究"的探讨与研究。学者们认为,关于什么是中国情境,至少包括以下双重含义:一是宏观方面,比如说中国独特的制度、法律和经济环境;二是微观层面,具体指的是一些新的企业文化变量和维度,比如说公司、企业形成的核心价值范式,甚至还包括有着不同教育水平和文化背景的员工之间的类似于相互理解、相互帮助、相互接受等交互行为和信念等。关于"中国情境"的管理科学研究争论关注的焦点是:在中国情境下研究国际管理科学界所关心的共同问题,还是从国际视角研究中国企业管理所面对的特殊问题。也就是说,是研究西方理论的中国情景的应用,还是中国情景下研究理论的西方适用性。所谓的中国"情境"必须是能够指导中国实践。

除了以上两个方面的争议外,关于"东方管理""本土管理"等研究也已成为中国管理研究的一种时尚。有的是从中国传统文化视角出发的,有的是以中国特殊的情境或语境视角为基础,有的是基于中国单个或多个关联案例的追求个性化的研究,形成的研究成果并不具有一般规律或普世价值,不为大家共识和传播。还有很多其他视角或范式的研究探讨,在此不再赘述。必须强调的是,进行"中国管理研究"不只是局限于中国情境,也并非只有中国学者在研究。

二、独具特色的中国管理研究

总结过去是为了更好的未来,但是未来不会是过去的简单重复。中国领军企业的高速度会逐步慢下来,创立引导理论的重要责任和历史使命已经到来。未来的中国企业将有更多的挑战和更多的重大创新。需要看到,揭示

"所以然"背后的"之所以然"才有普遍价值，而且能够被广大学习者在运用中演绎和发展。这就需要中国管理学者们探究"之所以然"的努力奋斗。

形成中国情境、时代引领、理论创新的中国特色管理学体系。构建中国特色的管理学体系，不可或缺地要考虑以下三方面的问题。

第一，中国特色管理学体系有其中国情境的特殊性和重要理论构建价值。中国企业的管理实践是在特殊的中国情境下开展的。西方发达国家的企业通过管理思想上的原始创新站到了世界前沿，新兴工业化国家的企业通过模仿和再创新实现了管理上的进步。如今，中国企业的追赶是否还能用西方发达国家企业实践提炼的理论加以解释？是否又与新兴工业化国家的追赶实践有本质的区别？对这些问题的回答不得不考虑中国情境的特殊性。发达国家企业崛起时所处的情境，新兴工业化国家企业崛起时所处的情境，与现在的情况是不同的。中国企业的管理实践是在市场取向的制度变革、多样化的技术体制、多层次的市场空间、新兴的全球网络等新情境下展开的。这决定了中国企业管理理论的独特性和重要性。对中国企业技术追赶的研究必然要突出特殊的中国式管理的特色，而中国特色的管理理论应该植根于中国式的"制度＋技术＋市场＋网络"。因此，对中国式管理实践的多阶段性、多样性、多层次性、多主体性，特别是非连续性展开研究具有重要理论研究价值。

第二，系统研究全球化、网络化、数据化时代下中国管理学体系的新内涵具有理论上的前瞻性和挑战性。中国企业已经从以往的封闭环境进入全球化、网络化、数据化的新环境，管理理论的内涵也得到了极大的丰富和发展。从中国管理实践的环境来看，以往中国企业的管理实践一直处在封闭的环境中，通过独立自主、自力更生、埋头苦干的线性方式发展生产能力。全球化、网络化、数据化新环境的出现重塑了世界经济，也为中国企业的管理实践带来了更加开放的创新环境，中国的制造企业和服务企业已经和全球的其他制造业和服务业建立了千丝万缕的联系。通过全球网络进行知识转移、组织学习和技术能力培养是中国企业在全球化条件下开展管理实践的新形式。全球化、网络化、数据化的出现，在企业战略制定、新产品开发、市场营销、组织变革和学习等方面，都会对传统的管理理论提出严峻的挑战。相当大一部分传统管理思想和方法将不再适用，需要建立全新的管理思路和管理方法。目前，关于中国企业管理模式、运行机制及动态演进的研究得到越来越多的关注。因此，构建中国特色管理体系具有前瞻性和挑战性，将为检验现有理论，探索新理论提供可能，也将成为推进我国管理理论发展，提升企业管理创新实践的一项重要研究。

　　第三，构建中国特色管理学体系是丰富世界管理理论体系的必然要求。发达国家主导的主流管理理论体系忽视了中国等发展中国家的企业实践，中国企业从追赶到超越追赶的巨大成就正推动和要求中国管理理论走到世界理论前沿，发挥重要的影响力。中国情境下的管理实践取得了巨大的成就，已经涌现了一大批世界一流企业。但可惜的是，在中国企业实践获得巨大成功的背后，相应的理论贡献却未在国际主流管理学研究中得到体现，在国际学术界也没有产生重大的影响。中国特色管理理论研究起步于 20 世纪 90 年代，前期研究基础较好，已经有一批学者提出了许多有中国特色的管理领域的重要理论，进行了坚持不懈的持续研究，这些管理理论体系得到了不断的完善与发展，受到了广泛的接受和应用。但总体来看，中国的管理研究还有很长的路要走，例如多是对国外理论的复制性研究，研究问题过于零散，缺乏系统化、体系化，缺乏重大理论贡献。构建中国特色管理理论体系将致力于弥补这个缺陷，需要研究者通过深度多案例研究、扎根研究、跟踪研究、调查统计、建模仿真等多种研究方法，以中国企业的管理实践为研究对象，充分发挥管理学多学科领域合作研究的优势，多视角深度探索中国特色管理实践的成功因素、作用机制及其发展、演进机理，研究复杂多变和具有中国特色的制度环境、技术体制、市场空间与全球网络情境下中国企业管理创新的模式、机制及其演化规律，提升我国管理学基础研究和理论的原始创新能力，推动管理领域的跨越式发展。通过总结并提炼中国情境下企业管理实践的特殊规律，同时上升到对发展中国家企业管理实践的普遍规律，将对全球广大发展中国家甚至世界经济的发展和提升产生非常重大的意义，最终形成具有独特贡献并能影响世界的中国特色管理学体系。

　　那么到底何为"中国管理研究"呢？关于这个研究领域的命名各式各样，管理科学者们提出过诸多不同的表述，如前所述"中国式管理""管理科学在中国""中国本土管理""管理中国化""中国特色管理"等。至今为止，学术界和实务界并没有给出一个大家都一致认同的定义，这也成为管理科学者们关注的焦点和迫切要解决的课题。因此，达成"中国管理研究"内涵的共识、框定研究内容，才能更好地实现中国管理研究和中国管理实践的桥梁对接，更好地用中国管理研究成果指导中国企业管理实践。但是想要回答什么是"中国管理研究"这个问题，还必须先弄清楚管理到底能够起到什么样的作用，即什么是"管理"？彼得·德鲁克在 1954 年创立了"现代管理科学"，他精辟地概括道：管理是一种实践，它的本质不在于知，而在于行；管理是一种实践，验证在于成果，而不在于逻辑，成就才是唯一的权威。

由此可见，管理的本体或本质就是实践。因为管理理论来自管理实践，这是由管理科学本身的应用实践性的特点决定的。目前多数的管理理论都是建立在管理实践基础上，通过分析进行验证、修正与完善，最终实现理论升华，指导管理实践。关于"什么样的研究属于中国管理研究，什么样的研究又不属于中国管理研究"是很难界定的。对于新时代的实践者和研究者来讲，不仅要还原当时的情境，借鉴和应用先贤们的管理智慧，更应深入研究中国企业管理现象和成长问题，提炼新时代管理思想和理论体系。

基于中国人的"中庸之道"思维方式和研究的目的，本节所探讨的"中国管理研究"以当前的中国管理实践为其研究本体，基于中国特色社会情境和具有中国特色文化背景的中国管理研究，既立足于中国管理实践，但是又不局限于中国管理实践，更要超乎实践找出背后所隐含的理论问题，提出解决这些问题的理论思路和经验，升华成一般性管理规律或理论，最终构建可以部分特色、整体普适性的中国管理科学体系。

三、新时代的要求与挑战

"理论与实践"之间关系的探讨是管理科学领域一个永恒的话题。理论的发展往往脱离不了时代的变化。中国进入新时代，发生了翻天覆地的变化。那么新时代对中国管理研究带来什么样的创新？又带来了什么样的新要求与新挑战呢？

（一）新时代呼唤新理论

当前，新经济的发展和新技术的进步给中国管理实践带来了更多的发展机会。中国与发达国家在网络、人工智能等部分技术领域的差距越来越小，甚至在某些方面正在或已经走在世界前列。这些进步和领先（如华为公司）不仅会影响中国企业未来的走向，还会带来中国企业组织的巨大变化，新经济、新技术又会带来管理实践的新现象和新问题等。更为重要的是，现有的管理科学理论无法完全解释这些新的管理现象和问题。可见，新时代的变化发展无疑为管理实践者和管理研究者都带来了许多新的课题。进入新时代，管理研究者和企业实践者需要更加努力地研究新现象，只有这样，才能在管理科学领域实现管理科学的理论创新，发挥引领性作用，随之带来的是中国管理科学者作出的具有国际意义的新理论的发现。

进入新时代，中国学者有着接触中国管理实践的巨大天然优势，可以从各个角度、多视角地来解读新时代，中国管理科学体系的构建也是如此。管理实践者与管理研究者应该共同发力，不断探索新的问题，不断创新管理理论和丰富管理知识，研究发展出紧扣时代脉搏的新理论，推动我国企业管理水平升至新高度，使中国管理研究具有更积极的实践意义。总之，进入中国特色社会主义新时代，就必须要有大批优秀管理者不断努力奋斗创新实践，要有管理研究者对于新企业现象和实践的不断刻苦钻研，发展支撑起新时代具有一般规律的中国管理科学体系。总之，新时代在强烈地呼唤新理论的登场。

（二）新时代面临的挑战

中国进入了极其难得的黄金发展时代，同时也面临极其复杂的重大挑战，新时代挑战与机遇并存。中国需要"安而不忘危，存而不忘亡，治而不忘乱"。

纵观当今世界变局，习近平明确作出了"三大趋势""三个前所未有""三个重大危险"等关键性战略判断，科学回答了我们处于什么环境、站在什么方位、面临什么挑战等一系列基本问题。

对进入新时代的中国而言，未来会遇到什么重大挑战？它们具有哪些特点？我们该如何识别、预防和应对，并将挑战转化为机遇，将压力转变为动力？这些都需要我们站在新的高度，以全球视野，进行深入分析和全面准备。"居安思危，思则有备，有备无患。"

所谓重大挑战，是指能够对我国政治经济社会发展造成重大破坏和严重困难的重大事件和突出矛盾，这些重大挑战既可能是根源于国内的深层次矛盾，也可能是来自国际或全球的重大危机及外部冲击。随着经济全球化的不断发展和"引进来""走出去"战略的实施，中国以前所未有的广度和深度融入世界。一方面任何重大的国内挑战都有可能演变成国际性挑战，如能源短缺、碳排放、重大污染事件等，另一方面在任何重大国际危机爆发时，中国既不可能独善其身，又不能推脱国际责任。此外，按照重大挑战能否被预见的特征，还可将其分为"可预见"和"不可预见"两类。

所谓"可预见"事件，如大概率发生的"灰犀牛"事件，即指该重大挑战能够被人们根据其发展特点、规律、趋势进行预判，从而在事前进行主动性防御，降低或化解其负面影响的事件，如"台独""港独"等。所谓"不可预见"的、"突如其来"的事件，即出乎人们意料的"黑天鹅"事件，指该重大挑战的发展规律尚未被人们充分掌握，无法就其发展趋势和可能性进行准确预判，因而只能在事中或事后进行被动性调整，如发生影响全局的特大自然灾害、全国性传染性疾病（新冠疫情）、特大核事故。这些事件或挑战也常常交织在一起。"黑天鹅"事件可能会引发"灰犀牛"事件，而"灰犀牛"事件也会导致"黑天鹅"事件，这都反映了日益经济全球化、多极化、信息化的世界，始终面临突出的不稳定性、不确定性以及各种事件的突发性。

中国特色社会主义进入了新时代，中国前所未有地进入了世界舞台中心，但是也面临前所未有的各种挑战，"面临对外维护国家主权、安全、发展利益，对内维护政治安全和社会稳定的双重压力，各种可以预见和难以预见的风险因素明显增多。"虽然历史总是惊人的相似，但中国面临的挑战并不是以往任何国家或本国历史的重复和再现。与早期发达国家崛起时面临的局部、单一、线性挑战不同的是，当今中国面临的挑战具有复合性和全局性特点。随着中国综合国力和国际影响的不断增强，所遇到的内部和外部矛盾会越来越多，而这些矛盾会构成阻碍中国综合国力和国际影响力进一步增长的"压力边界"，有些会转换为中华民族伟大复兴过程中的挑战，甚至是重大挑战。

无论未来这些重大挑战是否出现、多大程度能被提前准确预见，以及出现后又会产生多大规模和重大影响，均不依人们的主观意志为转移。既要全面研判和及时应对重大挑战或危机，又要将重大危机转变为难得的发展机遇。

从进入 21 世纪的 22 年历史经验看，中国所遇到的各种危机和挑战，无论是突发性特大自然灾害、新冠疫情等外部风险冲击，还是在发展中深层次矛盾导致的十分突出的不平衡、不协调、不可持续的内部挑战，党中央都能够积极有效应对，妥善处置，化危为机，经受住各种重大挑战与突发性事件的严峻考验，并大大提高了我国的经济实力、科技实力、国防实力、综合国力，大大提高了我国的国际地位、国际影响力、国际话语权，始终是"不管风吹浪打，胜似闲庭信步"。

第二节　在管理文化上应注重情、理、法
三者的结合和统一

有人说管理有三种境界，最低境界靠人力，一般境界靠制度，最高境界靠文化。这个说法不仅切合实际，还与古人所倡导的"无为而治"的理念相一致。

不同的单位和个人，管理理念和管理方法确实有所不同，有的管理者总希望通过一部分人把另一部分人管好，用人来管人。有的人通过建章立制来管理，除了执行法规制度，再订立一些"不准""禁止"，让大家牢记遵守。还有一些人则加强管理文化的打造，营造良好的管理文化氛围，使人人养成自我管理的习惯。这三者比较起来无疑是通过打造管理文化的管理境界最高。这就要求我们努力摆脱仅靠人力管理方式，建立健全制度管理方法，全面提

升文化管理层次，力争达到文化管理境界。

实现文化管理，首先要使被管理的主体人具备相应的文化素养。文化管理要靠行为自觉，很难想象一个没有文化素养的人能在没有硬性管理措施的环境里做到循规蹈矩。因此，必须注重对人的素质的全面培养和提高，只有使每个人都意识到自觉服从管理的重要性，文化管理才有前提。其次是有持续的良好的管理氛围。我们知道，某个环境十分整洁，所有人都不随手扔垃圾，这个场合可能才不会有人扔垃圾；反之，某个环境比较脏，谁都可以扔垃圾，那么很快就会有人跟着扔垃圾。这就是氛围的重要性。最后是不断注重文化管理建设。文化管理的环境不是永恒不变的，它仍然需要不断地建设。这就是根据现实变化，不断向人们灌输新的管理理念，建设新的管理设施，树立新的管理典范，从而实现新形势下对文化管理的新要求。

新时代的到来，新经济、新技术的发展与进步，大力推动了中国经济的快速发展。改革开放 40 多年来，在中国取得令世界瞩目的伟大成就的同时，中国管理研究也呈现空前繁荣发展的态势，指导着中国管理实践的发展与创新。但是由于中国管理研究发展比较晚，当前实践背景下探索出的中国管理研究成果，能用于指导新时代中国企业的新实践、新问题和新挑战的理论不完善、解释度不高、普适性差，理论创新跟不上实践剧烈转型的速度，现行的实践与理论的创新两者相脱节现象越来越严重。另外，尽管中国是哲学社会科学科研大国，但是在科研实力、研究结果和学术话语等方面的能力和水平落后于新时代中国综合国力和国际地位，这就迫切要求构建新的中国管理科学体系，研究发展具有普适性的管理科学体系。因此，处于这样的现实情境下，进行中国管理研究，构建中国管理科学体系，既是一个最好的时机，又是一份历史责任。通过新时代背景下的中国管理研究，提升中国管理科学的理论性，一方面可以缩小当前理论与实践相脱节的缺口，加强理论对实践的指导；另一方面可以增强在世界科研学术上的话语权。

文化与管理既互为对象，又互为手段。"互为对象"主要表现为：一方面，管理活动与过程是文化的反映对象。文化对管理过程的渗透和反映，形成了所谓的"管理文化"，即管理的指导思想、价值标准、行为准则、道德规范、风俗习惯等；另一方面，人类的文化生活又是管理的对象之一。精神文化生活作为人类的共同生产和社会生活的重要领域，必然需要对其进行有效管理，以保证其健康发展。

"互为手段"主要表现为：一方面，文化是管理的一种手段，它既可以为管理提供一般的指导思想和价值原则，又可以通过培养和塑造人们的精神境界与行为方式达到管理的目的；另一方面，管理也是促进文化健康发展的重要手段，它需要管理营造良好的氛围和环境，需要管理去粗取精，去伪存真，促进文化的健康发展。

在企业中，企业文化和人力资源管理存在以下联系：两者都是管理理论的新发展和延续。管理科学从科学管理运动开始，已经走过了百余年的时间，而人力资源管理和企业文化作为现代管理体系的组成部分，都只不过才二三十年的时间，它们在管理理论中出现较晚，与现代管理思潮的演进与发展有关。

管理的对象从根本上说是"人"与"物"两大因素。在早期，管理以"物"为主导，其管理理论都是围绕这个中心而发展的。但是随着科学的迅速发展，企业技术系统的全面更新以及员工受教育水平的全面提高，人才或人力资源成为企业生产经营活动中的最主要因素。管理重心逐渐从以"物"为中心转变到以"人"为中心。因此，与此观点相适应的新的管理理论形成和发展起来，人力资源、管理理论和企业文化就是在这样的情形下产生并发展成为管理理论的重要组成部分。人力资源管理从最初的简单的事务性工作开始，成为企业职能管理的一部分，纳入企业的战略层次，要求从企业战略的高度来思考人力资源管理问题。企业文化强调塑造企业的独特个性，以文化引导为根本手段，激发员工向自主投入、自我管理、拥有共同的使命和愿景。它使管理的方式从硬性管理转向软性管理，因而它也是一种新的管理思想和方法。

管理职能的提出与划分为研究管理问题提供了一个理论框架或理论体系。有关管理的概念、理论、原则、方法和程序都可以按照不同的管理职能加以分类归纳并予以系统论述，而管理职能则涵盖了管理基本要素。职能是互不相关而孤立存在的。它们既相互联系、相互依存，又各自发挥其独立作用。计划职能是管理的首要职能，没有计划，组织、协调、监督、控制都无从谈起；但是没有组织、领导和控制，计划也不能有效落实，特别是控制职能，能对前三项职能的有效实施起很好的反馈作用。

第三节　建立和推行现代企业制度是当前国家经济管理工作的重点

不少中国管理科学者都以其高度的责任感和探求心，结合中国管理实践，根据西方最新的管理科学研究思潮和前沿，发表学术论文、撰写调研报告和编著等，提出自己独到的见解和思想。这些都会对中国管理研究增加更多的可用知识、理论与方法，推动中国管理研究继续前行，是中国管理研究最直接的贡献者。之前的分析结果表明，新时代的发展带来了快速发展的经济环境，也驱动中国管理研究与环境同步，导致中国管理研究者在发表研究成果时更多关注国内外高端学术期刊，或是追求学术上的创新和领先地位。但若只求发表顶尖杂志文章和追求学术的领先地位，可能会制约中国管理研究与中国管理实践的发展，却不能实现在管理科学研究上的真正突破。近30年来，中国的管理科学者一直都在探究中国管理理论，中国管理科学体系逐步发展壮大作出了贡献，但在世界管理理论知识体系中的贡献及其国际话语权依然微乎其微。问题的所在就是因为没有构建具有高度解释力和一般管理原理的中国现代管理科学体系。

一、普适化中国管理科学的内涵分析

有的学者提出"构建普适性管理科学"，促进中国管理研究。是发展本土研究，还是发展普适化理论来服务中国企业的管理实践，独特理论和普适理论长期成为东西方管理研究者和实践者争论的焦点。毫无疑问，理论发展的最高境界是具有普适化意义。中国管理研究要走普适化管理科学研究道路，而不只是发展本土独特理论，即提炼一般规律或一般管理原理。

关于"普适化中国管理科学"，人们很容易理解为通用的、放之四海而皆准的、一成不变的理论，会引起许多的歧义和争辩。因此，在探讨普适化的中国管理科学之前，必须弄清楚管理科学的本质。有学者提出管理科学的基本宗旨是对管理现象及其运行规律的描述和概括，用抽象的构念把管理现象理论化。归结起来管理的本质是形成一般原理，实现普适化意义。进行普适化中国管理科学的研究必须基于但又不局限于中国情境和中国成功企业实践，还应该突破东西情境差异，实现文化的兼容，把中国情境和企业管理实践放到更加普适化的理论背景、大框架下去讨论，最终实现"将普适化知识应用到具体情境中"和"将特定情境的知识普适化"。

总而言之，中国管理研究需要放在普适化理论的大格局、大框架背景下，只有发展文化兼容的一般管理原理或规律，才可能实现中国管理科学的理论创新和贡献，不断发展和完善中国管理科学，最终形成系统完整的中国管理科学，即中国管理科学体系。陈春花提出的水样组织，尽管目前只是一个描述性的组织形态，但是却已经被越来越多的企业实践所关注，未来如果能放在东西方管理实践的大背景下，不断地进行检验、修正和完善，也很有可能被广泛地采用和借鉴，成为中国情境下发展的常态性生态组织形态。

二、构建普适化中国管理科学体系的价值诉求及目的

管理研究者在讨论管理理论、方法和工具等时，要时常将视野冲出学术界，不仅仅要关心理论是如何产生的，还要不断地将研究成果与理论付诸于企业实践。通常管理理论的提炼与实践至少涉及两大类主体：管理实践者、学术研究者。因此，本研究认为，中国管理研究成果的最终去向必将是"企业实践"和"构建管理科学体系"的良性互动。因此，进行中国管理研究最终目的是要构建中国管理科学体系，只有建立符合企业实践的管理科学体系，才能揭示优秀管理实践背后遵循的原理与规律。

（一）构建管理科学体系，促进一般管理原理的升华

值得肯定的是，中国管理研究进步非常大，研究成果众多。中国管理研究在全球学术界已经占据了一定的位置。尽管中国的管理思想和实践可以追溯到两千多年前，但是基本上管理专业的师生进入管理科学界，首先接触到的都是西方管理理论和方法。目前，在中国还尚未形成完整的管理科学体系，学者和学生很少能学习和讨论中国管理科学体系。管理科学研究者迫切需要总结并提炼出可以被广泛应用的科学体系与方法。

因此，中国管理研究应该是将抽象知识转化为具体科学的过程，将管理思想转化为现实实践应用指导的过程，而不仅仅是知识的生产过程。管理科学的学科特点就是要求理论研究必须与实践紧密结合，要找到中国传统管理思想与现代管理思想的契合点，提炼出实践下的新理论，发展成为有系统的理论架构，形成既具有情境性，也可以适用于其他国家的管理科学体系，写入管理科学教材中，让更多的中国管理研究和中国管理实践的利益相关者能学习到并应用于中国企业管理实践。

虽然学术研究离不开论文的发表，但是发表论文只是进行管理研究的手段，并不是最终的目的。当前迫切需要达成这样的共识："中国管理研究"首先应关注的是当前正在进行的研究是否有意义，能否回答并解决中国管理实践中的问题，能否给予中国管理实践前瞻性的指导，能否为中国管理实践提供坚实的理论基础。因此，研究成果和理论能否推动中国管理实践或者全球管理实践才是研究者关注的焦点，而不是单纯的发表论文、论著等。近年来，"理论严谨性"和"实践相关性"之间的矛盾越发受到广大学术研究者和实践者的关注，中国管理研究最终的目的应该是构建"中国管理研究"与"中国管理实践"的桥梁，构建具有普适性的管理科学体系指导企业实践，推动方法创新指导学术研究者进行更深层次的研究，实现学术研究和实践创新的互动，最终实现"实践中国化，理论全球化"的中国管理科学研究的大框架和

大格局。

（二）指导企业管理实践，不断检验提升理论

实践是检验一切真理的标准。把中国管理研究的基本理论或原理应用到企业实践活动中来，为管理实践服务并不断得以检验，一直以来都是中国管理科学者孜孜以求的奋斗目标。同时也只有深入研究更多中国企业的成功实践，才能构建完整的普适化中国管理科学体系。中华智慧可以补充西方理论的不足，进而将管理之道提升至一个更高的层次，甚至提升到管理科学的最高层次——管理哲学。因此，学者们需要继续以中国管理实践为研究本体，继续剖析中国领先企业成功的案例，坚持传承中国优秀传统文化，扎根于中国管理研究，积极探寻一般共识经验和规律，把中国管理研究的理论成果和方法应用到教育、科技领域，尤其是工业企业中，进行广泛传播。只有促进中国管理研究知识体系的进一步应用，才能巩固中国管理研究的社会基础。因此，只有抓住机遇，致力于基于中国管理实践的理论创新研究，才有可能构建普适化的中国管理科学体系，指导全球企业管理实践，并让中国管理科学者得到全球学术界的认可。

总而言之，中国管理研究成果的贡献应当是为我国企业实践乃至全球的管理知识宝库添砖加瓦，提炼出一般管理原理，最终应用到企业实践中，再从实践中总结更加适用的经验和升华普适化的理论，构建中国管理科学体系。做到从实践中来，再到实践中去；理论指导实践，实践提炼理论。

第九章　治国理政离不开管理科学的
发展与实践

治国理政的思想是站在时代和全局的高度，在坚定中国自信、发展中国道路、优化中国模式、总结中国经验、带领人民推动改革开放和社会主义现代化建设的进程中提出来的，既是我们党把马克思主义基本原理同中国实际和时代特征相结合的重大理论创新成果，又是实践创新的巨大飞跃。

不断开拓治国理政的新境界，既是时代发展的要求，也是我们党领导水平和执政能力提升的标志。党的十八大以来，以习近平同志为核心的党中央直面当代中国和当今世界的重大课题，运用历史唯物主义和辩证唯物主义的科学世界观方法论，深刻把握治国理政的若干重大关系，科学统筹治党治国治军、内政外交国防、改革发展稳定，科学统筹国内国际两个大局，思考谋划治国理政一盘棋，先后提出全面建成小康社会、全面深化改革、全面推进依法治国、全面从严治党的重大任务和战略部署。"四个全面"廓清了治国理政的全貌，抓住了治国理政的关键，拎起了治国理政的总纲，集中体现了党治国理政的新思路、新方略。

当今世界经济格局发生了很大的变化，中国经济格局也发生了很大的变化，迫切需要新的管理理论来指导中国经济的发展。新型冠状病毒肺炎疫情加剧了百年未有之大变局，全球处于更加动荡和充满不确定性的环境中，中美战略竞争角力呈现上升趋势，需要解决的问题越来越多、越来越复杂。面对动荡多变的外部环境和艰巨的任务，中国如何保持长期战略定力，更快突围？这就是要不断开拓我们党治国理政的新境界。

要发展，离不开管理科学的发展与实践，治国理政离不开管理科学的发展与实践。习近平治国理政的思想是对中国管理科学研究的重大贡献，具有非常重要的理论指导意义和实际操作的实践意义。

第一节　改革目标的科学提升

本节探讨中国管理研究的内涵，可以是"洋为中用"，仿效西方对本土知识和管理实践的研究，也可以是用本土中国理论的学术语言解释当前的本土现象。总而言之，中国管理研究应当百家争鸣、海纳百川，融合东西方情境，发展具有指导意义和可传播的普适化中国管理科学体系。因此，很多学者都在努力学习和借鉴西方的研究模式和方法来研究中国管理问题。研究方法的界定固然非常重要，但是如果不框定研究问题，这些方法也不能够发挥真正的意义和作用。可见，框定研究问题必须优先于界定方法，先探讨中国管理研究的主体对象及内容维度更为重要，管理科学者才能清晰地知道研究对象和内容，才能找到合适的研究方法。总之，只有框定了中国管理研究的对象，才能更好地致力于针对"中国管理实践"载体进行研究。

一、中国管理研究对象的框定

中国现代管理理论是一门正在创建过程中的崭新学科，是研究与阐释关于辛亥革命以来中国的管理理论形成、发展、创新、完善的过程、条件、内容、特点及其规律性的科学，是中国传统管理理论的现代化，西方现代管理理论的中国化，中国现代化建设过程中一系列管理经验与理论的系统化，也是现代国学的重要组成部分。中国现代管理理论依其性质而言，既是管理学科，又是历史学科，具有很强的综合性与实践性。既然是一门学科，确定并把握其学科"三要素"，即该学科的研究对象、任务与方法，是新学科创立的首要条件。

任何新学科的建立，首先要明确该学科特定的研究对象。确立中国现代管理理论的研究对象并对其依据进行阐述和论证，是从事管理科学理论研究的前提与基础。

科学的理论是在实践的基础上产生并是对实践的概括与总结，管理科学理论是对管理科学实践活动及其经验、认识、理论以及规律的概括与总结。中国现代管理理论则是研究与阐释辛亥革命以来关于中国的管理理论形成、发展、创新、完善的条件、过程、内容、特点及其规律性的科学，其研究对象自然是中国现代管理的实践活动与理论发展，即对中国追求与实现现代化进程中的管理实践以及管理思想、学说及其规律性的概括与总结。

辛亥革命是中国近现代比较完全意义上的资产阶级民主革命。辛亥革命不仅推翻了延续260多年的清王朝在中国历史上的统治，还宣告了长达2000余年封建帝制的灭亡。此后，不论是在经济和政治方面，还是在社会和文化方面，都发生了具有根本性的变化。作为中国的资产阶级民主革命，其在管理理念以及操作方面都表现出了与以往性质的不同。孙中山先生的"三民主义"及其以后的"新三民主义"，根本内容是"创立民国"，即推翻封建君主专制制度，建立资产阶级的民主共和国，这是关于国家制度及其管理模式与方式的大事件、大变革、大创新。

辛亥革命以来的新民主主义管理理论及新中国现代化进程中具有中国风格、气派、特色与精神的管理经验、思想、理论，是马克思主义普遍真理和中国具体实际相结合的产物，具体表现为毛泽东思想、邓小平理论中的管理思想以及新时期以来的科学发展观、和谐社会论、治国新方略等方面的管理思想、理论、学说，这是中国现代管理理论的主干部分。

中国特色社会主义管理理论是中国现代管理理论研究的主体部分，主要是对于新中国成立后现代化建设进程中的管理实践活动及其观念、思想、理论的概括与总结。其早期形态可以追溯至新民主主义革命时期。

（一）中国特色社会主义管理理论的产生

中国特色社会主义管理理论的产生，可以说是从马克思主义理论传入中国开始的，是其一般原则与理论与中国具体的管理实际与管理活动相结合的必然。也就是说，当中国早期的共产主义者们开始运用马克思主义学说的一般理论、原则和观点来分析和研究并着手解决中国社会的实际问题时，中国特色社会主义管理理论就开始萌发了。中国特色社会主义管理理论是中国共产党成立以后，在组织、领导中国人民争取民主、自由、解放的过程中逐渐形成的。中国共产党的成立不仅使马克思主义在中国的传播更有组织，更具目的，更加广泛，更趋深入，还直接与新民主主义革命实践相结合，有了自己的坚实载体与实质内容。由于中国共产党在 28 年的长期斗争中集中全力于获取政权，因而此时的中国特色社会主义管理理论比较集中于军事、政治与获取政权的路线、政策与战略、战术等方面。

（二）中国特色社会主义管理理论的发展

新中国的成立，从总的趋势而言，标志着新民主主义革命一个新阶段的开始。1949—1956 年是中国新民主主义向社会主义转变的时期。这个阶段的管理实践与管理理论既是中国共产党人的伟大实践与理论创新，也是马克思主义中国化的具体实现形式。随着中国共产党作为执政党对社会、政治、经济、文化、教育等多方面管理实践活动的全面展开与深入，中国特色社会主义管理理论也不断发展完善，初步形成了较为系统的理论体系。丰富的具有中国风格、中国气派、中国特色与中国精神的伟大管理实践直接推动着中国活生生的社会主义管理思想的发展、完善与创新；与此同时，发展着的中国特色社会主义管理理论又必然赋予中国现代化建设过程中的管理实践活动以时代活力与崭新内容。例如，在社会与公共事务管理方面，中国特色的多党合作和政治协商制度的建立；又如，在实现工业化、现代化过程中，形成并发展了关于国民经济管理、国有企业管理的系统理论等，体现了中国特色社会主义管理理论在这个时期的成就，极大地丰富和发展了中国特色社会主义管理理论。

（三）中国特色社会主义管理理论的创新

经过"大跃进"和"文化大革命"的挫折与洗礼，中国特色社会主义管理理论实现重大转折并在新的历史条件下得到升华。党的十一届三中全会纠正了长期"左"的主体性错误，为中国特色社会主义管理理论揭开了崭新的一页；之后明确提出社会主义初级阶段理论与建设有中国特色社会主义的科学论断，科学概括了中国特色社会主义现代化建设的实质与内容，阐释了全面开创社会主义现代化建设新局面的方针与政策，成为中国特色社会主义管理理论发展的重要里程碑；党的十六届三中全会《关于完善社会主义市场经济体制若干问题的决定》确立的市场经济体制，开创了中国特色社会主义管理理论的新阶段。由此，中国特色社会主义管理理论走向世界的理论通道被打开了，中国现代管理理论与西方现代管理理论的交流与融合出现新局面。

历史和事实都证明，管理实践是管理理论建立和发展的动力和源泉，也是检验管理理论正确与否的唯一标准。实践告诉我们，中国现代管理理论研究对象的确立，是由中国特殊的经济基础的变化导致的社会关系的实质性转变所决定的。一般而言，特定经济基础与上层建筑的统一构成相应的社会形态以及与其相适应的制度、组织和设施，在阶级社会主要体现为规范特定生产关系的政治法律制度及必要设施。这是一方面。另一方面，有人群的地方就有管理，管理活动的主体和客体是管理活动的承担者，任何管理活动都是管理主体（管理者）和管理客体（被管理者）之间相互关系的体现，实质是特定生产关系的体现。管理的观念、思想、理论、学说要研究和阐释管理活动和过程中的一般性和特殊性，都不能脱离管理活动的主体和客体，都必须依托一定生产关系的实现与过程。从现代管理的实质内容看，管理既是对于生产力诸要素的配置，也是对生产关系各方面的协调，同时还是对生产方式与社会形态的校正与调适。因而从社会存在与理论发展的关系看，中国现代管理理论的研究对象及其主体的确定必然是由中国的国情基础和历史特点所决定的。

从辛亥革命的直接目的与历史意义看，推翻帝制、建立共和是为了追求现代、富民强国，自立于世界民族之林。可是因为辛亥革命本身的局限性，并没有使中国当时的社会性质发生本质性的变化。但是这并不能否定当时社会形态的上层建筑所发生的巨大变革，特别是在意识形态方面。也就是说，辛亥革命前后中国的社会性质虽然没有发生根本性的变化，但是帝制结束，共和开始，上层建筑方面发生的革命性变革不容忽视；尤其是五四运动前后两个阶段民主革命的领导阶级出现变化：前一阶段反封建的民主革命是由资产阶级领导的；后一阶段反封建民主革命的领导力量却是无产阶级。虽然两个阶段民主革命的性质仍然是同一的，但是由于民主革命的领导阶级有着本质区别，后者则发展成为中国式新型的民主革命，即新民主主义革命。中国的半封建半殖民地社会以辛亥革命为界划分为两个不同时代，管理思想的性质和内容也相应有了重大变化。五四运动把中国的资产阶级民主革命划分为旧、新两个阶段，在现代管理思想的研究中也应该而且必须加以相应的区分。因而从历史的实际和管理思想的性质和特点考虑，把辛亥革命以来的管理思想均纳入中国现代管理理论的研究对象，从历史与逻辑的角度考虑是合理的。

从中国的实际国情出发，有一个特殊的情况需要说明，辛亥革命后中国新民主主义的管理思想不仅是中国特色社会主义管理思想的重要组成部分，还是中国现代管理理论研究对象的逻辑范围。在"十月革命"之后，马克思主义在中国迅速传播，以中国的实际为依托广泛地与无产阶级革命运动相结合，以无比的生命力和感召力成为中国革命的指导思想与新中国现代化建设的理论基础。"十月革命"后，殖民地半殖民地国家的民族解放运动已经成为无产阶级社会革命的一部分，中国这个半封建半殖民地国家的民主革命当然也不例外。新民主主义管理思想与辛亥革命前后的资产阶级管理思想相比，已经发生了质的变化，但仍属于中国现代管理理论的研究范围。这就说明，从辛亥革命发端的中国现代管理理论不仅包括中国旧、新民主主义革命时期的管理理论，还以新中国现代化建设时期的管理理论为主体。同样，从总的过程看，也不能认为资产阶级旧民主主义革命时期的管理思想不是中国现代管理理论的研究对象。因此，辛亥革命后到新中国成立前的管理思想也应当是中国现代管理理论的研究对象。认为中国现代管理理论只是新中国成立之后的管理理论，是不符合中国的基本国情与客观实际的。

进一步考虑，管理和管理理论是不同的范畴，其对象也是不同的。不能把管理的对象与管理理论的对象混为一谈。任何社会或组织都有管理，但是不同的社会或组织有不同的管理。虽然人们对自己所经历或观察到的管理实践、管理活动与管理理论会表示自己的看法和主张，从而归纳、概括或总结出一些意识形态方面的观念、范畴和原理，但是这些构成管理思想的基本材料却因为人们所处环境不同、社会地位不同或不同的组织、不同的经济发展阶段而可能有很大的不同。进一步说，管理面对的是管理实践活动的实在，而管理理论面对的是管理方面的观念与思想。研究管理理论无论如何不能脱离管理实践，但是区别管理与管理理论的对象又是必要的。由此可以得出结论，不能用管理史的分期替代管理理论史的分期。也就是说，中国现代管理史的发端可以设定在新中国成立，但不能认定1949年新中国的成立同时也是中国现代管理理论的发端。

中国现代管理理论应当是一个具有系统内容和完整体系的新的研究领域，也是一项开创性的现代管理理论的前沿研究。根据不同的标准，中国现代管理理论研究的范围和领域有不同的划分。从历史时期看，既包括作为主体的新中国成立后现代化建设进程中的管理实践与理论，又包括新中国成立前民主主义革命时期的管理实践活动与理论。从地域上看，既包括大陆的管理实践，又包括香港特别行政区、澳门特别行政区、台湾省的管理活动；从研究领域看，既包括经济方面的管理实践与理论，又包括政治、教育、文化、军事、社会等其他方面的管理实践与理论；从管理层次看，既包括宏观层面的国家管理，又包括中观层面的地方与行业管理以及微观层面的企业和其他组织的管理等。

二、中国管理研究内容体系的构建

对于"中国管理研究要结合中国管理实践"这一观点，管理研究者和企业实践者是一致认同的，这对"普适化中国管理科学体系到底研究什么"很重要。通过上文关于中国管理研究和普适化中国管理科学的内涵的分析，本节提出中国管理研究的主要内容至少包括以下三个维度或视角。

（一）一般问题的研究

一般问题的研究也称空间维度的研究，由内而外（而且是先内后外），从中国到世界的一般性管理原理的研究。基于中国企业管理实践的研究，但是不局限于只是研究中国情境下的中国管理研究，其研究结果才能延伸到西方情境下并进行普适化理论的探讨、验证、修正和完善，被西方同样接受和传播。中国管理研究不仅要发展中国的管理理论，还要发展管理的中国理论。例如，"家长式领导理论"，最初都被国外学者认为是华人情境下的特有现象，已经形成了很多普适化的研究成果和理论，家长式领导研究理论在中国情境下已经形成了高解释性和高适用性。如果在西方组织中也存在家长式领导角色，中国家长式领导的研究结果和理论能够对于西方家长式领导的研究提供指导和借鉴价值，或者说能在我国情境下的家长式领导的研究结果和理论基础上进行发展创新更具通用性的领导理论，进而就会实现最高的普适性效果，达到中国管理科学的普适化最高境界。

（二）特色问题的研究

中国企业实践是基于传统文化的，用中国传统文化资源解释中国特有的现象，实现传统文化与现代管理相融合，体现的是与西方管理理论的差异性、与中国传统文化的传承性。由于新时代的进步，中国经济的发展带动了企业的成功实践和成长问题越来越多，引领成为中国管理研究的主流，目前大部分的中国管理研究都是基于这方面的研究。这个维度的中国管理研究关注的重点是中国企业的成长问题和中国企业成功的实践。尽管西方管理科学体系已经很成熟，但是还是无法解释一些中国特有的企业管理现象和实践，或者对中国企业成长、管理有着独特意义的现象。这种情况下就需要强调用中国独特的历史、本土文化和传统来解释这些困惑，比如中国企业管理实践中的人际关系的处理。当然，通过研究这类理论将专注于给出只适用于中国情境下的管理方法与法则，研究成果理论和价值也可能是在中国范围内实现一般管理原理，实现构建中国管理科学的整体普世格局下的部分特色框架。

（三）传统职能延伸维度的研究

传统职能延伸维度的研究也称作内容维度的研究，进行新时代环境背景下产生的新组织形态现象的解释。过去，中国管理研究的传统内容维度是围绕着企业的整个生产过程，或是从管理职能作为出发点和视角进行研究的。而当前中国提出的供给侧改革、"一带一路"等经济发展政策，新时代中国企业管理的内外部环境的变化，企业管理不断进行改革与创新，中国企业形态和结构不断演进。企业发展及其管理创新要跟上新时代的发展，就必须不断地创新，海尔制管理模式就是突破传统职能，形成了从"产品、服务、战略"等方面区别于传统组织的新的管理方式方法和模式。像企业生态体系、水样组织的出现，也要求管理者从管理职能角度去研究中国管理科学体系时要传承，更要创新组织职能和组织形态的理论研究，得出新组织理论和新的管理模式等。因此，进入新时代后，当前中国管理科学者要突破传统职能视角去分析研究，这也是未来中国管理研究应该关注的重点。

三、改革的利器"治国理政大脑"应运而生

2020 年,习近平总书记在杭州城市大脑运营指挥中心观看"数字杭州"建设情况。习近平总书记说,通过大数据、云计算、人工智能等智能手段推进城市治理现代化,大城市也可以变得更"聪明"。从信息化到智能化再到智慧化,是建设智慧城市的必由之路,前景广阔。

2015 年,在人民大会堂举办了"纪念钱学森同志归国 60 周年大会",旨在继承和发扬钱学森精神,用钱学森思想为时代赋能。此后,一直致力于将钱学森系统论思想实操化,成为系统工程方法解决复杂社会问题的"实现者",为治国理政打造管理驾驶舱,让决策者做到"心中有数""手里有招""脚下有路",能够"统揽全局""全域覆盖""精准调控"。

实现国家治理体系和治理能力现代化是一个复杂的系统工程。党的十九届四中全会从 13 个方面勾勒出新时代中国特色社会主义制度体系的宏阔格局。每一项制度体系相互影响、相互作用,包含诸多要素,涉及诸多部门。运用"总体设计部"思想,通过顶层设计和宏观指导提升国家治理能力,显得尤为重要。推动国家治理体系与治理能力现代化,一方面,要站在国家与民族根本利益的高度,超越部门和地区利益,挣脱既得利益的束缚,进行全局性的统筹规划;另一方面,既不能头痛医头,脚痛医脚,也不能草率行事,应当避免短期行为,进行系统设计、长远规划。

新时代我国国家治理总体设计部的实践形式主要是服务党中央、国务院、中央军委决策的国家高端智库。由跨领域、多学科的专业人才、具有决策支撑经验的高级顾问及领导者共同构成,是以总体设计、民主集中制为根本原则,以系统从不满意状态提升到满意状态为目标,运用从定性到定量的综合集成和从原型到模型的跨越式综合提升为方法,以自上而下的统一领导和自下而上的分级筛选方案、分类融合、模拟实践、循环迭代和集中决策为流程,对社会主义建设的政治系统、经济系统、文化系统、社会系统、生态环境系统、党建系统、人文系统等提供决策咨询服务的实体机构。通过对这些系统进行功能分析、系统论证、总体设计、顶层规划和总体协调,提出具有科学性、可行性和可操作性的各种配套的方针政策、发展战略和规划、计划等,为决策者和利益相关决策部门提供决策支持,同时丰富和创新中国特色社会主义理论体系;对全面建设社会主义现代化国家、全面深化改革、全面依法治国、全面从严治党"四个全面"进行系统分析、系统论证、总体设计,提出了"四个全面"的系统提升方案。

以国家治理总体设计部为基础,设立党政两条指挥线,明晰职责划分。

党政军民学，东西南北中，党是领导一切的。必须坚持党的全面领导，加强党中央集中统一领导。党把方向、谋大局、定政策、促改革，要完善形成上下贯通、执行有力的组织体系，确保党中央决策部署有效落实。以推进国家机构职能优化、协同高效为着力点，健全部门协调配合机制，统筹资源优化配置能力，打破部门利益的藩篱和信息壁垒，防止政出多门、政策效应相互抵消。"一个总体部、两条指挥线"确保党中央集中统一领导和国家制度统一、政令统一，形成对国家总体运行"统揽全局"的指导和监督机制。

以习近平同志为核心的党中央高度重视数字化发展，明确提出数字中国战略。2000年，时任福建省省长习近平作出了"建设数字福建"的重要部署，提出了"实现数字化、网络化、可视化、智能化"目标愿景。20年后，党的十九届五中全会通过的《中共中央关于制定国民经济和社会发展第十四个五年规划和二〇三五年远景目标的建议》，明确提出要"加快数字化发展"，并对此作出了系统部署。这是党中央站在战略和全局的高度，科学把握发展规律，着眼实现高质量发展和建设社会主义现代化强国作出的重大战略决策。以习近平同志为核心的党中央系列决策和系统部署，既有对历史与现实的观照，又有理论上的战略考虑，是马克思主义理论、方法与中国特色社会主义实践、中华民族初心使命相统一的结晶。

当前，国家治理迫切需要统筹部门权力，防止管理碎片化，促进政府治理向有序化、一体化、现代化发展。但是作为基础的数据资源不同程度地存在"信息孤岛"现象，在很大程度上影响了国家治理的质量和效能，迫切需要运用系统工程的理论和方法，加强顶层设计。为此，习近平总书记提出了国家治理体系和治理能力现代化的战略思想。瞄准国家治理现代化过程中的碎片化治理难题，数字中国不仅可以掀起政府部门科学化精准化的效能革命，还能在深化"放管服"改革、优化营商环境、更大激发市场活力和社会创造力等方面发挥更多作用，对政府治理理念、治理结构、运行机制、行为模式及资源配置等带来深层次的结构性变化，有力助推国家治理体系和治理能力现代化。

数字中国是提升国家治理体系和治理能力现代化的有力抓手，服务于中国共产党"为中国人民谋幸福、为中华民族谋复兴"的初心和使命。数字中国是伟大工程与伟大事业的数字化，也是共产党员先锋队与国家治理高质量的数字化。数字中国是一项复杂的系统工程，数字中国建设要坚持系统观，前瞻性思考、全局性谋划、战略性布局、整体性推进，"穿墙破洞，打通信息壁垒",开展总体设计、总体协调、总体调度,统筹运用数字化技术、思维、认知,把数字化、一体化和现代化贯穿党的领导、经济、政治、文化、社会、生态文明五位一体全过程各方面,对国家治理的体制机制、组织架构、方式流程、工具手段进行全方位系统性重塑。

精益达成是建设数字中国的理论方法。精益达成就是持续精益求精,按照需求导向、问题导向、目标导向、结果导向和可视成果导向的总要求,立足数据思维,探索以数据为核心驱动的国家级精益管理模式,基于 OKR(目标与关键结果)、NQI(国家质量基准)、MII(星融工程体系),打造统一的治国理政管理驾驶舱、指挥棒,举国一盘棋,实现一网统管,一目了然,一屏观天下,真正做到治国理政权责明确,胸中有数。

构建全域、全级次、全流程 OKR 体系。运用钱学森总体设计部思想,建立 OKR 运行总体设计部,承担 OKR 体系的构建和运行工作;建立横向集成、纵向贯通的协同工作模式;应用"自上而下、自下而上"相结合的方式来制定 OKR 运行流程;构建 OKR 评价量化指标体系,对执行过程中的问题进行评价汇总,基于 OKR 评价结果,开展分级分类的量化考核。最终通过建立治国理政 OKR 体系,把人民群众对美好生活的向往具体化为我们的奋斗目标和人民群众的获得感、幸福感、安全感和满意度,具体化为更高质量、更有效率、更加公平、更可持续的成果,具体化为信息主导、体系效能现代化的体制机制法制成果,具体化为实时在线"工程/项目"达成率。

基于 NQI 基准建立可量化的评价指标体系。基于国家 NQI 基准对每个业务模块定义标准化,可衡量、可验收的指标体系,实现"目标倒逼"和"责任在线"。

建立"五位一体"数据地图。基于系统院提出的天地一体、万物互联"星融工程"网络体系,开展对国家治理体系全域、全系统、全级次、全流程开展准确、详尽、实时的数据采集、数据治理、数据分析,基于自然语言的数据查询技术、基于机器视觉和自然语言处理的数据生产技术、全链条数据生产过程可回溯追踪技术、基于知识图谱和语义理解的数据指标可视化技术,构建交互智能、数据生产智能、数据回溯智能、可视化智能体系,形成全方位、多维度、可视化的数据脉络,建成数字中国管理信息"一张图",辅助党政管理决策部门实时掌握国家"五位一体"发展动态,保障达成在线。

第二节　中国特色社会主义社会治理的自信自觉

党的十八届三中全会明确提出，实践发展永无止境，解放思想永无止境，改革开放永无止境，把完善和发展中国特色社会主义制度，推进国家治理体系和治理能力现代化作为全面深化改革的总目标。"治理"一词在党的十八届三中全会公报中出现了多次，成为与改革、发展、市场等一样的高频词，这表明中国共产党人对发展规律有了新的认识。当今中国的发展进入攻坚克难阶段，必须在多个领域进行突破性改革，这就需要国家的制度体系进一步完善和发展。推进国家治理体系的现代化建设，既是对多年来改革开放成功经验的总结和运用，更是对未来发展面临的各种严峻挑战的积极回应，体现了中国共产党对国家治理道路选择的自觉和自信。

一、只有集中力量不断发展才能治理好中国

现代社会面临的重要课题之一就是要解决好治理难题。社会上的各种矛盾和冲突需要国家及时干预和宏观调整，集中力量制定政策并重点解决突出问题。新中国成立后，我们党按照七届二中全会"动员一切力量恢复和发展生产事业，这是一切工作的重点所在"的要求，集中力量做好恢复国民经济、争取国家财政经济状况基本好转的工作。治理中国这样一个人口众多、经济文化落后的大国，实现由农业国向工业国的转变，实现由新民主主义向社会主义的转变，是极其困难的。毛泽东曾经指出，中国共产党人一切奋斗的目的"在于建设一个中华民族的新社会和新国家"。短短数十年，中国发生了翻天覆地的变化。正是中国共产党人探索中国特色国家治理模式，才使中国实现了亘古未有的大变革。

改革开放后，经济快速发展，一些人的价值判断改变了，各种矛盾和冲突也逐渐增多，增加了社会治理的难度。解放思想、实事求是，成为引导中国发展的思想动力。1989 年 10 月，邓小平在一次会见外宾时强调，我们搞的是有中国特色的社会主义，是不断发展社会生产力的社会主义，是主张和平的社会主义。只有发展社会生产力，国家才能一步步富强起来，人民生活才能一步步改善。

为贯彻党的十七大精神，党中央先后召开七次全会，分别就深化行政管理体制改革、推进农村改革发展、加强和改进新形势下党的建设、制定"十二五"规划、推进文化改革发展等关系全局的重大问题作出决定和部署，取得了一系列宏观治理的成果。既要改革发展，又要稳步前进；既要大胆实验，又要抓顶层设计，成为不断深化改革的指导思想。党的十八大报告指出，"人们公认，这是我国经济持续发展、民主不断健全、文化日益繁荣、社会保持稳定的时期，是着力保障和改善民生、人民得到实惠更多的时期。"根据世界银行的数据，中国人均国民总收入由 1978 年的 190 美元上升至 2012 年的 5680 美元，按照世界银行的划分标准，已经由低收入国家跃升至上中等收入国家。面对近年来复杂严峻的国际经济形势和艰巨繁重的国内改革发展稳定任务，在党中央、国务院的正确领导下，坚持以科学发展为主题，以加快转变经济发展方式为主线，按照稳中求进的工作总基调，认真贯彻落实宏观调控的各项政策措施，在国家治理层面保持了国民经济运行总体平稳。

要发展，更要稳定地发展。"中国的问题，压倒一切的是需要稳定"。保持稳定是国家治理的突出特征。在全面深化改革的过程中，必须把握好改革、发展和稳定的关系，认清稳定是发展的内在要求。正如党的十八届三中全会公报中指出的："必须更加注重改革的系统性、整体性、协同性"，而"科学的宏观调控，有效的政府治理，是发挥社会主义市场经济体制优势的内在要求"。经济体制改革是全面深化改革的重点，核心问题是处理好政府和市场的关系，使市场在资源配置中起决定性作用和更好地发挥政府作用。治理一个现代化的国家，不仅要看经济发展的数字，还要看社会和谐与稳定的程度，要看国家制度的现代化程度。在特定的历史时期，如何处理好眼前利益和长远利益、局部利益和全局利益、个人利益和国家利益的关系，集中力量解决主要矛盾；如何全面处理好改革、发展和稳定的关系；如何牢牢扭住经济建设这个中心，不断积累、持续发展、加快转变经济发展方式；如何不断解放和发展社会生产力，实现好、维护好、发展好人民群众的根本利益；如何统一协调行动，集中力量有效应对境内外恐怖主义的威胁，维护国家安全，确保人民安居乐业、社会安定有序等，都直接反映治国理政的水平，特别是运用国家制度管理社会各方面事务的能力。新中国成立70 多年、改革开放 40 多年的历史进程说明，转型社会中形成治理困境的原因是多方面的，不可能一蹴而就，而是要通过不断探索和发展来完善和提升国家的治理能力。

二、中国特色社会主义道路是一条从实际出发的治理道路

从党的十六大和党的十六届三中全会、五中全会，到党的十七大和十七届三中全会都先后提出过"统筹城乡经济社会发展，是全面建设小康社会的重大任务"；"按照统筹城乡发展的要求，建立逐步改变城乡二元经济结构的体制";"建立以工促农、以城带乡的长效机制,形成城乡经济社会发展一体化新格局"的方针政策。从 2004 年至 2010 年的中央一号文件也都相继提出了"按照统筹城乡发展的要求,坚持多予少取放活的方针,尽快扭转城乡居民收入差距不断扩大的趋势";"坚持统筹城乡发展的方略,促进农村经济社会全面发展";"按照形成城乡经济社会发展一体化新格局的要求,扎实推进社会主义新农村建设"等。2011 年、2012 年的中央一号文件更是具体提出,要"发展城乡一体化供水。加强农村饮水安全工程运行管理",要"促进城乡文化一体化发展,增加农村文化服务总量,缩小城乡文化发展差距"。党的十八大报告还进一步指出:"解决好农业农村农民问题是全党工作重中之重,城乡发展一体化是解决'三农'问题的根本途径。"

2013 年的中央一号文件则要求,全面贯彻落实党的十八大精神,"必须固本强基,始终把解决好农业农村农民问题作为全党工作重中之重,把城乡发展一体化作为解决'三农'问题的根本途径。"

党的十八届三中全会强调了加快构建新型农业经营体系,赋予农民更多财产权利,并且明确提出,"必须健全体制机制,形成以工促农、以城带乡、工农互惠、城乡一体的新型工农城乡关系,让广大农民平等参与现代化进程、共同分享现代化成果。"而作为国家重大战略的京津冀一体化协同发展,也包含着从实际出发,以城市群建设为载体、以优化区域分工和产业布局为重点的深度统筹城乡一体发展的内容。这些政策都一再重申了加快形成城乡经济社会发展一体化新格局的重要性,从这里也可以看出党和政府统筹城乡发展的全面治理的指导思想。

不可否认,在改革过程中,会不断出现新情况、新问题,特别是目前城乡差距、地区差距、居民收入差距还在扩大,城市就业压力继续加大,人口增长、经济发展同生态环境、自然资源的矛盾还在加剧。这些问题如果任其发展下去,势必导致经济问题转变为社会政治问题。

正因为如此,党的十八大报告提出,要"着力保障和改善民生,促进社会公平正义。""要在全体人民共同奋斗、经济社会发展的基础上,加紧建设对保障社会公平正义具有重大作用的制度,逐步建立以权利公平、机会公平、规则公平为主要内容的社会公平保障体系,努力营造公平的社会环境,保证人民平等参与、平等发展权利。""必须坚持走共同富裕道路。共同富裕是中国特色社会主义的根本原则。要坚持社会主义基本经济制度和分配制度,调整国民收入分配格局,加大再分配调节力度,着力解决收入分配差距较大问题,使发展成果更多更公平惠及全体人民,朝着共同富裕方向稳步前进。"

一个国家的现代化，离不开治理现代化。党的十八届三中全会首次提出"国家治理体系和治理能力现代化"，体现了一种新的治理思维，体现了实事求是的思想路线，也表明了中国共产党对国家治理道路选择的高度自信。2013 年在接受金砖国家媒体联合采访时，习近平说道，这样一个大国，这样多的人民，这么复杂的国情，领导者要深入了解国情，了解人民所思所盼，要有"如履薄冰，如临深渊"的自觉。

在改革开放新的历史时期，党中央围绕坚持和发展中国特色社会主义，提出一系列紧密相连、相互贯通的新思想、新观点、新论断，而推进国家治理体系和治理能力现代化的思想，正是马克思主义同当代中国实际和时代特征相结合的产物，是对新形势下实现什么样的发展、怎样发展等重大问题的科学回答。

第三节　全面深化改革的目标指向

全面深化改革，就是要统筹推进各领域改革，需要有管总的目标，也要回答推进各领域改革最终是为了什么、要取得什么样的整体结果这个问题。习近平新时代中国特色社会主义思想明确全面深化改革总目标是完善和发展中国特色社会主义制度，推进国家治理体系和治理能力现代化。这充分体现了我们党对改革认识的深化和系统化，表明我们党对中国特色社会主义规律的认识达到了新高度。全面深化改革总目标的确立使改革实现了由局部探索、破冰突围到系统集成、全面深化的转变，对于在改革发展新阶段推动制度更加成熟更加定型、为实现中华民族伟大复兴提供更为完善的制度保证具有重大意义。全面深化改革总目标具有丰富的科学内涵，是方向性、统领性、有效性的有机统一。本节重点分析一下从党的十八大以来税务绩效管理的改革创新、政府绩效管理的演进逻辑与税务绩效管理的重要成果。

一、从党的十八大以来税务绩效管理的改革创新看政府绩效管理的演进逻辑

党的十八大以来，习近平总书记作出一系列重要指示，要求坚持严管和厚爱结合、激励和约束并重，完善干部考核评价机制；科学定岗定责，合理分配任务，加强绩效考核；健全科学的政绩考核评价体系，形成重德才、重实绩的用人导向。党中央及有关部门出台一系列文件，对严格绩效管理、

加强党政领导干部考核、统筹规范督查检查考核工作、改进推动高质量发展的政绩考核等提出明确要求，进行具体部署安排。税务系统始终牢记税收在推进国家治理体系和治理能力现代化中的责任使命，认真落实党中央、国务院各项决策部署，探索出一条职能部门如何更好履职、推进税收治理体系和治理能力现代化的管理新模式。税务绩效管理的改革创新在"点"上为政府绩效管理的推进破解了难题，也折射出"面"上政府绩效管理演进的基本逻辑。

（一）价值追求：从提高行政效率到提升治理效能的演进

20世纪80年代到90年代初期，国家税务总局针对系统内存在的职责不清、目标不明、履职不力等现实问题，以提高行政效率为主要目的，探索实施岗位责任制。

21世纪初期，各地税务部门探索建立"改进目标责任制""社会服务承诺制""效能监察""公民评议"等四种绩效考核模式。2013年，国家税务总局决定把绩效管理作为转职能、改作风、激活力、抓落实的重要抓手，一方面通过科学分解承接和执行绩效指标，"一竿子到底"，从顶层直达基层，进一步实现扁平化管理；另一方面通过合理设置指标要素，明确每项指标的考评标准、分值权重、考评时间等要素，既考数量、又考质量，既考效率、又考效果，做到事前抓任务指标明晰、事中抓过程质量控制、事后抓评估结果问效，切实达到转职能、改作风的目的。从2016年起，税务绩效管理更加注重多元主体参与，在强化执行力考核的基础上凸显公信力考核，评价标准从聚焦"有没有""干没干"转向"干得好不好"。同时，实行"督考融合"机制，将党中央、国务院及税务总局组织的督查督办、督察审计等发现的问题纳入减分项目，进而明确绩效管理上下、左右、内外各级各部门的职责，实现业务上的彼此衔接与工作上的相互协调，对提升税收治理的整体效能发挥了重要作用。

（二）制度体系：从尝试摸索到基本成熟定型的演进

2013年12月，国家税务总局出台全面实施绩效管理的意见。2014年上半年，税务绩效管理1.0版在税务总局机关和9个省税务局试点运行，配套出台税务系统绩效管理试点工作方案、税务系统绩效管理办法（试行）、税务总局机关绩效管理办法（试行）等制度文件。2014年下半年，2.0版开始在全国各省税务机关试运行。2015年推出3.0版，更加注重控制过程，关注管理的各个环节，同步印发了全国税务系统绩效管理办法、个人绩效管理办法及其实施细则、绩效考评结果运用办法（试行）等制度文件。2016年推出

4.0 版，突出关键绩效指标，调整加分减分项目；同时进一步完善全国税务系统组织绩效管理办法等 6 项制度，并正式实施绩效考评结果运用办法。2017 年推出 5.0 版，大幅提升量化考评比重，同步出台国家税务总局绩效考评委员会工作规则，强化第三方评价。2018 年推出 6.0 版，适应国税地税征管体制改革新形势新要求，将考评原国税、地税两套绩效指"合二为一"。2019 年推出 7.0 版，进一步优化绩效指标框架及分值权重，精简指标考点，规范考评方式，再次修订全国税务系统绩效管理办法。2020 年，突出系统集成，进一步夯实功能定位、更新绩效理念、完善考评内容、优化考评方式、健全运行机制。2021 年，在坚持党建业务融合互动、组织个人共进贯通、多方督考关联撬动中推动绩效管理向纵深发展。2022 年，面向智慧税务建设，强化以数治税理念，在稳中加固的基础上，以推进"内嵌"式考评为突破口，进一步提升绩效管理"精"度，实现指标、规则和技术的互融升级。经过多年实践探索，税务绩效管理从基本到具体、从一般到特别、从长期到年度、从组织到个人、从考核评价到结果运用等诸方面，已基本形成较为成熟完备的制度体系，运行越来越顺畅、作用发挥越来越明显、各方面认可度越来越高。

（三）评价格局：从条块实施到全面协同的演进

税务绩效管理立足新发展阶段、贯彻新发展理念、服务新发展格局，着力健全与推动高质量发展相适应的绩效评价体系，由点到线，连线成面，形成"一张网，全覆盖"的评价格局。比如，按照党的十八届四中全会提出"把法治建设成效作为衡量各级领导班子和领导干部工作实绩重要内容，纳入政绩考核指标体系"要求，围绕打造法治型税务机关、推进税收法治建设的重要目标，将前期已试点运行的依法行政综合绩效考核一体融入绩效考评指标体系"大盘子"。又如，按照《中共中央 国务院关于全面实施预算绩效管理的意见》关于"构建全方位预算绩效管理格局，建立全过程预算绩效管理链条"的部署要求，将预算绩效管理融入税务绩效管理，将重大政策和重要项目全面纳入绩效管理，既看数量、质量，又看时效、进度，还看成本、效益，综合衡量政策和项目预算资金使用效果。再如，2019 年中办印发《党政领导干部考核工作条例》，2020 年中组部印发《关于改进推动高质量发展的政绩考核的通知》，税务总局把绩效管理与领导班子和领导干部考核、推动高质量发展的政绩考核融会贯通，既进一步深化和丰富税务绩效管理的内涵，又为领导班子和领导干部考核、推动高质量发展的政绩考核厚植根基。

（四）技术支撑：从单一分散到大数据整合的演进

税务绩效管理的发展历程是其技术支撑不断优化创新的过程。2014年，税务总局开发运行绩效管理信息系统，依托"绩效计划""填报审核""考评打分""过程监控""查询分析"和"绩效反馈"六大主要业务功能，基本实现指标制定、资料填报、考评打分、异议申诉、结果反馈以及日常监控的全流程线上运行。整体实现五级税务机构纵横贯通，并通过每年迭代升级，不断实现更精准地为各级各部门"画像"，确保每项绩效指标考评都"实打实"。2018年，世界银行在全球公共部门绩效报告中指出，税务总局建立了一套信息系统以便于实时监控绩效指标的实施进度，发现和改进在执行过程中出现的任何问题。该系统能够显示出一张重点任务的时间表，让管理者可以追踪那些工作进度落后于考评标准的部门。近年来，为适应以大数据分析技术、人工智能技术、区块链技术等为代表的新兴信息技术的发展，税务绩效管理信息系统借助互联网技术，借鉴大数据管理理念，围绕"机生机汇机考"进一步创新管理工具，不断强化对绩效指标的实时监控、动态可视、自动计算、自动生成考评结果，加快推进税务绩效管理数字化战略转型。

（五）效应发挥：由奖惩为主向集成赋能的演进

管理是手段，效果才是目的。税务绩效管理直面过去考核缺乏激励约束手段的问题，将年度综合绩效评价和分领域绩效评价结果作为领导干部考核评价、干部奖惩任免的重要依据，与干部任用、评先评优、公务员年度考核挂钩，与推进领导干部能上能下、职务职级并行相结合，运用范围覆盖领导干部和一般干部，对绩效不佳的单位和个人进行问责，严肃追究责任有效促进能者上、庸者下、劣者汰。应该说，严格绩效考评结果运用，既倒逼绩效管理持续改进，确保考准考实，进一步发挥抓班子、促落实的积极作用，也促进指标体系更加科学，使绩效管理理念更加深入人心。通过绩效考核评价，各级税务局之间及其内设机构之间，都有了横向可比较的标准，同时辅之以绩效沟通、分析讲评、督促整改等措施，绩效考评结果在绩效改进方面的功能日益明显，促进固根基、扬优势、强弱项、补短板、持续提升质效。

二、税务绩效管理是政府绩效管理长期实践的重要成果

税务绩效管理作为我国政府绩效管理的一个典型案例，在一定意义上是政府绩效管理长期实践、持续深化、创新发展的成果。政府绩效管理为税务绩效管理的推进创造了条件、奠定了基础、积累了经验；税务绩效管理则为推进政府绩效管理开拓了思路、探索了路径、提供了方案。

（一）政府绩效管理为税务绩效管理的产生创造了政治条件

我国政府绩效管理以干部考核制度为发端，大体经历了从个体绩效到部门绩效再到组织绩效的发展历程，党和国家始终将其作为一项重要的政治工作加以推进。1949 年中组部颁布《关于干部鉴定工作的规定》就强调干部考核的政治性，提出要把干部考察的重点放在"政治立场、观点作风、掌握政策、遵守纪律、联系群众、学习态度等方面"。1979 年中组部发布《关于实行干部考核制度的意见》，指出干部考核是一项新的政治工作，考的就是干部的政治立场和思想品德。1984 年劳动人事部下发《关于逐步推行机关工作岗位责任制的通知》，提出严明干部工作考核和奖惩对于改善机关工作、克服官僚主义、提高办事效率、调动广大干部奋发向上的积极性有着非常重要的政治作用。2003 年 10 月，党的十六届三中全会明确提出要建立预算绩效评价体系。2005 年 3 月，温家宝同志在十届全国人大三次会议上所作的《政府工作报告》中提出要"抓紧研究建立科学的政府绩效评估体系和经济社会发展评价体系"。从考核政治素养到考核政治责任、从评价权力运行的单个环节到所有环节、从建立考核制度到建立绩效评估体系，不断提高的政治性要求使政府绩效管理上升为一种重要政治活动和政治实践。

（二）政府绩效管理为税务绩效管理的产生奠定了制度基础

"有制"才能"有治"，"善制"方能"善治"。2009 年 7 月，中组部下发《地方党政领导班子和领导干部综合考核评价办法（试行）》《党政工作部门领导班子和领导干部综合考核评价办法（试行）》《党政领导班子和领导干部年度考核办法（试行）》三个文件。这是关于领导班子、领导干部个人绩效考核评价的第一批制度体系，为绩效管理的进一步制度化奠定了基础。2012 年 3 月，国务院政府绩效管理工作部际联席会议第二次会议通过《关于政府绩效管理试点工作中期评估情况的报告》《2012 年政府绩效管理工作要点》《政府绩效管理工作部际联席会议议事规则》三项制度，进一步明确了政府绩效管理的基本运行规则。与此同时，一些地方政府与部委也分别研究制定适用于本地区或本部门的绩效管理办法与实施细则等，推动了政府绩效管理的进一步制度化。

（三）政府绩效管理为税务绩效管理的产生积累了实践经验

绩效管理本质上是一种实践。2006 年 2 月，国务院深化行政管理体制改革联席会议决定探索施行政府绩效评估，具体工作由人事部牵头。人事部确定湖南、吉林、上海杨浦区、南通市第一批试点单位。2008 年，政府绩效评估正式发展为政府绩效管理，被写入党的十七届二中全会文件和国务院政府工作报告中。2010 年 7 月，监察部增设绩效管理监察室，负责政府绩效管理的调查研究、指导协调和监督检查工作。2011 年 3 月，国务院建立由监察部、中组部、国家发展改革委、财政部等九个部门组成的政府绩效管理工作部际联席会议制度。2011 年 6 月，监察部印发《关于开展政府绩效管理试点工作的意见》，选择北京、福建、广西、杭州等八个地方政府和国家发展改革委、财政部等六部委进行政府绩效管理试点。在上述行动的激励下，到 2012 年年底，全国已有 23 个省（自治区、直辖市）和 20 多个国务院部门开展政府绩效管理工作。这些探索积累了丰富经验，获得了许多对中国特色政府绩效管理规律的认识。

（四）政府绩效管理为推进新时期税务绩效管理指明了方向

经过 40 余年的发展，我国政府绩效管理呈现发展迅速、实践丰富、成效显著等特点，但是不可否认仍存在一些问题与障碍。一是目标导向不够明确。一些地方政府和部门更多地将绩效管理理解为一种"打分排名""评比评优"的考核工具，而对绩效管理在发现问题和改进问题的功效上认识不足，在评估内容上过于注重结果，而忽略了过程。二是指标体系有待优化。没有建立起全面科学的政府绩效评估指标体系，往往将经济指标片面等同于政府绩效指标，指标之间缺乏有机整合和联系。指标体系以结果指标为主，很少涉及过程指标，评估内容注重工作的最终业绩，以工作结果为导向，而不注重管理的行为和过程。三是评价主体比较单一。存在忽视公众意志、公民有效参与不足等缺陷，限制了社会公众在绩效管理中作用的发挥。对于第三方参与评估，有的地方尚未引入，有的地方即使引入，也尚未合理地发挥其作用。四是激励约束作用不深。运用科学合理和可量化的绩效目标、绩效标准来规范行政行为和发挥激励作用较少，作为消极防御、事后监督与制裁手段的比较普遍。五是信息技术支撑滞后。很多地方政府的绩效管理仍然停留在"手工作坊"阶段，即便采购或开发了绩效管理软件，也仅限于信息化、可视化和自动计算等功能，尚未进入大数据分析阶段。这些都是当前推动政府绩效管理高质量发展的难点和重点问题，税务绩效管理正是由此而破局。

三、从税务绩效管理改革创新看政府绩效管理的发展方向

以全面绩效管理引领国家税收治理现代化，是新时代税务系统践行国家治理体系和治理能力现代化的直接体现。2021 年 3 月，中办、国办印发的《关于进一步深化税收征管改革的意见》为"十四五"时期税收工作确立总体规划，是新时代税收营商环境建设的"宣言书"和税收治理现代化的"路线图"，对进一步深化绩效管理提出具体要求。绩效管理作为税务部门更好服务国家治理现代化的有力抓手，核心要义在于持续改进，生命力在于久久为功。只有始终坚持守正与创新相结合，在实践中才能够永葆活力、赓续发力，而这也正是推进新时代政府绩效管理向纵深发展所应秉持的基本态度和所应坚持的发展方向。

（一）坚持政治性和人民性的根本遵循，打造以旗帜鲜明讲政治为导向的绩效管理，建设人民满意的服务型政府

政治性是行政的根本属性，政治制度、政治形态对行政体制起着根本性的决定作用。有着什么样的政治制度、政治形态，就会形成什么样的行政体制。中国行政体制归根结底都是为践行以人民为中心的发展思想、贯彻落实党的路线方针政策服务的。《中共中央关于加强党的政治建设的意见》要求把对党负责和对人民负责高度统一起来，想问题、作决策、办事情都从人民利益出发，崇尚实干、勤政为民。中组部《关于改进推动高质量发展的政绩考核的通知》要求把人民群众的获得感、幸福感、安全感作为评判领导干部推动高质量发展政绩的重要标准。作为政府与公民之间的联系纽带，政府绩效管理既是政府落实立党为公、执政为民理念的有效机制，又是提升人民对政府信任的重要手段。因此，政治性和人民性既是中国政府实施绩效管理的立身之本，又是创新推进政府绩效管理的根本遵循。把"人民拥护不拥护、人民赞成不赞成、人民高兴不高兴、人民答应不答应"作为政府绩效管理的核心指标，是新时代政府绩效管理发展的根本要求，是创新和改进绩效管理制度的顶层设计，也是当前全面实施绩效管理的基本方向。从税务部门来看，通过实施绩效管理强化落实重大决策部署的快速响应、树立税务队伍良好形象的内生动力、促进征纳关系和谐的服务机能，是建设服务型税务机关，推动税收工作高质量发展的关键。

（二）坚持制度化与规范化的坚实依托，打造以制度完善、流程规范为导向的绩效管理，建设职能科学、运行规范的法治政府

绩效管理体系的构建本质上是一场管理的变革，制度建设则是保障绩效管理工作有序运行、科学推进的基础。税务绩效管理在实践中逐步建立多层次的制度办法，既有对组织的绩效管理制度，又有对领导干部个人的绩效管理制度；既有战略规划层面的顶层设计，又有具体的年度考评细则和有针对性的结果运用办法，规定了绩效管理的内涵、组织机构、适用范围、长远规划和日常制度，确立绩效沟通和绩效改进等机制。围绕税收现代化建设战略

目标，将党的建设与绩效管理有机统一起来，明确绩效管理的组织领导、指标设置、日常管理和考评流程，实现组织绩效、部门绩效、个人绩效的有机统一，为科学开展绩效管理奠定了制度基础。长远来看，政府绩效管理制度的科学性、规范性有赖于它的法治化程度，因为运用法治手段推动制度的执行才是从深层次来增强制度执行的动力。政府绩效管理应清醒认识、主动顺应这一发展潮流，注重科学化和体系化建设，全方位推进政府绩效评估法律制度建设。要从法律上确立绩效管理的地位，保证绩效管理成为政府公共管理的基本环节，促使政府开展评估工作，以提高公共管理水平，进而推动提高政府绩效管理规范化和法治化程度，加速把制度优势转化为治理效能。

（三）坚持考人与考事相结合的整体导向，打造个人与全局同频共振、控成本与提效益相得益彰的绩效管理，建设高效履职、敢于担当的责任政府

建设高效履职、敢于担当的责任政府首先要建设高素质的干部队伍作为根本支撑。衡量领导干部是否高效履职，离不开具体的工作成绩和日常表现，以"考得怎样"真实反映"干得如何"，从而避免考核中的形式主义，提升干部考核的科学性，让重资历轻本事、重表态轻实干、重领导轻群众、重一时轻一贯的干部受到警示，彻底消除"工作、考核两张皮"的现象，更有利于激发干部高效履职、敢于担当的正能量。税务绩效管理的经验表明，建设高效担当的责任政府，必须坚持考准考实干部，而要考准考实干部，则应将考人与考事结合起来，实现组织绩效与个人绩效的有机衔接。一方面，充分发挥考核的引领作用，围绕中心、服务大局设置考核指标，重点工作推进到哪里，考核就要跟进到哪里，引导领导干部以工作实绩比学赶超。要注重综合运用多方信息，广泛收集与实地核查相结合，实现多方面绩效信息相互补充印证，保证考人考事的客观性。另一方面，进一步明确上下、左右、内外各级各部门的职责，实现业务上的彼此衔接与工作上的相互协调，做到考事有体系、考人有比较、人事有衔接，把考准考实干部政绩与加强领导班子和领导干部日常管理、推进落实高质量发展工作任务更好结合起来。同时，国家在新的历史时期全面实施预算绩效管理，这是优化财政资源配置、提升公共服务质量的关键举措，考人考事也要与花钱效益结合起来，通过预算绩效管理和税务绩效管理有机融合，考钱与考项目并重、控成本与提效益并举，既关注内部绩效运行监控，又关注外部服务对象满意度，全面提升资源配置效率、资金使用效益，进而提高治理水平。

（四）坚持创新性与技术性的重要支撑，打造以技术提升、数据驱动为导向的绩效管理，建设以数字化治理为支撑的现代政府

创新是引领发展的第一动力。实施创新驱动发展战略是我们党在新时期的重大历史使命。党的十九届四中全会提出建立健全运用互联网、大数据、人工智能等技术手段进行行政管理的制度规则，推进数字政府建设。数字政府是一种运用信息技术和大数据，创新行政管理、服务监管方式，实现政府效能优化提升的新型治理模式。在政府行政体制改革、日常管理和公共服务领域大力发展与运用大数据，是贯彻落实新发展理念的必然要求，对于加快转变政府职能、提升政府治理能力具有重要意义。当前，税务部门正按照中办、国办印发的《关于进一步深化税收征管改革的意见》，积极推动绩效管理渗入业务流程、融入岗责体系、嵌入信息系统，对税务执法等实施自动化考评。大数据时代的来临为重塑政府绩效管理模式提供了难得的机遇。大数据等新技术手段将使政府绩效考核评估和管理更加全面、客观，既可降低对传统政府绩效信息数据人工录入的依赖，大大增强绩效考评的独立性，又能提高绩效管理的公开化、透明化程度，有利于社会公众对政府工作进行监督。高效的信息集成技术和数据分析技术也能为制定更加科学的公共政策提供坚实基础，驱动政府治理效能提升，对重塑政府绩效管理的模式具有划时代意义。

（五）坚持效能性与发展性的不懈追求，打造以狠抓落实、持续改进为导向的绩效管理，建设有为善治的效能政府

国家治理效能得到新提升，是"十四五"时期我国经济社会发展主要目标之一。提升国家治理效能的关键就是要灵活运用治理工具、全面增强治理能力、科学实施绩效评价。而政府绩效管理既是一种治理工具，又是一种评价方式，是增强治理能力的重要途径。绩效管理不同于传统的管理方式，它强调以问题为导向，通过评估以及每个评估指标上的具体得分来发现绩效问题，从而提升绩效；它强调通过绩效目标和评估指标来规范行为、提高政府执行力和公信力；它强调坚持对效能的不懈追求，最终实现有为善治的目标。政府绩效管理是突出战略一致性和层层落实责任，加强质量变革、效率变革、动力变革，把制度优势更好转化为治理效能的一项重要机制。

首先，要重视政府绩效管理的基础工程，通过规范政府部门的"三定"进一步落实岗位责任制。基于此，紧扣贯彻落实新时代党的组织路线，将组织绩效考评向个人绩效考评延伸，突出关键指标，体现个性指标，实现组织与个人共成长。

其次，要把结果运用作为绩效管理的生命线。中办印发的《关于进一步激励广大干部新时代新担当新作为的意见》提出，强化考核结果分析运用，将其作为干部选拔任用、评先奖优、问责追责的重要依据，使政治坚定、奋发有为的干部得到褒奖和鼓励，使慢作为、不作为、乱作为的干部受到警醒和惩戒。通过强化绩效结果运用，调动干部工作的积极性和主动性，进而实现管人与治事相统一。

最后，要重视政府绩效文化的培育。倡导科学化、精细化、以人为本知行合一的管理理念，通过组织举办全员培训、宣传宣讲，各类比赛和理论研究等丰富多彩的活动，使绩效管理理念入耳入脑入心，形成"人人讲绩效、事事求绩效"的文化氛围，进而持续释放绩效管理的积极效应。

实践证明，在习近平管理思想的指引下，国家治理效能得到了提升，各行各业的管理科学水平得到了提高，对于加快建设社会主义现代化强国具有划时代意义。

第十章　新时代中国特色管理科学
思想体系的形成

　　进入新时代，中国经济剧烈变动并高速发展，实现了强起来的伟大飞跃。新经济、新技术又带来了中国企业管理实践的新现象和新问题，导致中国管理研究更加严重落后于中国管理实践，新时代的发展正在呼唤新的指导理论。本文首先尝试探讨何为"中国管理研究"，在此基础上分析了新时代的要求和挑战：构建普适化中国管理科学体系；进一步框定了中国管理研究的对象，提出了中国管理研究的空间、时间和内容延伸维度三大研究内容体系；最后探索构建普适化中国管理科学体系的研究路径及方法。期望管理科学者尤其是中国管理科学者更加自信地去践行中国管理研究的梦想。

　　进入新时代，中国管理研究呈现空前繁荣发展的态势，它指导着中国管理实践的发展与创新，推动着中国经济的快速发展。但是由于中国管理研究发展比较晚，当前实践背景下的中国管理研究成果，能用于指导企业新实践、新问题和新挑战的理论还不完善、普适性差。中国管理研究创新跟不上实践剧烈转型的速度，现行的实践与理论的创新两者相脱节现象越来越严重。中国管理研究仍不完善、不成熟，严重滞后于先行的中国管理实践的发展。构建普适化的现代管理科学体系，促进中国管理研究和中国管理实践二者之间趋同协调发展，是当前管理科学界应该关注和需要攻克的新难题。基于此背景，本节展开了关于中国管理科学体系构建的探索研究。本节研究是从中国管理研究的概念界定和内涵出发，基于新时代背景的要求和挑战，期望通过探讨中国管理研究的价值诉求、对象、内容维度和研究路径方法等，积极去构建具有一般规律，能够向中国乃至全球传播和推广的有意义的学术新知和具有普遍价值的管理科学体系，用以指导中国管理实践。

第一节　历史方位和发展阶段——中国特色
社会主义进入新时代

　　社会主义从来都是在奋勇开拓中前进的，必定随着形势和条件的变化而不断向前发展。经过长期努力，中国特色社会主义进入了新时代，这是我国发展新的历史方位。这一重大政治论断，赋予党的历史使命、理论遵循、目标任务以新的时代内涵，为我们深刻把握当代中国发展的新阶段新特征、科学制定党的路线方针政策提供了时代坐标和基本依据。

我们正在进行具有许多新的历史特点的伟大斗争，党和国家事业开启了新征程。充分发挥习近平总书记治国理政方略引领实践的巨大威力，将其作为行动指南和基本遵循，我们的事业就会走得好、行得远，我们就能如期实现中华民族伟大复兴的中国梦。

切实用习近平治国理政方略武装头脑，将习近平总书记的管理科学思想融入治国理政理念。习近平总书记治国理政方略，是我们凝聚力量、攻坚克难的强大思想武器，是全面建成小康社会、实现中华民族伟大复兴中国梦的行动指南。当前，坚持中国特色社会主义理论体系的指导地位，就是要确立习近平总书记一系列重要讲话精神的指导地位，坚持用讲话精神指导各项工作；搞好党的创新理论武装，就是要用习近平总书记一系列重要讲话精神铸魂固本，坚定理想信念，强化精神支柱；统一广大干部群众思想行动，就是要用习近平总书记一系列重要讲话精神凝聚意志，形成推动事业发展、实现中国梦的强大力量。

一、新时代标示我国发展新的历史方位

时代的发展有一个从量变到质变的过程，在量变中蕴含和孕育着质变，质变是量变的必然结果，同时又开启新的量变。回顾党领导人民的奋斗历程，革命也好，建设也好，改革也好，都经历了从量的积累到质的飞跃的不同发展阶段。坚持和发展中国特色社会主义，必须把握时代特点、直面时代课题，在体现时代性、把握规律性、富于创造性中不断展现蓬勃的生机活力。

明确中国特色社会主义进入新时代，这是我们党在科学把握世情国情党情深刻变化的基础上作出的一项关系全局的重大战略考量，进一步彰显了中国共产党与时代共同进步的先进性本色，体现了把握历史规律和历史趋势的高度自觉和高度自信。

从发展阶段看，党的十八大以来，改革开放和社会主义现代化建设取得历史性成就，我国发展站到了新的历史起点上，中国特色社会主义进入新的发展阶段。党的理论创新实现了新飞跃，党的执政方式和执政方略有重大创新，发展理念和发展方式有重大转变，发展环境和发展条件有重大变化，发展水平和发展要求变得更高。从社会主要矛盾看，我国社会主要矛盾已经由人民日益增长的物质文化需要同落后的社会生产之间的矛盾，转化为人民日

益增长的美好生活需要和不平衡不充分的发展之间的矛盾。这一重大历史性变化对发展全局产生了广泛而深刻的影响。

从奋斗目标看，党的十九大到党的二十大是"两个一百年"奋斗目标的历史交汇期，我们既要全面建成小康社会、实现第一个百年奋斗目标，又要乘势而上开启全面建设社会主义现代化国家新征程，向第二个百年奋斗目标进军。从国际地位看，当代中国正处在从大国走向强国的关键时期，已经不再是国际秩序的被动接受者，而是积极的参与者、建设者、引领者。世界对中国的关注，从未像今天这样广泛、深切、聚焦；中国对世界的影响，也从未像今天这样全面、深刻、长远。这些重大变化，都需要从新的历史方位、新的时代坐标来科学认识和全面把握。

历史车轮滚滚向前，时代潮流浩浩荡荡。一个国家、一个民族要振兴，就必须在历史前进的逻辑中前进、在时代发展的潮流中发展。中国特色社会主义进入新时代，是新中国成立以来特别是改革开放以来我国社会发展进步的必然结果，是我国社会主要矛盾变化的必然结果，也是我们党团结带领全国各族人民开创光明未来的必然要求。

中国特色社会主义进入新时代，在中华人民共和国发展史上、中华民族发展史上具有重大意义，在世界社会主义发展史上、人类社会发展史上也具有重大意义。这意味着近代以来久经磨难的中华民族迎来了从站起来、富起来到强起来的伟大飞跃，迎来了实现中华民族伟大复兴的光明前景。这意味着，科学社会主义在21世纪的中国焕发出强大生机活力，在世界上高高举起了中国特色社会主义伟大旗帜。这意味着，中国特色社会主义道路、理论、制度、文化不断发展，拓展了发展中国家走向现代化的途径，给世界上那些既希望加快发展又希望保持自身独立性的国家和民族提供了全新选择，为解决人类问题贡献了中国智慧和中国方案。

二、新时代是中国特色社会主义新时代

新时代是中国特色社会主义新时代，而不是别的什么新时代。这个新时代，既同改革开放以来的发展历程一脉相承，又体现了很多与时俱进的新特征，内涵丰富、意蕴深远。

这个新时代，是承前启后、继往开来、在新的历史条件下继续夺取中国特色社会主义伟大胜利的时代。我们党带领人民成功开创、发展了中国特色社会主义道路，创造了一个个举世瞩目的中国奇迹。在新时代，我们党治国理政第一位的任务就是紧紧围绕坚持和发展中国特色社会主义这个主题，适应中国特色社会主义发展的新要求，接力探索，接续奋斗，让社会主义在中国展现出更加强大的生命力。

这个新时代，是决胜全面建成小康社会、进而全面建设社会主义现代化强国的时代。党的十九大提出在全面建成小康社会的基础上，分两步走，在21世纪中叶建成社会主义现代化强国的战略安排。在新时代，要坚忍不拔、锲而不舍，统筹推进"五位一体"总体布局，协调推进"四个全面"战略布局，贯彻落实党中央各项部署，确保决胜全面建成小康社会圆满收官，在此基础上谱写全面建设社会主义现代化国家新篇章。

这个新时代，是全国各族人民团结奋斗、不断创造美好生活、逐步实现全体人民共同富裕的时代。带领人民创造美好生活、实现共同富裕，是我们党矢志不渝的奋斗目标。在新时代，要时刻不忘初心，始终把实现好、维护好、发展好最广大人民根本利益作为最高标准，不断提高保障和改善民生水平，不断促进社会公平正义，着力使全体人民享有更加幸福安康的生活，着力在实现全体人民共同富裕上取得实实在在的新进展。

这个新时代，是全体中华儿女勠力同心、奋力实现中华民族伟大复兴中国梦的时代。实现中华民族伟大复兴，是中国共产党的历史使命。新中国的成立为民族复兴奠定了坚实基础。改革开放新的伟大革命，为民族复兴注入强大生机活力。在新时代，凝聚起全体中华儿女同心共筑中国梦的磅礴力量，牢记使命、奋发有为、砥砺前行，就一定能够到达民族复兴的光辉彼岸。

这个新时代，是我国日益走近世界舞台中央、不断为人类作出更大贡献的时代。中国人民历来把自己的前途命运同各国人民的前途命运紧密联系在一起，中国共产党始终把为人类作出新的更大的贡献作为自己的使命。在新时代，中国与世界的关系发生深刻变化，我国同国际社会的互联互动空前紧密，成为促进世界和平与发展的强大力量。必须统筹国内国际两个大局，坚持和平发展道路，推动构建人类命运共同体。

第二节　时代主题和历史使命——坚持和发展中国特色社会主义，实现中华民族伟大复兴

新时代是奋斗者的时代。新时代属于每一个人，每一个人都是新时代的见证者、开创者、建设者。"理论与实践"之间关系的探讨是管理科学领域一个永恒的话题。理论的发展往往脱离不了时代的变化。中国进入新时代，发生了翻天覆地的变化。那么新时代对中国管理研究带来什么样的创新以及带来什么样的新要求与新挑战呢？今天，我们实现了从"赶上时代"到"引领

时代"的伟大跨越。要不忘初心、牢记使命，以永不懈怠的精神状态和一往无前的奋斗姿态，一以贯之坚持和发展中国特色社会主义，一以贯之推进党的建设新的伟大工程，一以贯之增强忧患意识、防范风险挑战，开新局于伟大的社会革命，强体魄于伟大的自我革命，在广袤的中国国土上继续书写 14 亿中国人民伟大奋斗的历史新篇章。

一、新时代呼唤新的管理科学理论

当前，新经济的发展和新技术的进步给中国管理实践带来了更多的发展机会。中国与发达国家在网络、人工智能等部分技术领域的差距越来越小，甚至在某些方面正在或已经走在世界前列。这些进步和领先的公司不仅会影响中国企业未来的走向，还会带来中国企业组织的巨大变化，新经济、新技术又会带来管理实践的新现象和新问题等。更为重要的是，现有的管理科学理论却无法完全解释这些新的管理现象和问题。可见，新时代的变化发展，无疑为管理实践者和管理研究者都带来了许多新的课题。进入新时代，管理研究者和企业实践者需要更加努力地研究新现象，才能在管理科学领域中实现管理科学的理论创新，发挥引领性作用，随之带来的是中国管理科学者作出的具有国际意义的新理论的发现。

进入新时代，中国学者有着接触中国管理实践的巨大天然优势，可以从各个角度、多视角地解读新时代，中国管理科学体系的构建也是如此。管理实践者与管理研究者应该共同发力，不断探索新的问题，不断创新管理理论和丰富管理知识，研究发展出紧扣时代脉搏的新理论，推动我国企业管理水平升至新高度，使中国管理研究具有更积极的实践意义。总之，进入中国特色社会主义新时代，就必须要有大批优秀管理者不断努力奋斗创新实践，要有管理研究者对于新企业现象和实践的不断刻苦钻研，发展支撑起新时代具有一般规律的中国管理科学体系。总之，新时代在强烈地呼唤新理论登场。新时代呼唤新的管理科学理论。

二、新时代的管理理论与管理实践

新时代的到来，新经济、新技术的发展与进步，大力推动了中国经济的快速发展。改革开放 40 多年来，在中国取得令世界瞩目的伟大成就的同时，中国管理研究也呈现空前繁荣发展的态势，指导着中国管理实践的发展与创新。但是由于中国管理研究发展比较晚，当前实践背景下探索出的中国管理研究成果，能用于指导新时代下的中国企业的新实践、新问题和新挑战的理论不完善、解释度不高、普适性差，理论创新跟不上实践剧烈转型的速度，现行的实践与理论的创新两者相脱节现象越来越严重。另外，尽管中国是哲学社会科学科研大国，但在科研实力、研究结果和学术话语等方面的能力和水平落后于新时代中国综合国力和国际地位，这迫切要求构建新的中国管理科学体系，研究发展出具有普适性的管理科学体系。因此，处于这样的现实情境下，进行中国管理科学研究，构建中国管理科学体系，既是一个最好的时机，也是一份历史责任。通过新时代背景下的中国管理科学研究，将大大提升中国管理科学的理论性。

决策管理是企业管理中最重要的环节，关系整个企业的兴衰成败。管理决策必须坚持四项原则，即信息准确全面原则、可行性原则、对比优选原则和集团决策原则。管理决策需要经过四项程序：①发现问题、确定目标；②调查预测、制订方案；③综合评价、方案优选；④实施反馈、修正完善。应当把时间和精力的90％花在决策前的调研上，拍板只需要不到10％的时间。现代企业面对的是瞬息万变、错综复杂的环境，企业必须运用现代企业信息系统，充分掌握各方面的信息。因为信息是现代企业的神经系统，是企业科学决策和及时应变的依据，所以企业决策管理创新的主要内容就是要建立准确的信息系统。

面临国内和国际两大市场的激烈竞争，我国企业管理已进入战略管理阶段。战略就是方向，定位就是选择，决策就是谋断。但也不得不承认有许多公司就是因为战略不正确，公司最脆弱的环节是战略环节，最大的误区是战略误区，最需要转变的是战略，最缺少的经验是制定准确的战略，最应该增长的是战略管理创新。一是企业内部价值链的调整：从盈利能力低的环节调整到盈利能力高的环节，比如进入多环节，如构建全价值链或者放弃以前的环节，进入或加强其他环节。二是品牌升级，如实现低端品牌向高端品牌的跨越或者放弃低端品牌向高端品牌发展等。正确的战略能够使企业赢得持续竞争力。

没有人才创新，其他的创新就是一句空话。人力资本是企业中的软性实力。在当今社会，人作为一种最富有能动性的宝贵资源，人力资本的实现以及不断增值意味着企业的良性发展。

人力资源管理的创新可以有效地调动员工的积极性，最大限度地挖掘员工的潜力，持久发挥员工的创造能力。人本管理的创新可以体现在以下几个方面：第一，废除刚性的管理理念，企业对员工进行"以人为本"和"能本管理"。这要求管理者重视人的因素，如构建多样化的激励机制，对员工的评价要公平等。让员工深深体会到工作不仅是为企业，更多的是为了自己。只有这样，才能充分调动员工的积极性和创造性。第二，组建优秀的人力团队。

因为一个具有团队精神的团队，各成员容易形成集体意识、共同的价值观等，这样团队成员才能自愿地将自己的聪明才智贡献给团队。这样一支优秀的团队就形成了企业最大的优势。第三，企业的管理者应当学会如何适才、留才、激才、用才和育才。

要建立新型有效机制，培养职业化的企业管理人才队伍。企业家可以说是最有创新能力及影响力的人，他们往往不循规蹈矩，不遵守前人的规律，往往能创造性地进行革新。要进行企业人事制度改革，更多地引进竞争机制，建立起企业经营人才市场，使企业家这个生产要素通过市场形成合理的配置。国家有关部门也要采取相应措施，建立起企业家人才交流市场和继续教育培训机制，以促进我国企业经营人才的职业化。

推进信息化建设。当前蓬勃发展的信息化建设有助于挖掘企业管理创新的潜力。企业信息化不仅是科学技术进步的结果，还是市场激烈竞争下的客观要求。开展管理创新是企业信息化建设的重要因素，能够广泛应用于产品、工艺设计、生产、财务、销售、人力资源、行政等各个方面，使企业的管理水平、工作效率与工作质量都进入一个崭新的阶段。比如，运用辅助销售管理，就能按照货款回收、销售收入、利润和资金占用等指标开展微机化管理。这样不仅能够提高工作效率，增强计算的准确性，还能有力地控制销售费用与成本。再比如，应用电脑进行合同管理，对每位客户的合同、合同评审、供货、发货、货款回收等各个环节进行全过程跟踪管理，与财务部门的计算机管理系统相连接，就对每位客户的信用开展综合评估，能够最大限度地避免经营风险。

综上所述，管理创新是提高企业竞争力的主要途径，也是企业创新的重要内容。如何正确处理好管理创新和管理规范的相互关系，积极推进企业的制度创新，加强组织柔性等举措，对于进一步推动企业管理创新具有十分重要的意义。企业要充分认识企业管理创新的必要性，深刻分析企业目前存在的问题，有针对性地结合实际，落实各项管理创新的措施。要通过管理创新，建立起市场化的现代企业管理模式与决策机制，切实让管理创新为企业的发展贡献力量。

三、中国管理研究的未来发展：构建普适化的管理科学体系

不少中国管理科学者都以其高度的责任感和探求心，结合中国管理实践，根据西方最新的管理科学研究思潮和前沿，发表学术论文、撰写调研报告和专著等，提出自己独到的见解和思想。这些都会给中国管理研究增加更多的可用知识、理论与方法，推动中国管理研究继续前行，是中国管理研究最直

接的贡献者。新时代的发展带来了快速发展的经济环境，也驱动中国管理研究与环境同步，导致中国管理研究者在发表研究成果时更多关注国内外高端学术期刊，或是追求学术上的创新和领先地位。但是若只求发表顶尖杂志文章和追求学术的领先地位，可能会制约中国管理研究与中国管理实践的发展，不能实现在管理科学研究上真正的突破。近30年来，中国的管理科学者一直都在探究中国管理理论，中国管理科学体系逐步发展壮大，为此作出了贡献，但是在世界管理理论知识体系中的贡献及其国际话语权依然微乎其微。问题的所在就是因为没有构建具有高度解释力和一般管理原理的中国现代管理科学体系。

（一）普适化中国管理科学的内涵分析

有的学者提出"构建普适性管理科学"，促进中国管理研究。是发展本土研究还是发展普适化理论来服务中国企业的管理实践，独特理论和普适理论长期成为东西方管理研究者和实践者争论的焦点。毫无疑问，理论发展的最高境界必须是具有普适化意义的。中国管理研究要走普适化管理科学研究道路，而不只是发展本土独特理论，即提炼一般规律或一般管理原理。

关于"普适化中国管理科学"，人们很容易理解为通用的、放之四海而皆准的、一成不变的理论，会引起许多的歧义和争辩。因此，在探讨普适化的中国管理科学之前，必须弄清楚管理科学的本质。有学者提出管理科学的基本宗旨是对管理现象及其运行规律的描述和概括，用抽象的构念把管理现象理论化。归结起来管理的本质其实就是形成一般原理，实现普适化意义。进行普适化中国管理科学的研究必须基于但又不局限于中国情境和中国成功企业实践，还应该突破东西情境差异，实现文化的兼容，把中国情境和企业管理实践放到更加普适化的理论背景、大框架下去讨论，最终实现"将普适化知识应用到具体情境中"和"将特定情境的知识普适化"。总而言之，中国管理研究需要放在普适化理论的大格局、大框架背景下，只有发展文化兼容的一般管理原理或规律，才可能实现中国管理科学的理论创新和贡献，不断地发展和完善中国管理科学，最终形成系统完整的中国管理科学，即中国管理科学体系。

（二）构建普适化中国管理科学体系的价值诉求及目的

管理研究者在讨论管理理论、方法和工具等时，更要时常将视野冲出学术界，不仅仅要关心理论是如何产生的，还要不断地将研究成果与理论付诸于企业实践中。通常管理理论的提炼与实践至少要涉及两大类主体：管理实践者、学术研究者。因此，中国管理研究成果的最终去向必将是"企业实践"

和"构建管理科学体系"的良性互动。因此，进行中国管理研究的最终目的是构建中国管理科学体系。只有建立符合企业实践的管理科学体系，才能揭示优秀管理实践背后遵循的原理与规律。

1. 构建管理科学体系，促进一般管理原理的升华

值得肯定的是，中国管理研究进步非常大，研究成果众多。中国管理研究在全球学术界已经占据了一定的位置。尽管中国的管理思想和实践可以追溯到两千多年前，但是基本上管理专业的师生进入管理科学界，首先接触到的都是西方管理理论和方法。目前，在中国还尚未形成完整的管理科学体系，管理研究者迫切需要总结并提炼出可以被广泛应用的科学体系与方法。

因此，中国管理研究应该是将抽象知识转化为具体科学的过程，将管理思想转化为现实实践应用指导的过程，而不仅仅是知识的生产过程。管理科学的学科特点就是要求理论研究必须与实践紧密结合，找到中国传统管理思想与现代管理思想的契合点，提炼出实践下的新理论，发展成为有系统的理论架构，形成既具有情境性，又适用于其他国家的管理科学体系，写入管理科学教材中，让更多的中国管理研究和中国管理实践的利益相关者能学习到并应用于中国企业管理实践。

虽然学术研究离不开论文的发表，但是发表论文只是进行管理研究的手段，并不是最终的目的。当前，迫切需要达成这样的共识："中国管理研究"首先应关注的是当前正在进行的研究是否有意义，能否回答并解决中国管理实践中的问题，能否给予中国管理实践前瞻性的指导，能否为中国管理实践提供坚实的理论基础。因此，研究成果和理论能否推动中国管理实践或者全球管理实践才是研究者关注的焦点，而不是单纯的发表论文、论著等。近年来，"理论严谨性"和"实践相关性"之间的矛盾越发受到广大学术研究者和实践者的关注，中国管理研究最终的目的应该是构建"中国管理研究"与"中国管理实践"的桥梁，是构建具有普适性的管理科学体系指导企业实践，推动方法创新，指导学术研究者进行更深层次的研究，实现学术研究和实践创新的互动，最终实现"实践中国化，理论全球化"的中国管理科学研究的大框架和大格局。

2. 指导企业管理实践，不断检验提升理论

实践是检验一切真理的标准。把中国管理研究的基本理论或原理应用到企业实践活动中来，为管理实践服务并不断得以检验，一直以来都是中国管理科学者孜孜以求的奋斗目标。只有深入研究更多中国企业的成功实践，才能构建完整的普适化的中国管理科学体系。中华智慧可以补充西方理论的不

足，进而将管理之道提升至一个更高的层次，甚至提升到管理科学科的最高层次——管理哲学。因此，学者们需要继续以中国管理实践为研究本体，继续剖析中国领先企业成功的案例，坚持传承中国优秀传统文化，扎根于中国管理研究，积极地探寻一般共识经验和规律，把中国管理研究的理论成果和方法应用到教育、科技领域，尤其是工业企业中，进行广泛传播。只有促进中国管理研究知识体系的进一步应用，才能巩固中国管理研究的社会基础。因此，必须抓住机遇，致力于基于中国管理实践的理论创新研究，这样才有可能构建普适化中国管理科学体系，指导全球企业管理实践，让中国管理科学者得到全球学术界的认可。

总而言之，中国管理研究成果的贡献应当是为我国企业实践乃至全球的管理知识宝库添砖加瓦，提炼出一般管理原理，最终应用到企业实践中，再从实践中总结更加适用的经验和升华普适化的理论，构建中国管理科学体系。做到从实践中来，再到实践中去，理论指导实践，实践提炼理论。

第三节　坚持新发展理念高度重视中国话语体系建设

党的十八大以来，习近平总书记高度重视中国话语体系建设，围绕新时代中国话语是什么、为什么、怎么样、怎么建，提出了一系列具有原创性、开创性、时代性的重大思想观点，形成了逻辑严密、内涵丰富的一整套重要论述。下面将从十个方面加以概括。

强调国际舆论格局依然是西强我弱，要下大气力解决中国在学术思想、学术话语上的能力和水平同我国综合国力和国际地位不相称的问题。习近平总书记指出，客观地讲，国际舆论格局依然是西强我弱，但这个格局不是不可改变、不可扭转的，关键看我们如何做工作。我国是哲学社会科学大国，但是目前在学术命题、学术思想、学术观点、学术标准、学术话语上的能力和水平同我国综合国力和国际地位还不太相称。

在解读中国实践、构建中国理论上，我们应该最有发言权，但是实际上我国哲学社会科学在国际上的声音还比较小，西方主要媒体左右着世界舆论，我们时常处于有理没处说、说了也传不开的被动境地。这个问题必须要下大气力解决。

强调中国话语体系的支撑基础是中国特色哲学社会科学体系。我们在国际上有理说不清的一个重要原因是我们的对外传播话语体系没有完全建立起来。话语的背后是思想、是道。支撑话语体系的基础是哲学社会科学体系。

没有自己的哲学社会科学体系，就没有话语权。要按照立足中国、借鉴国外，挖掘历史、把握当代，关怀人类、面向未来的思路，着力构建中国特色哲学社会科学，在指导思想、学科体系、学术体系、话语体系等方面充分体现中国特色、中国风格、中国气派。要不断推进学科体系、学术体系、话语体系建设和创新，努力构建一个全方位、全领域、全要素的哲学社会科学体系。

强调我国哲学社会科学以马克思主义为指导，这一条必须旗帜鲜明地加以坚持。当代中国哲学社会科学是以马克思主义进入我国为起点的，是在马克思主义指导下逐步发展起来的。坚持以马克思主义为指导，是当代中国哲学社会科学区别于其他哲学社会科学的根本标志。不坚持以马克思主义为指导，哲学社会科学就会失去灵魂、迷失方向，最终也不能发挥应有的作用。当前，在坚持以马克思主义为指导问题上，绝大部分同志认识是清醒的、态度是坚定的。也有一些同志对马克思主义理解不深、不透，在建设以马克思主义为指导的学科体系、学术体系、话语体系上高水平成果不多，在有的领域中马克思主义被边缘化、空泛化、标签化，在一些学科中"失语"在教材中"失踪"，在论坛上"失声"。这种状况必须引起我们高度重视。

强调构建中国话语体系的立足点是中国特色社会主义伟大实践。新时代改革开放和社会主义现代化建设的丰富实践是理论和政策研究的"富矿"。只有以我国实际为研究起点，提出具有主体性、原创性的理论观点，构建具有自身特质的学科体系、学术体系、话语体系，我国哲学社会科学才能形成自己的特色和优势。哲学社会科学工作者要走出象牙塔，多到实地调查研究，了解百姓生活状况、把握群众思想脉搏，着眼群众需要，解疑释惑，阐明道理，把学问写进群众心坎里，把论文写在祖国大地上。

强调意识形态工作是党的一项极端重要的工作，必须牢牢掌握意识形态工作的领导权、管理权、话语权。意识形态工作是为国家立心、为民族立魂的工作。一个政权的瓦解往往是从思想领域开始的，政治动荡、政权更迭可能在一夜之间发生，但是思想演化是个长期过程。思想防线被攻破了，其他防线也就很难守住。当今世界，意识形态领域看不见硝烟的战争无处不在，政治领域没有枪炮的较量一直未停。在意识形态领域斗争上，我们没有任何妥协、退让的余地。必须把意识形态工作的领导权、管理权、话语权牢牢掌握在手中，任何时候都不能旁落，否则就要犯无可挽回的历史性错误。

强调要不断巩固壮大主流思想舆论，在重大政治原则和大是大非问题上敢于发声亮剑。当今时代，社会思想观念和价值取向日趋活跃，主流的和非主流的同时并存，先进的和落后的相互交织，社会思潮纷纭激荡。思想舆论领域大致有红色、黑色、灰色"三个地带"。红色地带是我们的主阵地，一定要守住；黑色地带主要是负面的东西，要敢于亮剑，大大压缩其地盘；灰色地带要大张旗鼓争取，使其转化为红色地带。在事关大是大非和政治原则问题上，必须增强主动性、掌握主动权、打好主动仗。

强调争取国际话语权、提高国家文化软实力是必须解决好的一个重大问题。提高国家文化软实力，关系我国在世界文化格局中的定位，关系我国国际地位和国际影响力，关系"两个一百年"奋斗目标和中华民族伟大复兴中国梦的实现。国际话语权是国家文化软实力的重要组成部分。落后就要挨打，贫穷就要挨饿，失语就要挨骂。形象地讲，长期以来，我们党带领人民就是要不断解决"挨打""挨饿""挨骂"这三大问题。经过几代人的不懈奋斗，前两个问题基本得到解决，但是"挨骂"的问题还没有得到根本解决。我们走的是正路、行的是大道，必须增强底气、鼓起士气，坚持不懈地讲好中国故事，形成同我国综合国力相适应的国际话语权。

强调要讲好中国故事，阐释好中国特色，更好地用中国理论解读中国实践。讲好中国故事，就是要用中国理论解释中国实践，用中国实践升华中国理论，更加鲜明地展示中国思想，更加响亮地提出中国主张。宣传阐释中国特色，要讲清楚每个国家和民族的历史传统、文化积淀、基本国情不同，其发展道路必然有着自己的特色；讲清楚中华文化积淀着中华民族最深沉的精神追求，是中华民族生生不息、发展壮大的丰厚滋养；讲清楚中华优秀传统文化是中华民族的突出优势，是我们最深厚的文化软实力；讲清楚中国特色社会主义植根于中华文化沃土、反映中国人民的意愿、适应中国和时代发展进步的要求，有着深厚的历史渊源和广泛的现实基础。要加强国际传播能力建设，精心构建对外话语体系，发挥好新兴媒体作用，增强对外话语的创造力、感召力、公信力，讲好中国故事，传播好中国声音，阐释好中国特色。

要围绕我国和世界发展面临的重大问题，着力提出能够体现中国立场、中国智慧、中国价值的理念、主张、方案。我们不仅要让世界知道"舌尖上的中国"，还要让世界知道"学术中的中国""理论中的中国""哲学社会科学中的中国"，让世界知道"发展中的中国""开放中的中国""为人类文明作贡献的中国"。要善于提炼标识性概念，打造易于为国际社会所理解和接受的新概念、新范畴、新表述，引导国际学术界展开研究和讨论。要加大中国方案、中国理念传播力度，使其成为世界表述中国故事的源头，读懂中国的标识。

强调要创新对外话语表述方式，向世界展现一个真实、立体、全面的中国。由于西方长期掌握着"文化霸权"，进行宣传鼓动，当代中国价值观念存在太多被扭曲的解释、被屏蔽的真相、被颠倒的事实。要下大气力加强国际传播能力建设，加快提升中国话语的国际影响力，让全世界都能听到并听清中国声音。要注重塑造我国的国家形象，重点展示中国历史底蕴深厚、各民族多元一体、文化多样和谐的文明大国形象，政治清明、经济发展、文化繁荣、社会稳定、人民团结、山河秀美的东方大国形象，坚持和平发展、促进共同发展、维护国际公平正义、为人类作出贡献的负责任大国形象，对外更加开放、更加具有亲和力、充满希望、充满活力的社会主义大国形象。要创新对外话语表达方式，研究国外不同受众的习惯和特点，采用融通中外的概念、范畴、表述，塑造客观、清晰、正面的中国形象，向世界展现一个真实的中国、立体的中国、全面的中国。

以上这"十个强调"，指出了中国话语体系建设的重大意义、面临的严峻形势和努力的方向，指出了话语体系建设与加强意识形态工作、讲好中国故事、传播中国理念、提高文化软实力的关系，为新时代推进中国话语体系建设提供了基本遵循。构建当代中国话语体系，最根本的就是要把习近平总书记的重要指示精神贯彻落实好，在实际工作中尤其要抓住灵魂、抓住纲，牢牢把握中国是一个社会主义大国这个重大实际，牢牢把握中国是一个人民当家作主的国家这个重要属性，牢牢把握中国是一个独立自主的发展中大国这个重大国情，牢牢把握中国是一个走向复兴的开放大国这个重大趋势，着力构建体现马克思主义立场、人民立场、中国立场、人类立场，具有中国特色、中国风格、中国气派的哲学社会科学学术体系、话语体系。

中国是一个社会主义大国，中国话语建构必须站稳马克思主义立场、社会主义立场，建构以马克思主义为指导的话语体系。习近平总书记指出，一个国家、一个民族不能没有灵魂。作为精神事业，文化文艺、哲学社会科学当然就是一个灵魂的创作，一是不能没有，二是不能混乱。

我们要建构的中国特色哲学社会科学和中国话语体系"特"在哪里呢？"特"就"特"在坚守马克思主义立场，"特"就"特"在是以马克思主义为指导的学科体系、学术体系、话语体系。正是这一条把中国话语体系与西方话语体系区别开来。马克思主义是中国话语体系的"真经"。"真经"没念好，总想着"西天取经"，就要贻误大事。

当前，国内外各种敌对势力总是企图将西方话语植入中国，用西方学术解读中国实践，企图让我们丢掉马克思主义这个根本。而我们有些人却没有看清这里面暗藏的玄机，认为西方"普世价值"为什么不能认同？西方的政治话语为什么不能借用？西方的现代化模式为什么不能照搬？西方的宗教文化为什么不能拿来？有的人奉西方理论、西方话语为金科玉律，不知不觉成了西方资本主义意识形态的吹鼓手，这是必须高度警惕和重视的。其实，西方话语根植于西方样本，绝不具有无条件的真理性，也会陷入无所适从的迷茫之中。今天，我们依然处在马克思主义所指明的历史时代，马克思主义在中国的成功，科学社会主义在中国的成功，这是我们建构以马克思主义为指导的话语体系的最大底气。

中国是一个人民当家作主的国家，中国话语建构必须站稳人民立场，为人民代言，发出人民的心声。新中国成立以来，党和国家一切工作的出发点和落脚点，都是实现好、维护好、发展好最广大人民根本利益。话语主导权也不例外，必须维护人民利益，必须牢牢掌握在人民手中。

世界上没有纯而又纯的哲学社会科学，也没有纯而又纯的学术话语，不论研究者是否意识到这一点，他选择的研究主题、提出的问题、选取的材料、选择的学术框架、使用的学术概念和研究方法等都在某种程度上反映了他的利益、立场、意识形态和价值判断。或者说，哲学社会科学工作者一开口说话，价值立场就注入了，就这样那样地显示出来了。在资本主义国家，"资本"是真正的主人，资本逻辑是社会的主导逻辑，资产阶级学者是代表"资本"的利益，为"资本"代言的。在中国，"人民"是真正的主人，代表人民利益是中国特色哲学社会科学的最高利益所在，为人民著书立说是我国哲学社会科学工作者的崇高使命。在极少数人和绝大多数人的利益选择中，在资本和人民的利益关系中，我国哲学社会科学工作者应该有自己的原则和底线，自觉选择站在人民一边，为人民做学问，替人民发声，做人民利益的忠实代言人。

中国是一个独立自主的发展中大国，中国话语建构必须站稳中国立场，提升中国话语的主体性、原创性，把牢中国道路的解释权、涉及中国议题的话语权。中国话语建构，关乎国家的文化主权、道德高地，关乎民族的文化安全、精神独立，关乎党和国家的兴衰荣辱、前途命运。习近平总书记指出，解决中国的问题，提出解决人类问题的中国方案，要坚持中国人的世界观、方法论。今天，多元话语体系在国际舞台竞相绽放、激烈博弈，一些理论观点和学术成果可以用来说明一些国家和民族的发展历程，在一定地域和历史文化中具有合理性，但是如果硬要把它们套在各国各民族头上、用它们来对人类生活进行格式化并以此为裁判，那就是荒谬的了。

对国外的理论、概念、话语、方法，要有分析、有鉴别，适用的就拿来用，不适用的就不要生搬硬套。冷战结束以来，在西方价值观念蛊惑下，一些国家被折腾得不成样子，有的四分五裂，有的战火纷飞，有的整天乱哄哄的。如果我们用西方资本主义价值体系来剪裁我们的实践，用西方资本主义评价体系来衡量我国的发展，用西方资本主义话语体系来讲述中国故事，符合西方标准就是现代的就是好的，不符合西方标准就是落后的就是陈旧的，就要批判、攻击，那是毫无道理的，其后果不堪设想。

世界五彩斑斓，西方代替不了缤纷的世界。按照西方学术、西方话语塑造整个世界，这是西方力量所不及的，也是不可能实现的。中国成功开辟了中国道路，发展了中国理论，也一定能建构成熟的话语体系。

中国是一个走向复兴的开放中国，中国话语建构必须站稳人类立场，推动构建人类命运共同体，推动全球话语体系重构，为人类文明作出更大贡献。自启蒙运动以来，西方话语逐步确立了在全球的统治地位，主导了全球性议题的解释权、话语权。关于不同文明的相处之道，"文明冲突论""文明优越论"曾长期掌握主导性话语权；关于人类文明的未来图景，"西方中心论"迄今依然占有很大的话语空间；关于两种制度的竞争博弈，"世界趋同论"一度甚嚣尘上；关于现代化的道路选择，"现代化＝西方化"曾长期被奉为公理。事实表明，西方世界的话语权更多的是建立在力量之上。这种由绝对力量支撑起来的话语权力，终将随着西方世界绝对力量的起伏而波动，随着国际力量对比的变化而变化。不推进全球话语体系的重构，就不可能走向全球正义的新秩序。

党的十八大以来，习近平总书记站在人类立场上，提出了诸多体现中国智慧的标识性概念、标识性范畴，为全球话语体系重构作出了中国的原创性贡献。比如：中国倡导正确义利观，反对丛林法则、零和博弈；倡导全球治理观，反对一方主导、几方共治；倡导新发展观，反对梯度发展逻辑；倡导新安全观，反对结盟对抗、排他性安全观；倡导新文明观，反对文明优越、文明冲突；倡导义利兼顾的信任观，反对肆意退群、肆意废约；倡导"自主选择"的制度观，反对制度输出、颜色革命；倡导全人类共同价值，反对普世主义、西方中心主义；倡导新型国际关系，反对干涉内政、强权政治；倡导新型大国关系，反对国强必霸、修昔底德陷阱；倡导构建人类命运共同体，反对依附体系、中心-边缘结构；等等。这些标识性话语展现出强大的真理魅力和实践伟力，深刻改变了国际话语的传统格局，西方诸多标识性话语正遭遇前所未有的解释危机，其统治力、解释力、话语权大为衰减，世界舞台从此不再只有一个声音。天是世界的天，地是中国的地，眼睛朝向人类最先进的方面，脚踏中国最坚实的大地，中华民族有信心为人类进步事业作出更大的贡献，中国的话语创造有信心为世界贡献特殊的声响和色彩。

我们广大管理科学研究者应该坚定信心、砥砺前行，立时代之潮头、通古今之变化、发思想之先声，积极为党和人民述学立论、建言献策，积极为中国话语建构和传播贡献智慧、贡献力量，让中国声音响彻世界。

第十一章　推动新时代管理科学理论
高质量发展

随着互联网＋等概念的日益深入发展，中国的管理理论与管理实践在面临新机遇的同时，也在迎接着新的挑战。如何去应对，如何在新形势下更好地发展企业，共同探讨新形势下中国管理理论与实践的未来发展，是摆在中国管理理论学者面前的一个重要课题。

第一节　新时代高质量发展呼唤管理科学创新

管理内容的核心就是维持与创新。任何组织系统的任何管理工作无不包含在"维持"或"创新"中。维持和创新是管理的本质内容，有效的管理在于适度的维持与适度的创新的组合。创新是组织发展的基础，是组织获取经济增长的源泉；创新是组织谋取竞争优势的利器；创新是组织摆脱发展危机的途径。

经济学家熊比特把创新定义为企业家的职能，认为企业家之所以能成为企业家，并不是因为其拥有资本，而是因为他拥有创新精神并实际地组织了创新。一个国家或地区经济发展速度的快慢和发展水平的高低，在很大程度上取决于该国或该地区拥有创新精神的企业家的数量以及这些企业家在实践中的创新努力。正是由于某个或某些企业家的率先创新、众多企业家的迅速模仿，才推动了经济的发展。

技术创新一方面通过降低成本而使企业产品在市场上更具价格竞争优势，另一方面通过增加用途、完善功能、改进质量以及保证使用而使产品对消费者更具特色吸引力，从而在整体上推动着企业竞争力不断提高。

党的十八大提出了创新驱动的国家发展战略。实施创新驱动发展战略，就是要推动以科技创新为核心的全面创新，坚持需求导向和产业化方向，坚持企业在创新中的主体地位，发挥市场在资源配置中的决定性作用和社会主义制度优势，增强科技进步对经济增长的贡献度，形成新的增长动力源泉，推动经济持续健康发展。体制上的转变和经济整体量级的变化，需要管理科学进一步结合这些环境基础和条件，进行客观规律的探索，为人类认知客观规律、推动科学技术和经济发展提出新的要求。

创新驱动的国家发展战略背景下所产生的体制创新、技术创新、管理创新、市场创新、模式创新等诸多创新活动，不进推动着社会经济的发展变化，同时也对旧有管理和经济思想、理论及技术，乃至管理和经济行为提出新的挑战，需要管理科学家及时给予正面回应。

立足中国实践是研究未来中国管理科学问题的总体指导思想之一。在中国管理活动的实践场景（包括政治经济体制、技术环境、社会历史文化等特定情景和约束边界）下，研究微观组织（如企业、非营利组织、公共事业单位等）和宏观系统（如金融体系、公共卫生体系等）中管理实践活动中的科学规律，在此基础上发展新的管理科学理论，指导中国社会经济的持续发展。

在管理理论研究方面，社会经济转型中的组织管理、全球化背景下的企业管理问题、中国的国有企业和家族企业管理、新兴资本市场中的公司金融等需要优先发展。

在公共管理研究方面，中国特色的政府管理基础理论与方法、中国特色的公共管理组织和政策体系研究、新时期公共事务管理中的基础规律等需要优先发展。

在新农村建设中的农业与农村发展政策研究方面，农村和农业基础制度改革研究、农村基本公共服务提供机制与政策研究、农业基础（硬件）设施的建设、运营与管理规律、新型农村金融体系建设管理等需要优先发展。

科技创新能力是一个国家科技事业发展的决定性因素，是国家竞争力的核心。在整个国家技术创新体系中，作为主体的企业的技术创新管理具有核心地位。管理科学需要探索面向全球竞争的创新与创业管理中的关键科学问题，为更好地促进创新与创业提供理论基础。优先发展如下方向：产业技术管理与创新机制研究；全球化重点企业创新模式及其战略影响；企业家行为、创业团队及其对创业企业的影响；创业融资模式创新及其原理。

第二节　推动新时代管理科学理论高质量发展

中国企业管理科学的发展历程与现状。新中国成立 70 多年来，中国企业管理科学的发展历程大致可分为四个阶段。一是 1949—1978 年的探索起步阶段。初期以学习借鉴苏联企业管理理论和管理模式为主。20 世纪 60 年代之后，管理科学界开始从中国企业管理实践出发，探索建立适合中国国情的社会主义企业管理理论和管理模式。二是1979—1992年的转型发展阶段。改革开放后，我们认识到我国企业管理与世界先进水平存在较大差距，必须奋起直追。从计划经济体制向社会主义市场经济体制转型，对企业管理科学和管理实践创新提出了新要求。众多管理科学者和企业管理者重视学习和借鉴发达国家的企业管理理论和管理经验，希望从中得到启发。三是1993—2012年的蓬勃发展阶段。随着社会主义市场经济体制的建立和完善，我国管理科学者更加注重对中国企业管理实践进行本土化研究，企业管理科学的中国特色逐渐突出。四是2013年至今的创新发展阶段。伴随世界对中国发展奇迹的高度关注，国内外顶级管理科学期刊中关于中国企业管理现象、中国企业管理实践的研究明显增多。中国学者在研究范式、研究方法、理论创新等方面不断取得新进展，提高了中国管理科学在国际学术界的影响力和话语权。

经过70多年的艰辛探索，我国企业管理科学研究取得了诸多成果。比如，理论界从我国企业管理实践出发，将中华优秀传统文化、管理思想融入现代管理科学理论，提出了诸多具有深厚中国文化底蕴的管理理论，大大丰富和发展了中国企业管理科学的理论体系和概念体系。实务界立足中国管理情境，探索出一些具有中国特色的企业管理模式，如华为公司的"灰度管理"模式、海尔公司的"人单合一"管理模式等。管理理论和管理模式的创新有力地推动了中国企业突破后发劣势、形成核心优势，成功实现转型升级。

在肯定中国企业管理科学研究成就的同时，也应清醒地认识到中国企业管理科学发展的一些不足。一是一些理论研究与企业管理实践脱节，单纯为了本土化而本土化。例如，过度解读传统文化，将其与现代管理实践进行机械对应；部分学者囿于自身研究视角，缺乏与同行和企业的沟通交流，造成中国企业管理科学流派日趋复杂；等等。二是忽视中国国情和企业管理实践，生搬硬套西方管理科学理论。三是受西方管理科学研究范式影响，存在过度追求研究规范化、推崇复杂定量研究与艰深模型的倾向，对实际问题的研究不深入，难以发现管理实践背后的中国逻辑和企业运行规律。

中国特色企业管理科学创新发展的方向。2016年5月，习近平同志在哲学社会科学工作座谈会上强调，"加快构建中国特色哲学社会科学"，指出"坚持以马克思主义为指导，是当代中国哲学社会科学区别于其他哲学社会科学的根本标志"。在努力实现"两个一百年"奋斗目标的进程中，以习近平新时代中国特色社会主义思想为指导，坚持马克思主义基本原理和贯穿其中的立场、观点、方法，按照体现继承性、民族性、原创性、时代性、系统性、专业性的要求，创新发展能够有效指导中国企业管理实践的中国特色企业管理科学，是中国管理科学者的光荣使命。

面向新时代，中国特色企业管理科学创新发展的方向是，立足国情和中国企业管理实践，完善中国特色企业管理科学的学科体系、学术体系、话语体系，探索和揭示中国企业管理实践的内在规律。从研究对象看，应聚焦中国企业管理实践，重点研究本土企业的管理和发展问题；从研究选题看，应正确处理世界管理问题研究与本土管理问题研究的关系，突出具有中国现实意义和前沿性的核心问题；从研究内容看，应重点关注中国企业管理实践中的特殊元素，探索建构具有中国特色的企业管理科学概念，阐释这些概念之间的逻辑关系；从研究情境看，应基于中国企业管理实践的特定情境或视角，对中国企业的独特管理现象进行剖析和诠释；从研究方法看，应坚持辩证唯物主义和历史唯物主义的方法论，同时既充分借鉴吸收西方现代管理科学的有益研究方法，又立足中国现实与研究需要促进研究方法创新。

第三节　书写新时代管理科学高质量发展新篇章

坚持问题导向推动中国特色企业管理科学创新。进入新时代，中国企业发展面临的市场环境、技术环境、国际环境等都在发生巨大变化。如何促进企业在复杂多变的市场环境、技术环境和国际环境中实现高质量发展，是中国特色企业管理科学必须解决的时代课题。

立足中国企业管理实践推动理论创新。应立足中国企业管理实践，从中发现根植于中国土壤的管理元素，揭示中国企业管理实践背后的规律与机制，提出具有原创性的理论观点和标识性概念；大力挖掘中国传统管理思想，推动其创造性转化、创新性发展，探索本土化与国际化兼具的中国特色企业管理科学理论构建路径；围绕中国企业如何实现创新发展等问题展开深入研究，挖掘中国企业创新发展中的独特情境变量，提升企业核心竞争力，助力我国经济高质量发展。

直面新技术挑战推动理论创新。在国际知名调研机构 CB Insights 发布的2019 年全球独角兽企业榜单中，中国企业数量约占 30％。这说明中国企业并不缺少创新精神，尤其是在新一代信息技术产业等新兴产业中，有些中国企业的管理实践已经走在世界前列，这为中国特色企业管理科学创新发展提供了重要实践基础。在移动互联网、大数据、人工智能等新一代信息技术深刻改变企业生产模式和商业环境的背景下，如何通过管理创新让企业更好适应新的市场竞争？如何利用大数据、人工智能等新技术支持企业决策和管理，进而提高效率和效益？在一些互联网企业占有大量数据资源的情况下，如何引导企业兼顾创造利润与承担社会责任？深化对这些问题的研究，已经成为中国特色企业管理科学创新发展的紧迫任务。中国管理科学者完全可以提出新概念、构建新理论、创造新模式，引领和推动新技术条件下中国企业的管理创新，为世界企业管理科学创新发展作出贡献。

服务"一带一路"建设推动理论创新。"一带一路"建设的深入推进，为中国企业更好"走出去"提供了重大机遇。同时，"走出去"的企业也面临一些新问题新挑战。比如，中国企业在"走出去"过程中如何布局贸易与投资体系？如何搭建风险防范与管理系统？如何应对文化冲突和政治经济问题？如何更好承担社会责任？等等。从理论层面深入回答这些问题，探索符合中国企业"走出去"实际的管理战略和管理模式，突出中国特色、中国制度、中国元素，有效化解企业"走出去"面临的风险和挑战，是中国特色企业管理科学亟须深入研究的问题。

聚焦国有企业改革推动理论创新。推进混合所有制改革是当前深化国有企业改革的重要突破口。目前有关混合所有制改革的理论研究仍然滞后于实践发展。混合所有制改革不能"一刀切"，应分类推进、一企一策。如何具体推进混合所有制改革，既是企业管理者需要直面的实践问题，又是管理科学者需要深入研究的理论问题。应扎根国有企业改革发展实践，结合国有企业改革经验与理论研究成果，深入研究适应国有企业改革发展需要的混合所有制改革理论，建立并不断完善中国特色现代企业制度。

围绕培育优秀企业家推动理论创新。伴随改革开放大潮，我国涌现出许多极具管理特色的本土企业和优秀企业家。应关注这些领先企业，研究优秀企业家的心理与行为特征，以动态视角观察分析企业家面临经营风险挑战时的心理状况及决策过程，剖析企业家个人风格和企业家精神在企业发展壮大过程中的作用机理。在本土情境下探究企业家的管理思想及其在管理实践中的体现，有助于深入挖掘成功企业背后的管理逻辑。

21世纪管理科学发展趋势将出现以下几个主要特点：一是大变革。21世纪管理科学将实现一次伟大的变革。随着科技经济活动中心东移，国际格局多极化，经济活动国际化的发展将会出现崭新的管理理论。二是大探索。人们对新的管理理论不断进行新的探索和实践，管理学派已从6个发展到11个，反映了这种探索的状况。三是大重组。大重组是21世纪重要的国际现象，管理科学自身也将实现大重组。四是大综合。21世纪将是管理科学大综合的世纪。出现了"管理理论丛林"，同时"走出丛林"将作为实现管理科学大突破的新阶段。我们要建立有中国特色的管理科学体系。

21 世纪是我国政治、经济、文化、社会发展的重要阶段。其中，管理科学的发展是决定国家能否全面实现现代化、实现建设全面小康社会宏伟蓝图的一个重要因素。从某种意义上讲，它与科学技术具有同等重要的作用。因此，新时期管理科学新的发展趋势及其特征值得我们重点关注和深入研究。

参 考 文 献

［1］ 国家自然科学基金委员会，中国科学院. 未来 10 年中国学科发展战略 管理科学 ［M］. 北京：科学出版社，2012.

［2］ 国家自然科学基金管理委员会管理科学部. 管理科学发展战略——暨管理科学"十三五"优先资助领域 ［M］. 北京：科学出版社，2016.

［3］ 周三多. 管理学 ［M］. 5 版. 北京：高等教育出版社，2021.

［4］ 方振邦，刘琪. 管理思想史 ［M］. 3 版. 北京：中国人民大学出版社，2020.

［5］ 谭力文，包玉泽. 20 世纪的管理科学 ［M］. 武汉：武汉大学出版社，2009.

［6］ 姜杰，等. 中国管理思想史 ［M］. 北京：北京大学出版社，2020.

［7］ 周三多，陈传明，刘子馨，等. 管理学：原理与方法 ［M］. 7 版. 上海：复旦大学出版社，2018.

［8］ 邢以群. 管理学 ［M］. 5 版. 杭州：浙江大学出版社，2020.

［9］ 弗雷德里克·温斯洛·泰勒. 科学管理原理 ［M］. 北京：北京大学出版社，2021.

［10］ 斯蒂芬·罗宾斯，玛丽·库尔特. 管理学 ［M］. 刘刚，梁晗，程熙镕，等，译. 北京：中国人民大学出版社，2022.

［11］ 兰杰·古拉蒂，安东尼·J. 梅奥. 管理学 ［M］. 杨斌，等，译. 北京：机械工业出版社，2018.

［12］ 唐亮，万相昱. 管理科学与工程学科前沿研究报告 ［M］. 北京：经济管理出版社，2017.

［13］ 万相昱，唐亮. 管理科学与工程学科前沿研究报告 ［M］. 北京：经济管理出版社，2015.

［14］ 郭燕青. 管理科学与工程学科前沿研究报告 ［M］. 北京：经济管理出版社，2013.

［15］ 张永军，赵占波，刘新港. 管理学学科前沿研究报告 ［M］. 北京：经济管理出版社，2016.

［16］ 张永军，赵占波. 管理学学科前沿研究报告［M］. 北京：经济管理出版社，2015.

［17］ 芮明杰. 管理学：现代的观点［M］. 4 版. 上海：格致出版社，上海人民出版社，2021.

［18］ 中国行政体制改革研究会. 数字政府建设［M］. 北京：人民出版社，2021.

［19］ 王彤. 中国之治：新时代国家治理体系和治理能力现代化研究［M］. 北京：中共中央党校出版社，2021.

［20］ 杨开峰，等. 中国之治：国家治理体系和治理能力现代化十五讲［M］. 北京：中国人民大学出版社，2016.

［21］ 北京大学国家治理研究院. 国家治理现代化研究：第六辑［M］. 北京：中国社会科学出版社，2021.

［22］ 杨冠琼. 国家治理体系与能力现代化研究［M］. 北京：中国经济管理出版社，2018.

［23］ 王京安. 创新管理学学科前沿研究报告［M］. 北京：经济管理出版社，2016.

［24］ 卓新建. 运筹学［M］. 北京：北京邮电大学出版社，2013.

［25］ 丹尼尔，A. 雷恩. 管理思想的演变［M］. 李柱湾，赵睿，等，译. 北京：中国社会科学出版社，2002.

［26］ 刘文瑞. 管理学在中国［M］. 北京：中国书籍出版社，2018.

［27］ 王永贵，李霞. 面向新时代创新发展中国特色企业管理科学［N］. 人民日报，2019 - 11 - 25 （09）.

［28］ 斯蒂芬·罗宾斯，玛丽·库尔特. 管理学［M］. 13 版. 刘刚，费少卿，郑云坚，译. 北京：中国人民大学出版社，2017.

［29］ 焦叔斌. 管理科学［M］. 4 版. 北京：中国人民大学出版社，2014.

［30］ 李忠尚，尹怀邦，等. 软科学大辞典［M］. 沈阳：辽宁人民出版社，1989.

［31］ 习近平. 习近平谈治国理政：第三卷［M］. 北京：外文出版社，2020.

后　记

　　经过持续的努力,《新时代管理科学发展与实践》终于脱稿、完成了。我的初衷和感受在前言中已经作了介绍,在完稿之时,更是感到诚惶诚恐。在繁密交错的丛林之中觅出一条明快的"捷径"谈何容易! 在纷繁复杂的中国近现代企业管理历史之中理出清晰的"方向"更是困难重重。奉献给各位读者的仅为我的一些研究,是对一些问题探索性的尝试,其中必然存在着尝试的不足,甚至错误。我们唯一的希望是与管理科学界的同仁和各位读者在探索、研究中,为管理科学理论的发展,为中国管理水平的提高作出微薄的奉献。

　　走进新时代,擘画新蓝图。2022 年是全面建设社会主义现代化国家新征程的开启之年,是"十四五"发展规划的开局之年,开局决定全局,起步决定后势,将更加紧密地团结在以习近平同志为核心的党中央周围,以服务国家为己任,传承和发扬钱学森系统论思想,为治国理政打造管理驾驶舱,为支撑国家治理体系和治理能力现代化凝聚更多力量、贡献更多智慧,努力成为系统工程理论方法的"实现者",为党的二十大献礼!

　　在本书出版之际,我们要感谢中国光华科技基金,没有他们的资金通道支持以及创意和委托,这本书是不可能出版的。特别要感谢中国管理科学研究院院长蒋国华先生为本书作序! 特别要感谢中国管理科学研究院机关党委副书记、副院长兼秘书长郑理先生为本书写跋! 同时要感谢本书的责任编辑的努力工作,对本书质量的提高起到了重要作用。

　　在本书的撰写过程中,我们参阅了许多前辈和同行们的研究成果,我们对前辈和国内外的同行们表示深深的谢意!

董英豪

2022 年夏于北京

跋

中国管理科学研究院（以下简称中管院）于 1986 年 9 月 1 日经陈云同志批示，在宋平等中央主要领导同志的关怀和支持下，由原国家科学技术委员会于 1987 年 6 月 2 日批准建立，这是我国专门从事管理科学和相关交叉科学研究的新型的科研机构。现为国际管理学者协会联盟（IFSAM）单位。

30 多年来，中管院在于若木大姐的亲切关怀下，在田夫院长的亲自领导下，对我国的管理科学、科学管理以及相关交叉科学问题，对我国社会主义市场经济和管理创新等问题，展开了跨学科的综合研究和应用开发，举办了各种大型学术交流和专题研讨活动 100 多次，承担了管理科学的教育培训和咨询、传播工作，编写了一批具有中国特色的管理科学教材、著作 80 多部和有价值的课题研究报告 200 多份，出版发行各类期刊近 20 种，培训各类管理人才 30000 多人次，在国内外得到了广泛的好评。中管院与原中共中央文献研究室等单位合作，举办"毛泽东与科学"研讨会、"邓小平管理思想研讨会"和"陈云生平与思想"研讨会等，编辑出版《毛泽东与科学》系列著作，《邓小平党建论著研究》《陈云论著研究文集》《陈云治党治国方略研究》等；同时，组织中管院专家学者开展课题研究，发表了论述社会主义现代化、管理科学、科教兴国、知识经济、企业管理、人才培养、金融发展与改革等优秀论文，将其成果汇集成《管理研究与实践》出版或在国内外权威报刊发表，受到社会广泛好评，多次获得党和国家领导、政府有关部门、企事业单位的赞扬和鼓励。特别是 2004 年有关"三农"等问题的研究报告，得到时任国务院总理温家宝的批示，引起有关国家部门的高度重视。其中关于"农村科学技术发展战略重点、农业科技发展趋势及对策"等内容，被纳入国家中长期科技发展规划战略研究。至今，中管院专业研究和应用开发涉及经济管理、社会管理、公共管理、文教管理、科技管理、生态环境管理等许多领域，已经成为推动中国管理科学发展与管理思想研究的一支不可缺少的重要力量。

现将中管院在筹建成立、学术研究、学术活动、专家智库建设诸方面的重大事件记述如下：

1. 1985 年 9 月 29 日，创意并筹备中国管理科学研究院的第一次会议在北京召开。会议地点是北京友谊宾馆北工字楼 5702 室。出席会议的有田夫、夏禹龙、刘吉、冯之浚、杨沛霆、张永谦、赵红州、蒋国华、陈四益等。

2. 1986 年 1 月 24 日，创办中国管理科学研究院座谈会在北京召开。会议地点是北京友谊宾馆科学会堂 102 室。出席会议的有裴丽生、于若木、田夫、沙洪、周克、冯之浚、刘吉、赵红州、张碧晖、霍俊、杨沛霆、蒋国华等。

3. 1986 年 9 月 1 日，陈云同志在关于成立《中国管理科学研究院》请示报告上批示："宋平同志：此件请你们与科委、科协办理，并给以支持"。

4. 1986 年 9 月 14 日，召开了落实陈云同志批示座谈会。会议地点是北京友谊宾馆科学会堂 101 室。出席座谈会的有肖克、裴丽生、于若木、田夫、杨海波、王忍之、龚育之、王昭华、李宝恒、于陆林、孙小礼、冯之浚、赵红州、张碧晖、朱松春、何钟秀、李惠国、蒋国华、卢继传等。

5. 1987 年 6 月 2 日，原国家科委发文（〔87〕国科发综字 0379 号），同意建立中国管理科学研究院，挂靠在国务院经济技术社会发展研究中心。

6. 1987 年 7 月 5 日，中国管理科学研究院在北京友谊宾馆隆重召开成立大会。会议推举李铁映、高扬、于若木任院主席团执行主席；费孝通、钱伟长任名誉院长；田夫任院长；于陆林、刘吉、冯之浚、何钟秀、胡光伟、朱松春、王兴成、赵红州、张碧晖任副院长；张永谦任秘书长。同时宣布，成立 9 个研究所并任命 9 位所长。会议通过了"中国管理科学研究院章程"。

7. 1987 年 9 月 5 日至 14 日，国际著名物理学家、英国皇家学会会员马凯应邀访问中国管理科学研究院。

8. 1987 年 11 月 14 日，美国加州代理州务卿顾衍时博士访问中国管理科学研究院。

9. 1987 年 11 月 16 日至 18 日，中管院科学学研究所根据钱学森同志的指示，开展了"政治科学学"专题研究，取得了一定的成果。在此基础上，中国管理科学研究院举办了"政治科学学学术讨论会"。

10. 1988 年 1 月，经院务会议研究，制定了中国管理科学发展 5 年规划。

11. 1988 年 4 月 4 日，中国管理科学研究院学术委员会成立，龚育之教授任学术委员会主任，赵红州教授任副主任，蒋国华教授任秘书长。

12. 1988 年 5 月 3 日，应中国管理科学研究院邀请，美籍华人学者傅伟勋来院作报告。

13. 1988 年 9 月 27 日，苏联科学学代表团访问中国管理科学研究院，钱三强、龚育之会见了他们。

14. 1989 年 2 月，中共中国管理科学研究院直属机关党委经国务院发展研究中心机关党委批准正式建立。第一届党委由于陆琳、赵红州、孙祥林、闫学英、李冬民、肖林光、潘汝智 7 人组成。第二届党委会由田夫、于陆林、胡彬、赵红州、孔祥琳、李冬民、肖林光、阎学英、潘汝智等 9 人组成。田夫同志任书记，于陆林、胡彬任副书记。

15. 1989 年 3 月 26 日，起草制定了《中国管理科学研究院发展规划纲要（草案）》。

16. 1989 年 6 月 1 日，中国管理科学研究院专家咨询委员会成立。任知恕任主任，汪湘任办公室主任。

17. 1989 年 8 月 25 日，国家人事部发文（人中编函〔1989〕31 号），同意核定中国管理科学研究院事业编制 50 人，经费自理。

18. 1989 年 10 月 14 日至 16 日，中国管理科学研究院主持召开活化国营大型企业学术讨论会。会议地点在国务院第二招待所举行。

19. 1989 年 11 月 30 日至 12 月 1 日，召开中国管理科学研究院全院工作会议。会议总结了 1989 年工作，研究和布置了 1990 年工作安排。

20. 1990 年 1 月 13 日，按国家建设部领导指示，中国管理科学研究院和中国社会科学院专家总结李瑞环同志领导天津城市建设经验，开始组织编写《世纪之交的城市建设——天津城市建设 10 年纪实》。该书于 1991 年 6 月由科学出版社出版，1992 年荣获第二届全国建筑优秀图书一等奖。

21. 1990 年 6 月，中国管理科学研究院举办"陈云论著研讨会"。

22. 1990 年 8 月，中国管理科学研究院举办"邓小平论著研讨会"。

23. 1990 年 11 月 12 日至 15 日，中国管理科学研究院和郑州市科委在郑州联合召开"首届中国乡镇企业技术进步与绿色道路学术讨论会"。

24. 1991 年 1 月至 3 月，根据中央部署，中共中管院机关党委开展整党工作。这次整党工作总结得到了国务院发展研究中心党组批准。

25. 1991 年 3 月 4 日至 5 日，中国管理科学研究院分院工作会议在上海市社会科学院招待所召开。出席会议的有于若木、田夫、周克、夏禹龙、刘吉以及各地分院负责同志。会议由田夫主持，于若木转赠陈云同志手书条幅给中管院，并作了重要讲话。

26. 1991 年 7 月 5 日至 6 日，中国管理科学研究院成立四周年大会暨学术讨论会在北京举行。

27. 1991 年 8 月，中国管理科学研究院组织专家组赴海南，为海南省提出发展规划纲要。

28. 1992 年 2 月 27 日至 29 日，中国管理科学研究院第二次分院工作会议在广州举行。田夫院长出席并作了重要讲话。

29. 1992 年 5 月 4 日，应中共中央对外联络部安排，在新万寿宾馆接待了突尼斯访华团，介绍中国管理科学研究院为改革开放服务，为政府决策服务以及研究院组织状况等。

30. 1992 年 7 月 5 日，在中国管理科学研究院成立 5 周年会议上，提出"整顿与提高"的方针。

31. 1992 年 9 月，中国管理科学研究院上海分院和《解放日报》《文汇报》联合举办了"邓小平科学管理思想学术研讨会"。

32. 1993 年 9 月，田夫、黄顺基主编的《中国管理科学导论》由群言出版社出版。

33. 1993 年 9 月 15 日至 17 日，中国管理科学研究院与《光明日报》《科技日报》《中国科学报》联合召开"毛泽东与科学学术讨论会暨纪念毛泽东诞辰 100 周年大会"。会议在人民大会堂广西厅隆重召开。

34. 1993 年 11 月 27 日至 28 日，中国管理科学研究院召开"贯彻落实十四大精神，改进全院工作"座谈会。

35. 1993 年 12 月 6 日，中国管理科学研究院在国家技术监督局领取了中华人民共和国事业法人代码证书，终身代码为：40000197－7.

36. 1994 年 1 月，中国管理科学研究院战略研究所在新华社会议厅，召开了"邓小平战略思想研讨会"。

37. 1994 年 5 月 14 日至 15 日，中国管理科学研究院科学学研究所在北京召开了"全国第四届科学计量学学术讨论会"。

38. 1994 年 6 月，中国管理科学研究院政策科学研究所联合 16 个部委教育局，召开了全国性的促进职业教育改革和发展讨论会。

39. 1994 年 6 月，中国管理科学研究院科技进步研究所与农业部乡镇企业司联合举办了"全国乡镇企业管理科学座谈会"。

40. 1994 年 12 月 24 日，中国管理科学研究院与《光明日报》《科技日报》《中国科学报》在人民大会堂联合召开"毛泽东与科学暨纪念毛泽东诞辰 101 周年大会"。

41. 1995 年 2 月 26 日，中国管理科学研究院经北京市机构编制委员会审核批准注册登记，颁发了北京市事业单位法人证书，注册编号：05—0667。所有制性质：民办。经费类别：自收自支，编制 50 人。法定代表人：田夫。

42. 1995 年 6 月，中国管理科学研究院与原中共中央文献研究室陈云研究组合作，举办了"陈云生平与思想研讨会"。

43．1995 年 7 月 5 日至 6 日，第二届院务会议暨 1995 年全院工作会议在北京举行。会议通过了《中国管理科学研究院发展纲要（1995—2000 年）》，修改通过了新的"中国管理科学研究院章程"。此外，院领导成员和组织机构作了换届和调整。田夫同志任院长，副院长为罗伟、胡光伟、王兴成、黄范章、靳树增、赵红州。院设立院务委员会，田夫兼任院务委员会主任；副主任为方放、于陆林、冯之浚、刘吉等。

44．1995 年 12 月 25 日，中国管理科学研究院与《光明日报》《科技日报》《中国科学报》在光明日报社会议厅联合召开"毛泽东与科学暨纪念毛泽东诞辰 102 周年大会"。

45．1996 年 5 月 18 日，时任国务院总理李鹏在院关于挂靠问题的请示报告上批示：请贵鲜同志考虑，并提出处理意见。

46．1996 年 6 月 3 日，国务委员李贵鲜在院关于挂靠问题的请示报告上批示：根据 1995 年 9 月 13 日罗干同志主持会议的会议纪要，在未找到新的挂靠单位之前，原挂靠单位不能轻易改变的精神，请中国管理科学研究院仍找原挂靠单位联系，如何注册和年检问题请中编办研究。

47．1996 年 9 月 1 日至 2 日，中国管理科学研究院百余名学者在京聚会，纪念陈云同志为建立中国管理科学研究院批示十周年，大家以"陈云与管理科学"为主题开展学术讨论和工作交流。中管院主席团执行主席于若木同志在会上发表了重要讲话。院务委员会主任、院长田夫作了《陈云与中国管理科学研究院》的学术报告。出席这次会议的主席团成员有（以姓氏笔画为序）沙洪、李德生、宋丁、武衡、郁文、高扬、黄葳、裴丽生等同志。中编办副主任顾家麒受李贵鲜委托出席了会议，中央文献研究室朱佳木也参加了会议。中管院院务委员会委员、学术委员会委员、各科研所和分院的负责人以及管理科学界的许多专家学者积极参与了这次会议的研讨活动。

48．1996 年 10 月至 12 月，院培训部在西安、北京、张家港、昆明等地举办了加强社会主义精神文明建设培训班。

49．1996 年 12 月 24 日，"毛泽东与科学暨纪念毛泽东诞辰 103 周年大会"在毛主席纪念堂举行。

50．1997 年 1 月 27 日，于若木与李贵鲜谈中国管理科学研究院的发展问题。

51．1997 年 1 月 28 日，李贵鲜"关于中国管理科学研究院的发展问题"的谈话记录，送罗干同志。

52. 1997 年 5 月 27 日，中国管理科学研究院第二届院务委员会第三次常务理事会在北京举行。

53. 1997 年 6 月 25 日，国务委员李贵鲜为中国管理科学研究院题词："立足本国实际，学习国外方式方法"。

54. 1997 年 7 月 12 日，中共中央政治局常委、全国政协主席李瑞环为中国管理科学研究院题词："发展管理科学，促进科学管理"。

55. 1997 年 7 月，第十届中央政治局常委、中共中央副主席、中央军委委员、中国人民解放军总政治部主任李德生将军为中国管理科学研究院题词："实行科学管理，促进经济发展"。

56. 1997 年 12 月 1 日至 14 日，中国管理科学研究院与中共山东潍坊市委联合举办"诸城市企业所有制结构调整和完善经验交流现场研讨会"。该研讨会分三期进行，出席代表来自全国 27 个省（自治区、直辖市）近千人。田夫院长、中共山东省委宣传部常务副部长陈光林、潍坊市委书记齐乃贵等领导同志出席，著名经济学家周叔莲、张卓元、邱兆祥、黄范章、牛仁亮以及国家体改委产权处李雄处长等发表了学术演讲。

57. 1997 年 12 月 19 日，全国政协副主席、中国管理科学研究院名誉院长钱伟长同志为中国管理科学研究院题词："倡导交叉科学，促进改革开放"。

58. 1997 年 12 月 26 日，"毛泽东与科学暨纪念毛泽东诞辰 104 周年大会"在人民大会堂山东厅举行。

59. 1998 年 4 月 16 日，中国管理科学研究院下发〔1998〕院字 001 号文件，文件主要内容是：1998 年 3 月 1 日，中管院第二届第四次常务委员会会议在北京亚视大厦举行。这次会议是在一个非常重要的时期召开的，会议主题是贯彻、落实党的十五大精神，在认真总结建院 10 年来的经验教训的基础上，计划院 1998 年度工作，加强院领导机关的职能和工作。

60. 1998 年 5 月 18 日，在中原石油勘探局驻北京联络处召开了中管院承担的该局《装备管理资金量化评审考核理论和方法的研究》课题成果评审会议。出席会议的有田夫、刘吉（社科院副院长）、王兴成、白振刚、汪湘（中国设备管理协会处长）、张炳林（能源经济所所长）、吴俊卿（功效所所长）、吴延涪（科技管理所所长）、兰文谨（中国管理协会高工）、胡纪凯（中国石化总公司处长）、张喜庭（中国石油天然气总公司处长）。会议通过了管理科学研究成果鉴定证书。

61. 1998 年 7 月 31 日，中共中国管理科学研究院机关党委向全国政协机关党组写报告，申请将中国管理科学研究院党的组织关系隶属全国政协办公厅机关党委领导。1998 年 10 月 7 日，中管院向全国政协机关党委办公室报送了党员人数，中管院机关党委所属党支部 3 个，党员 160 人，其中：组织关系在中管院的 71 人，不在中管院的 89 人。1998 年 11 月 26 日，全国政协直属机关党委常务副书记梁志平、副书记何汝林、党委办公室副主任李艳华及管组织的陈淑云约白振刚、汪国华、孙静谈话，谈话内容及精神是：①全国政协机关党委对这件事很重视，进行了研究，也跟政协机关党组、中直机关工委打了报告，他们也很重视，专门开会研究，中直机关初步意见电话已通知我们："原则上同意你们的意见，请你们协助该院党组织，进一步弄清每一个有正式组织关系的党员基本情况，登记造册。对党员中存在的突出问题也进行了解。"②做好交接准备工作。③关系转政协后，政协直属机关党委负责的几件事。④政协是多党合作的政治机关，不宜进行行政挂靠。

62. 1998 年 10 月 27 日，国际管理学者协会联盟主席圣地亚哥·加西亚·埃切维里亚致信田夫院长，正式通知田夫，国际管理学者协会联盟（IFSAM）理事会 1998 年 7 月在马德里的会议上决定接纳中国管理科学研究院作为 IFSAM 的正式成员。理事会希望中管院能组织 1999 年 7 月在北京召开 IFSAM 世界管理大会。

63. 1998 年 10 月 25 日，中管院致函中国人民大学，邀请其与中国企业协会、中国工业经济协会、中国总会计师协会、国家经济贸易委员会经济研究中心联合主办 1999 年 7 月在北京召开的世界管理大会。

64. 1999 年 3 月 25 日，中管院给玉台、善衍同志并中国科协党组写报告，申请挂靠在中国科协。

65. 1999 年 4 月 11 日，中国人民大学、国家自然科学基金会管理科学部、中国工业经济协会、国家经济贸易委员会经济研究中心、中国固定资产投资建设研究会、中国总会计师协会、中国管理科学研究院、首都企业家俱乐部等八部门联合发文，正式通知各有关单位，1999 世界管理大会将于 1999 年 7 月 18 日至 21 日在北京举行。

66. 1999 年 5 月 31 日，全国政协机关党委致函中管院党委，同意将中管院党组织关系暂时接转到全国政协机关党委。

67. 1999 年 7 月 13 日，经科技进步所对 62 家企业案例研究成果初审，《基础值法》《高效一流》等 12 本书被中管院评为企业管理科学案例库优秀调研成果。

68. 1999 年 7 月 30 日，中管院印发了《关于本院与各分院实行脱钩的通知》。1987 年以来，中管院根据地方发展的需要和意见，按照以地方为主的领导体制，先后审批或同意成立了上海、天津、黑龙江、黑龙江卫生、江苏、浙江、山东、河南、湖北、广东、海南、四川、陕西、甘肃和武汉、深圳等16个分院。自文到之日起，本院即与各分院实行脱钩。

69. 1999 年 11 月 5 日，本院举行了院务委员会常务委员会 99 第二次扩大会议，主席团执行主席于若木同志发表了重要讲话，田夫院长作工作报告。

70. 1999 年 12 月 23 日，中管院给科学技术部写报告，提出拟请科学技术部作为中管院的业务主管单位。

71. 2000 年 3 月 1 日，印发《中国管理科学研究院 2000 年工作要点》。主要工作为：解决业务主管单位工作；清理整顿工作；专家队伍建设工作；研讨会工作；咨询工作；培训工作；《学坛》《活水》内部刊物出版工作；组织创收和筹措经费工作；自身建设工作等九项工作。

72. 2000 年 3 月，中国加入世贸组织应对策略高层论坛在京西宾馆举行。

73. 2000 年 9 月 6 日，为了交流信息，中管院机关创办《信息摘报》，由院办公室编印。

74. 2000 年 11 月 17 日，中管院正式向国家新闻出版署申请创办《中国管理导报》。

75. 2000 年 12 月，2000 经济论坛年会在中国科技会堂举行，成思危副委员长出席。

76. 2001 年 1 月 18 日，中管院以主席团执行主席于若木的名义给江泽民同志写信，请求科技部作为中国管理科学研究院的业务主管。

77. 2001 年 2 月 23 日，中管院印发了《关于公布第四批与本院脱钩研究所名单的通知》，共计五个研究所与中管院本院脱钩。

78. 2001 年 3 月 10 日，在亚视大厦 501 会议室召开本院院务委员会（扩大）会议，会议的主要内容是：讨论并通过《"十五"期间发展规划要点》《2000 年工作总结》《2001 年工作计划》和《关于调整领导机构和人事安排的意见》等四个文件。

79. 2001 年 3 月 30 日，中管院致函李保国同志，经院长办公会议研究，决定聘请他担任中国管理科学研究院顾问。李保国同志 4 月 3 日在函件上签署意见：同意担任顾问。

80. 2001 年 4 月 3 日，成思危副委员长允诺，接受中管院的聘请，担任中管院名誉院长。

81. 2001 年 4 月 28 日，首届中国管理创新大会 4 月 28 日至 29 日在北京人民大会堂举行，成思危副委员长出席大会并作了专题报告。全国政协副主席孙孚凌同志、钱伟长同志等国家领导人出席会议。

82. 2001 年 7 月 2 日，中管院印发了《关于公布第五批与本院脱钩研究所名单的通知》，共计六个研究所与中管院本院脱钩。

83. 2001 年 9 月 25 日，许嘉璐副委员长允诺，接受中管院的聘请，担任中管院名誉院长。

84. 2001 年 9 月 30 日，田夫院长给于若木写信问候。

85. 2001 年 9 月，第二届中国管理创新大会在人民大会堂召开。全国人大常委会副委员长许嘉璐等国家领导人出席会议。

86. 2001 年 12 月，2001 经济论坛年会在人民大会堂召开，成思危副委员长出席。

87. 2002 年 3 月 23 日，在亚视大厦召开了 2002 年院务委员会（扩大）会议，于若木名誉院长出席会议并作了重要讲话。名誉院长、顾问、院务委员、监委会领导共 46 人参加了会议。会议一致通过中管院《2001 年工作总结》《2002 年工作要点》和《中国管理科学研究院监察委员会工作暂行规则》。

88. 2002 年 4 月，第三届中国管理创新大会在北京召开，全国政协副主席孙孚凌、罗豪才等国家领导人出席会议并致辞。

89. 2002 年 5 月 25 日，为了继续开展中国管理科学研究的工作，拟请范敬宜、马俊如同志担任中管院顾问，指导和支持中管院的工作。

90. 2002 年 5 月 25 日，经院长办公会议讨论，特委托吴作礼顾问协助中管院领导尽快解决业务主管单位问题签署了《院发〔2002〕016 号委托书》。

91. 2002 年 6 月，首届中国科学家、教育家、企业家论坛在人民大会堂召开。时任中共中央政治局委员、中国社会科学院院长李铁映出席并致辞。

92. 2002 年 9 月，第四届中国管理创新大会（国际论坛）在山东青岛召开。中国科协原书记处书记、中国管理科学研究院院长田夫等领导出席，来自俄罗斯、朝鲜、韩国、日本等国际著名管理学家参加。

93. 2002 年 9 月，第四届（2002）经济论坛年会在北京召开。

94. 2002 年 9 月 9 日，为了继续开展中国管理科学研究的工作，拟请左铁镛同志担任中管院顾问，指导和支持中管院的工作。

95. 2002 年 10 月 9 日，田夫院长致信祝贺钱伟长名誉院长 90 华诞。

96. 2003 年 1 月 21 日，在院部召开了"贯彻党的十六大精神暨管理科学前沿问题命题座谈会"，19 位专家、学者和院所领导出席。

97. 2003 年 2 月 18 日，中管院给国务院发展研究中心王梦奎、陈清泰同志并党组写请示报告，商请出具有关中管院转制证明。

98. 2003 年 3 月 22 日，在科技部专家公寓召开了中国管理科学研究院 2003 年院务委员会（扩大）会议。田夫作了《改革创新，团结奋进，努力开创我院事业的新局面》的工作报告，监委会副主任胡光伟作了《监察工作要为开创我院事业的新局面服务》的讲话。孙钱章、胡彬作了大会总结。名誉院长成思危、许嘉璐通过秘书打来电话，对会议的召开表示祝贺。

99. 2003 年 4 月，首届中国企业管理大会在北京人民大会堂举行，许嘉璐副委员长出席并讲话。

100. 2003 年 6 月 17 日，中管院发出《关于贯彻中央"一手抓非典，一手抓发展"的精神对本院研究所和院直属单位进行工作考察的通知》，历时一个多月。

101. 2003 年 6 月 25 日，中管院给中华全国工商业联合会党组写报告，恳请全国工商联作为中国管理科学研究院主管单位并帮助转制。

102. 2003 年 7 月 9 日，中管院发出《关于学习贯彻"三个代表"重要思想的通知》。

103. 2003 年 7 月 22 日，中管院给国务院办公厅秘书三局呈报了《关于落实朱镕基同志重要批示的报告》，就 7 月 17 日朱镕基同志在中管院科技进步所的一份《关于确认出席纪念朱镕基管理科学兴国之道文章发表七周年暨 100 家企业案例发表会的通知》的传真电报上的批示作了汇报，提出了落实措施。朱镕基总理的批示是：中国管理科学研究院：我所写的"管理科学兴国之道"一文只是阐明一个观点，可以讨论，并非定论，更不敢称"纪念"二字，希望不要把我的文章纳入会议主题。务请考虑，妥为处理，谢谢。

104. 2003 年 9 月 16 日，中管院给中国人口文化促进会王夫棠常务副会长并转国家计划生育委员会张维庆主任写报告，恳请国家计划生育委员会作为中国管理科学研究院主管单位。

105. 2003 年 10 月，中国（北京）管理论坛在钓鱼台国宾馆和京西宾馆举行。

106. 2003 年 11 月 7 日，中管院发出《关于学习贯彻党的十六届三中全会文件的通知》。

107. 2003 年 11 月，第二届中国科学家、教育家、企业家论坛在人民大会堂召开。

108. 2003 年 12 月 18 日，田夫院长致信李贵鲜同志，恳请他担任中国管理科学研究院名誉院长。

109. 2004 年 1 月，第五届中国管理创新大会在人民大会堂召开。全国人大常委会副委员长蒋正华等国家领导人出席会议。

110. 2004 年 3 月 27 日，在科技部专家公寓召开了中国管理科学研究院 2004 年院务委员会（扩大）会议。孙钱章常务副院长代田夫院长宣读了《求真务实、改革创新、服务社会、共谋发展》的工作报告。王兴成常务副院长宣布了中国管理科学研究院《学术委员会组织管理暂行条例》《专家委员会组织管理暂行条例》。卢继传常务副院长主持了会议。乌家培、史维国顾问出席会议并作了重要讲话。

111. 2004 年 7 月，第三届中国科学家、教育家、企业家论坛在人民大会堂召开，全国人民代表大会常委会副委员长许嘉璐、全国政协副主席李贵鲜出席。

112. 2004 年 8 月，第二届中国企业管理大会在北京人民大会堂举行，全国人民代表大会常务委员会副委员长成思危出席并讲话。

113. 2004 年 9 月，第六届中国管理创新大会在人民大会堂召开。全国政协副主席万国权等国家领导人出席会议。

114. 2004 年 11 月，中国管理科学研究院学术委员会联合中国未来研究会举办首届中国人才强企高峰论坛。

115. 2004 年 11 月 22 日，为进一步加强中管院学术研讨和培训工作的管理，维护中管院的声誉和合作单位的利益。中管下发了《关于进一步加强我院学术研讨和培训工作管理的通知》。提出了四条贯彻意见。

116. 2005 年 3 月 26 日，在北京寿松饭店召开了中国管理科学研究院 2005 年院务委员会（扩大）会议。田夫院长致开幕词；孙钱章常务副院长代表田夫院长作了题为《扎实开展管理科学研究和开展活动、竭诚为构建社会主义和谐社会服务》的工作报告。卢继传常务副院长向代表们介绍了名誉院长、顾问向会议表示祝贺的情况；王兴成常务副院长宣布了"关于表彰先进单位、优秀科研成果和优秀学术活动的决定"，宣读了受表彰的先进单位、获奖个人名单。

117. 2005 年 4 月，首届中国管理科学研究院学术年会在北京人民大会堂召开，主题是：创新社会管理。全国人民代表大会常务委员会副委员长成思危、全国政协副主席王文元等国家领导人出席会议。

118. 2005 年 4 月，中国管理科学研究院学术委员会与经济论坛联合举办"中国演义产业经济发展论坛"。

119. 2005 年 5 月 26 日，中管院致信于大若木并铁林同志，请求帮助协调到中编办办理登记手续，注册为自收自支的事业单位。

120. 2005 年 5 月 28 日，为缅怀陈云同志的丰功伟绩，学习陈云同志的革命思想，按照中央开展纪念陈云诞辰 100 周年活动的精神，中国管理科学研究院和中共中央党校党史教研部在北京人民大会堂浙江厅联合举办了《纪念陈云同志诞辰 100 周年——陈云同志治党治国方略学术研讨会》。全国人大原副委员长彭珮云、全国政协原副主席孙孚凌及有关方面负责人、老领导、老同志杜润生、柴泽民、何康、郝盛琦、刘吉、洪天慧、韩德乾、姜云宝、吴明瑜、方放、傅西路、王耕今，中管院名誉院长、陈云同志夫人于若木及家人，曾在陈云同志身边工作过的同志、中管院田夫、孙钱章、卢继传、王兴成、白振刚、蒋国华、徐向忱、于国厚，中央党校党史教研部主任柳建辉，著名专家刘国光、李成瑞、张卓元、刘茂才等以及新闻界的同志约 130 人出席了研讨会。

121. 2005 年 7 月 21 日，中管院印发了《关于呈送我院专家参与研究三农问题报告附件的说明》。附件如下：①《关于生物治理盐碱地的建议》；②《关于大力发展沙地桑产业的建议》；③《关于农村土地流失问题的建议》；④《关于明年贯彻执行三项政策、一项改革的建议》；（5）《增加农民收入，减轻农民负担——从根本上解决农民贫困问题的建议》。

几位专家是：中管院农业经济技术研究所所长郭书田、该所研究员姚监复、姚力文、吴硕同志和顾问石山。

122. 2005 年 7 月，第七届中国管理创新大会在人民大会堂召开。全国人大常委会副委员长陈昌智，全国政协副主席罗豪才等国家领导人出席会议。

123. 2005 年 7 月，第四届中国科学家、教育家、企业家论坛在人民大会堂召开，全国人民代表大会常务委员会副委员长许嘉璐、全国政协副主席李贵鲜出席。

124. 2005 年 11 月 18 日，中管院印发了《关于建立中国管理科学研究院网站有关事宜的通知》。要求各研究所积极配合，将有关基本情况提供给院部。

125. 2005 年 12 月 29 日，中管院向中编办主任李铁林同志报送了《关于中国管理科学研究院挂靠情况的说明》。

126. 2006 年 2 月 28 日，中管院原主席团执行主席、名誉院长于若木因病医治无效，于 2006 年 2 月 28 日在北京逝世，享年 87 岁。2006 年 3 月 6 日，在北京八宝山革命公墓为于若木同志举行了追悼大会。

127. 2006 年 3 月 13 日，中国电子商会印发〔2006〕中电商字 002 号文件，"关于同意中国电子商会作为中国管理科学研究院的业务主管单位的批复"。

128. 2006 年 4 月，第二届中国管理科学研究院学术年会在北京人民大会堂召开，主题是：中国经济发展与管理变革。全国政协副主席厉无畏等国家领导人出席会议。

129. 2006 年 5 月 15 日，中编办国家事业单位登记管理局为本院重新颁发事业单位法人证书。证书号：210000004617；举办单位：中国电子商会；法定代表人：田志强；开办资金：50 万元；住所：北京市海淀区复兴路 61 号院正恒写字楼 311 室。2006 年 6 月 22 日国家质量监督检验检疫总局为中管院颁发了组织机构代码证。代码证号仍为：40000197 - 7。以上证书的有效期至 2007 年 3 月 31 日。

130. 2006 年 6 月 9 日，为中管院重新注册登记后尽快推进各项工作的开展，经多次院长办公会议研究，中管院给中国电子商会上报了"关于中国管理科学研究院领导机构设置和调整部分领导成员的建议"的报告。

131. 2006 年 6 月 26 日，中国电子商会下发了"关于聘任中国管理科学研究院领导成员的通知"，《即〔2006〕中电商字 010 号文件》。对这个文件，经院领导认真研究，认为文件的精神不符合国家事业单位登记管理暂行条例规定，因而我们不能接受。

132. 2006 年 6 月 30 日，田夫院长发表了"关于中管院最近事态我的意见"，对中国电子商会〔2006〕010 号文件提出了质疑。

133. 2006 年 6 月 30 日下午，根据田夫院长的意见，由孙钱章副院长主持召开了院长办公会议，专题研究了中国电子商会〔2006〕010 号文件，会上大家提出了很多意见和建议，会议决定给电子商会写个报告。会议还决定 2006 年度院务委员会扩大会议在田夫院长没有出院之前暂不召开。

134. 2006 年 7 月，中国管理学家论坛暨第八届中国管理创新大会在北京召开。全国人大常委会副委员长王光英、全国政协副主席王文元等国家领导人出席会议。

135. 2006 年 12 月 16 日，中管院召开院务委员会（扩大）会议，主任委员、院长田夫出席会议，24 名院务委员会委员，其中 21 名常务委员出席会议，会议决定取消中国电子商会作为中管院举办单位和撤销田志强作为中管院法定代表人资格。

136. 2006 年 12 月 18 日，中管院向中国社会科学院报送了"关于申请中国社会科学院作为中国管理科学研究院业务主管单位的报告"。

137. 2007 年 1 月 8 日，经田夫院长同意，给中国科协报送了"关于申请中国科协作为中国管理科学研究院业务主管单位的报告"。

138. 2007 年 1 月 12 日，中管院给李鹏同志写信，再次恳请他关心一下中管院的注册登记工作（1996 年，时任国务院总理李鹏在中管院的一个报告上作过重要批示）。

139. 2007 年 2 月 2 日，田夫院长致信信息产业部，明确提出中国电子商会不再作为中管院业务主管单位，解除挂靠关系。

140. 2007 年 3 月 18 日，经田夫院长签发，中管院向国家事业单位登记管理局报送了"关于申请延期报送 2006 年《事业单位法人年度报告书》的请示报告"。

141. 2007 年 4 月 24 日，经田夫院长同意，中管院起草了致温家宝总理的"关于中国管理科学研究院注册登记问题的信"，报送中共中央办公厅。

142. 2007 年 5 月，第三届中国管理科学研究院学术年会在钓鱼台国宾馆召开，主题是：走向和谐社会的管理与创新。全国人大常委会副委员长成思危、第九届全国政协副主席王文元，全国政协副主席郝建秀等国家领导人出席本届年会。

143. 2007 年 7 月 1 日，中管院起草了"陈云批示成立的中国管理科学研究院被诈骗"新闻内参稿，报送《人民日报》、新华社内参部。

144. 2007 年 9 月 26 日，中管院顾问于陆琳（于若木的妹妹）给中编办主任王东明写信，再次请王东明主任公正、正确地解决中管院的问题。

145. 2007 年 12 月 29 日，中管院顾问于陆琳给中共中央常委李长春同志写信，再次反映中国管理科学研究院被骗的问题。

146. 2008 年 2 月 2 日，田夫院长致信时任国务院总理温家宝，再次强烈要求取消中国电子商会的举办单位资格，恢复中国管理科学研究院正常登记的报告。

147. 2008 年 5 月 22 日，田夫院长致信时任总书记胡锦涛，提交"关于成思危同志出任中国管理科学研究院院长的报告"。2008 年 5 月 26 日，中共中央办公厅秘书局电话告知，成思危不属于中办管，需要同全国人大联系。

148. 2008 年 6 月，中管院学术委员会第四届学术年会在北京全国政协礼堂召开，主题是：改革开放 30 年中国管理成就及新形势下思想、理论、制度创新。全国政协副主席阿不来提·阿不都热西提、第九届全国政协副主席王文元等出席。

149. 2008 年 10 月，中管院派学术委员会领导、专家出席在莫斯科举办的东亚管理协会国际联盟第九届大会。

150. 2008 年 12 月，首届中国管理科学大会在全国政协礼堂召开，主题是：中国管理科学 30 年与经济社会发展。全国政协副主席、著名经济学家厉无畏同志在论坛上作了关于《蓝海战略与创意产业》的大会主旨报告。

151. 2009 年 7 月，中国管理科学研究院学术委员会第五届学术年会在北戴河召开，主题是：应对危机——管理者的使命与职责。全国政协副主席王文元出席并讲话。

152. 2009 年 8 月，第二届中国管理科学大会在北京京西宾馆召开，主题是：应对金融危机，关注中小企业；促进管理变革，推动经济发展。

153. 2010 年 6 月 7 日，工信部人事教育司下发了《关于中国管理科学研究院主管单位有关事宜的通知》（工信人〔2010〕172 号），明确指出"你会不宜继续作为中国管理科学研究院业务主管单位"。从即日起，中国电子商会不再是中管院的举办单位。

154. 2010 年 7 月 7 日下午，中编办登记局就中管院注册登记事件在金台饭店北楼 5 会议室召开会议，出席会议的有岳云龙局长、武建华副局长、一处周志坚处长，国务院法制办赵司长，吴作礼顾问、卢继传常务副院长。

155. 2010 年 7 月，第三届中国管理科学大会在国家会议中心召开，主题是：新形势下的中国经济转型与管理创新。第十届全国人大常委会副委员长成思危、蒋正华，全国人大常委会副委员长司马义·铁力瓦尔地，第九届全国政协副主席王文元，世界管理协会联盟轮值主席阿兰·伯劳德等领导出席会议。

156. 2010 年 10 月 25 日，北京高通律师事务所敬云川、胡丽娟律师致中编办国家事业单位登记管理局的律师函正式发出。

157. 2010 年 11 月 3 日，卢继传常务副院长把"关于中编办非法为中管院个别人办理注册登记进行暗箱操作的紧急报告"送《人民日报》内参部。11 月 5 日，《人民日报》内参部将报告直接转送中编办王东明主任。

158. 2010 年 11 月 7 日上午，岳云龙局长给卢继传常务副院长打电话，要求尽快与吴作礼、卢继传见面。当天下午，卢继传、李树林（受吴老委托）与岳云龙、武建华见面。

159. 2011 年 7 月，第四届中国管理科学大会在北京会议中心召开，主题是：创新社会管理，缔造幸福中国。第十届全国人大常委会副委员长顾秀莲、国家科技部原部长朱丽兰、全国人大财经委员会原主任委员傅志寰、原国家人事部常务副部长程连昌等出席会议。

160. 2001 年 11 月，中国管理科学研究院学术委员会第六届学术年会在北京长安大饭店召开，主题是：创新信用管理，再造商业文明，构建和谐社会。全国政协副主席张榕明亲临开幕式现场为大会祝贺。科技部原部长、中国发明协会理事长朱丽兰等部委领导出席。

161. 2012 年 6 月，中国管理科学研究院作为国际管理学者协会联盟理事单位，学术委员会领导、专家出席在法国巴黎文理学院召开的 2012 年世界管理大会，大会主题是：在全球化时代民族理论下的管理储备。

162. 2012 年 7 月，第五届中国管理科学大会在北京京西宾馆召开，主题是：管理创新与推进诚信体系建设。第十届全国人大常委会副委员长顾秀莲作了重要讲话。

163. 2013 年 1 月，第七届中国管理科学研究院学术年会在海南省召开，主题是：回眸前十年管理新成就，探索后十年发展新模式。全国工商联副主席王治国，全国人大常委、财经委员会副主任委员贺铿，及海南省政协、琼海市政府领导出席会议。

164. 2013 年 7 月，第六届中国管理科学大会在北京钓鱼台国宾馆举行，主题是：管理创新驱动助圆"中国梦"。第十届全国人大常委会副委员长顾秀莲，第十一届全国政协副主席张榕明，第九届全国政协副主席王文元，全国政协经济委员会原主任、财政部原部长刘仲藜等出席会议。

165. 2014 年 1 月，第八届中国管理科学研究院学术年会在云南昆明召开，主题是：转型期的管理变革与创新。全国工商联副主席王治国，云南省人大、社科联、社会科学院领导、专家出席会议。

166. 2014 年 7 月，第七届中国管理科学大会在北京京西宾馆召开，主题是：发挥管理创新作用，助力全面深化改革。第十届全国人大常委会副委员长何鲁丽，中国老科学技术工作者协会会长、原国家人事部常务副部长程连昌等领导出席会议。

167. 2015 年 1 月，第九届中国管理科学研究院学术年会在广西壮族自治区南宁市召开，主题是：学习贯彻四中全会精神，为加快法治社会建设提供正能量。第十一届全国政协常委、中央社会主义学院党组书记、第一副院长叶小文，第十一届全国人大财经委员会副主任、九三学社中央委员会副主席贺铿，广西壮族自治区原党委书记、政协原主席陈辉光等领导出席会议并作报告。

168. 2015 年 8 月，第八届中国管理科学大会在北京京西宾馆召开，主题是：管理创新——开启"互联网＋新常态"钥匙。第十一届全国政协副主席张榕明，国家科技部原部长、中国发明协会理事长朱丽兰，中国商业联合会党委书记、会长、商务部原副部长张志刚，中国国际经济交流中心副理事长、商务部原副部长魏建国等出席会议。

169. 2016 年 1 月，第十届中国管理科学研究院学术年会在广州市召开。第十八届中共中央委员、中央社会主义学院党组书记、第一副院长叶小文同志，广东省原常务副省长钟阳胜，第十一届全国人大常委、财经委员会副主任委员、九三学社副主席贺铿等出席会议并作报告。

170. 2016 年 2 月 18 日，中管院作出成立中国管理智库的决定。

171. 2016 年 7 月，第九届中国管理科学大会在北京京西宾馆召开。全国政协原副主席李金华，财政部原部长刘仲藜，国家发展改革委原副主任李子彬，全国政协法制委员会副主任张世平，商务部原副部长、中国国际经济交流中心副理事长魏建国，全国人大财经委员会原副主任委员贺铿等领导出席会议。

172. 2017 年 1 月，第十一届中国管理科学研究院学术年会在广东省深圳市隆重召开，主题是：经济新常态下的创新与发展。第十一届全国人大财政经济委员会副主任委员贺铿，深圳市政协原副主席、深圳市关心下一代工作委员会主任姚欣耀等领导出席会议。

173. 2017 年 4 月，中管院学术委员会召开主任办公会议，领导班子成功换届，常务副院长卢继传当选学术委员会主任，蒋国华、郑理、解艾兰、洪常春、杨春敏、温克当选副主任，姜有文当选秘书长。通过了学术委员会《章程》修订稿，制定和完善了学术委员会科研管理规章制度。

174. 2017 年 6 月，第十届中国管理科学大会在北京京西宾馆召开，主题是：加速管理科学创新，推动"一带一路"建设，迎接大战略、大科学、大产业时代，探索创新驱动发展新路径。第十一届全国人大常委会副委员长陈至立，第十届全国人大常委会副委员长顾秀莲，国家科技部原部长朱丽兰，全国妇联原党组书记、书记处第一书记黄晴宜等领导出席会议。

175. 2017 年 8 月，中管院学术委员会与江苏儒灵童文化产业集团就素质教育课题立项研究达成战略合作关系。

176. 2017 年 9 月，中管院学术委员会与企业家袁勤生就"以人为本，开明管理"课题立项研究达成战略合作关系。

177. 2017 年 11 月，中管院学术委员会在北京大红门国际会展中心举办了"袁勤生管理思想研究成果信息发布会"。

178. 2017 年 12 月，中管院学术委员会第十二届学术年会在福建省宁德市召开，第十一届全国政协副主席白立忱到会祝贺。年会由中央电视台财经频道主持人李雨霏主持。国家教育部原副部长、国家总督学顾问张天保，国务院发展研究中心原副主任卢中原，全国工商联原副主席孙晓华，福建省宁德市委常委、常务副市长曾智勇，福建省宁德市政协副主席黄家盛等领导出席会议。

179. 2017 年 12 月，中管院学术委员会与国际阔旗集团就毛泽东思想应用课题研究达成战略合作关系，建立了课题研究中心。

180. 2017 年 12 月，中管院学术委员会与中和黄埔集团就智慧产业课题研究达成战略合作关系，成立了课题研究中心。

181. 2018 年 1 月，由中管院学术委员会主办、惠州绿泉教育管理集团承办的"首届中国高端技术贯通企业发展高峰论坛"在广东省惠州市举办。国家统计局原局长李德水，教育部原副部长张天保，农业部原副部长路明，全国工商联原副主席、全国人大原常委、中国工程院院士、著名科学家刘大响，国家信息中心宏观经济研究室主任牛犁，惠州市政协副主席等领导、专家出席并作报告。

182. 2018 年 4 月，中管院学术委员会与蓝天易货国际贸易（北京）有限责任公司就区块链技术与应用课题研究达成战略合作关系，成立了课题研究中心。在北京梅地亚中心举办了课题研究成果信息发布会。

183. 2018 年 5 月，中管院学术委员会与北京刚地源弓形虫病医学研究院就"弓形虫防控与健康管理研究"达成战略合作协议。

184. 2018 年 5 月，中管院学术委员会与格林菲尔智能科技江苏有限公司就"智慧城市综合管理研究"达成战略合作协议。

185. 2018 年 6 月，中管院学术委员会 30 周年庆典暨第九届中国管理创新大会在钓鱼台国宾馆举行，全国政协原副主席李金华出席庆典开幕式，全国人大常委会原副委员长陈至立出席管理创新大会开幕式。会议期间制作了《辉煌 30 年》专题片和 30 周年纪念画册。

186. 2018 年 9 月，由中管院学术委员会指导的"第七届中国科学家教育家企业家论坛"在中国科技会堂举行。全国人大常委会原副委员长陈至立出席开幕式。

187. 2018 年 12 月，第十三届中国管理科学研究院学术年会在山东省威海市举行，全国政协原副主席齐续春宣布开幕，中管院常务副院长卢继传、威海市委组织部长刘运、哈尔滨工业大学（威海）副校长张文丛分别致辞，贺铿副主任、马文普副部长、张天保副部长、周可仁副部长、庄聪生副主席以及威海市委书记王鲁明等领导、专家、学者出席了开幕式，来自全国各地的 600 余名代表参加了会议。

188. 2019 年 1 月 11 日，中管院学术委 2018 年度工作总结会在北京召开，中管院常务副院长、学术委主任卢继传主持会议。审议《关于加快构建中国特色管理科学体系》方案的报告。

189. 2019 年 1 月 19 日，中共中管院机关党委换届选举大会在万寿宾馆举行。到会党员 45 名，按照党章规定程序进行了选举，产生了新一届机关党委会。选举洪常春同志为书记，郑理、温克同志为副书记。

190. 2019 年 3 月 21 日，"双河长制"管理创新课题组成立会及开题研讨会在北京万寿宾馆举行，学术委员会顾问高福朝为课题组颁发了立项证书和特邀学术专家证书。

191. 2019 年 4 月 10 日，中管院学术委员会召开第七届第六次主任办公扩大会议，审议中国管理科学研究院第七届学术委员会委员名单和学术委员会有关学术项目方案。

192. 2019 年 5 月 17 日，第十届中国管理创新大会在京召开。第十一届全国政协副主席白立忱宣布开幕，国家科技部原部长朱丽兰、中国法学会会长张鸣起、农业部原副部长尹成杰、第十二届全国政协副秘书长张秋俭、第十二届全国政协社会和法制委员会副主任张世平等近 1000 名专家、学者、企业家、一线工作者出席了会议。

193. 2019 年 7 月 9 日，中管院学术委员会与海南农垦神泉集团有限公司战略合作工作会议第一次会议在中管院学术委员会会议室召开。海南农垦神泉集团党委书记、董事长、海南海垦果业集团董事长彭隆荣等出席会议。

194. 2019 年 9 月 19 日，第八届中国科学家教育家企业家论坛在京隆重召开。第十一届全国人大常委会副委员长陈至立、国家科技部原部长朱丽兰，第十二届全国人大教科文卫委员会副主任、中国民办教育协会会长王佐书，第十二届全国政协副秘书长、教科文卫体委员会副主任张秋俭，中国科学院院士、国家自然科学基金委员会原主任陈佳洱，教育部原副部长张天保，铁道部原副部长孙永福，国家科技部原副部长吴忠泽，中国未来研究会理事长金灿荣等领导专家分别出席开幕式和相关活动。

195. 2019 年 11 月 9 日，由中管院常务副院长、学术委员会主任卢继传带队，原全国人大常委、中科院原副院长、著名科学家杨柏龄教授，国务院参事、原全国政协常委、著名经济学家任玉岭教授，原国家环境保护总局固体废物登记管理中心副主任、北京科技大学博士生导师周北海教授，安徽省人大常委、合肥工业大学资源环境学院博士生导师汪家权教授等专家莅临芜湖科邦新能源科技有限公司进行调研考察。

196．2019 年 12 月 14 日，第十四届中国管理科学研究院学术年会在海南省三亚市好汉坡国际温泉度假酒店举行。会议以"建立新时代中国特色管理科学体系，助力乡村振兴战略落地"为主题。第十一届全国政协副主席郑万通；第十一届全国人大财政经济委员会副主任委员贺铿；原全国政协副秘书长、第十二届全国政协教科文卫体委员会副主任张秋俭；海南省政协副主席王勇等领导及来自全国各地的近 800 位嘉宾参加会议。受学术委员会副秘书长董英豪邀请，袁隆平院士为大会发来贺电。

197．2020 年 1 月 4 日至 5 日，第三届全球礼学应用大会在上海市隆重举行。会议主题是：领创国际礼学，共建世界文明。本届大会由中管院学术委员会指导，管院学术委员会礼学研究中心主办，中国未来研究会产学研交流合作促进分会、华夏盛德礼学书院承办。

198．2020 年 2 月 2 日，《中国管理科学研究院学术委员会科研事业发展规划纲要（2021—2025）》发布。

199．2020 年 2 月 26 日，中管院常务副院长、学术委员会主任卢继传主持召开"中管院学术委主任办公电话会议"，传达学习中央关于统筹推进新冠肺炎疫情防控和经济社会发展工作部署会议精神，研究落实中管院学术委员会现阶段工作。

200．2020 年 6 月 16 日，征集《"十四五"时期管理科学重点课题指南》选题建议正式启动。

201．2020 年 7 月 11 日，第十一届中国管理创新大会暨"致敬最美中国人"现场网络视频直播颁奖盛典在北京举行。全国工商联原副主席孙晓华，中国工程院院士、火灾安全科学与工程专家范维澄，第十三届全国政协常委、中国安全生产科学研究院院长张兴凯，国务院参事、中管院学术委员会智库顾问、全球化智库（CCG）创始人王辉耀，中管院常务副院长、学术委员会主任卢继传，国家应急管理部培训中心主任张骥等领导和嘉宾出席。国际专家委员会、应急与安全管理专业委员会在会上成立；大会首次采用北京主会场、线上直播、外地分会场与主会场视频连线的方式召开。

202．2020 年 9 月 19 日，第九届中国科学家教育家企业家论坛在北京举行。第十二届全国政协副主席齐续春，国家科技部原部长朱丽兰，第十二届全国人大常委、全国人大教科文卫委员会副主任王佐书，教育部原副部长、国家总督学顾问张天保，全国政协人口资源环境委员会原副主任、中国科协原副主席齐让，国务院原参事任玉岭，全国工商联原副主席程路，中国工程院院士侯立安等领导和嘉宾出席论坛开幕式。

203. 2020年12月19日，第十五届中国管理科学研究院学术年会在河南省郑州市隆重开幕。第十二届全国政协副主席马培华发表了讲话，马文普、蒋国华、吴铭等领导和嘉宾分别致辞。中国管理科学研究院学术委员会副主任温克受学术委员会课题编制领导小组委托，发布了《中国管理科学研究院学术委员会"十四五"时期管理科学研究重点课题指南》。第十一届全国人大常委、财政经济委员会副主任委员、九三学社原中央副主席贺铿，全国工商联原副主席、中国管理科学研究院顾问王治国，中国工程院院士、生物学和森林培育学家、北京林业大学原校长、全国生态保护与建设专家咨询委员会主任尹伟伦，中国工程院院士、环境工程专家、中国人民解放军火箭军工程大学教授和博士生导师、火箭军后勤科学技术研究所所长侯立安，河南省人大常委会原副主任、河南省人民政府原副省长赵建才等领导和嘉宾出席年会开幕式。

204. 2021年1月1日，中管院常务副院长卢继传因病医治无效去世，享年84岁。2021年1月5日，在八宝山殡仪馆举行了遗体告别仪式。

205. 2021年3月18日，中管院院务委员会召开扩大会议，会议一致推荐蒋国华副院长主持中管院的全面工作。

郑理

2022年8月8日

（郑理，中国管理科学研究院机关党委副书记、副院长兼秘书长）